国际证券法律与实务系列专著
总主编 李国安

信用评级利益冲突规制研究

——以美国为中心的研究与借鉴

A Research of the Regulation on Conflicts of Interest Relating to Credit Ratings

——The Study and Reference Focusing on America

方添智 著

中国商务出版社

图书在版编目（CIP）数据

信用评级利益冲突规制研究：以美国为中心的研究
与借鉴／方添智著. —2 版. —北京：中国商务出版
社，2014.10
（国际证券法律与实务系列专著）
ISBN 978-7-5103-1154-3

Ⅰ.①信…　Ⅱ.①方…　Ⅲ.①信用评级—研究—美国
Ⅳ.①F837.124

中国版本图书馆 CIP 数据核字（2014）第 246931 号

国际证券法律与实务系列专著
总主编　李国安
信用评级利益冲突规制研究——以美国为中心的研究与借鉴
A Research of the Regulation on Conflicts of Interest Relating to Credit Ratings
——The Study and Reference Focusing on America
方添智　著

出　版：中国商务出版社
发　行：北京中商图出版物发行有限责任公司
社　址：北京市东城区安定门外大街东后巷 28 号
邮　编：100710
电　话：010—64245686（编辑二室）
　　　　010—64266119（发行部）
　　　　010—64263201（零售、邮购）
网　址：www. cctpress. com
邮　箱：cctpress1980@163. com
照　排：北京开和文化传播中心
印　刷：北京科印技术咨询服务公司
开　本：787 毫米×980 毫米　1/16
印　张：12.25　　字　数：215 千字
版　次：2015 年 10 月第 2 版　　2015 年 10 月第 1 次印刷
书　号：ISBN 978-7-5103-1154-3
定　价：49.00 元

总　序

在经济全球化的历史潮流下,经济资源在全球范围内实现配置,产业结构在全球范围内进行调整,经济利益也在全球范围内重新分配。作为联结各种资本活动的平台,证券市场成为了资源配置、产业结构调整和利益分配的重要场所,其本身的运行也越来越呈现出国际化的特征,因此,当代证券市场已是一个全球化的大市场。瞬息万变的证券市场的稳健运行,需要一套共同遵守的、公平的法律规范加以维系。而崛起中的中国证券市场的健康发展,更需要在借鉴国外先进监管经验的同时,营造符合我国证券市场特色和发展需要的法律环境。

中国的改革开放取得了举世瞩目的成就,2010 年中国的 GDP 总量更超过日本成为世界第二大经济体。然而,与中国的经济实力形成鲜明反差的是,中国在国际金融事务领域的话语权并没有得到应有的体现。现有国际金融体系的游戏规则集中体现着欧美发达国家的利益诉求。中国作为新兴的市场经济体,如何不断完善和创新金融体制,并积极参与制定全球性的金融交易和监管规则,谋求对国际金融事务的话语权,正在考验着我们的智慧。

2001 年 12 月,中国正式加入 WTO,证券市场开放的步伐明显加快。经过五年的过渡期,到 2006 年年底,中国已全部履行了在加入WTO 时所作出的证券市场开放承诺。2008 年,中国证监会发布《中国资本市场发展报告》,提出了中国资本市场发展的中长期战略目标:成为公正、透明、高效的市场,为中国经济资源的有效配置作出重要贡献;成为更加开放和具有国际竞争力的市场,在国际金融体系中发挥应有作用。其中,提高中国资本市场的国际竞争力成为两大中长期战略目标之一。2009 年 4 月 14 日,国务院在金融危机肆虐、世界经济陷入低谷的背景下,不失时机地发布了《关于推进上海加快发展现代服务业和先进制造业、建立国际金融中心和国际航运中心的意见》,提出到2020年将上海建成与中国经济实力和人民币国际地位相适应的国际金融中心的目标。2012年1月30日,国家发展改革委正式印发的《"十二五"时期上海国际金融中心建设规划》,指出力争到2015年基本确立上海的全球性人民币产品创新、交易、定价和清算中心地位,同时提出"推进上海证券市场国际板建设,支持符合条件的境外企业发行人民币股票"的国际板建设规划。中国政府提出的建设国际金融中心的构想,被普遍认为是中国力争参与制定全球性金融交易和监管规则,获取国际金融事务的话语权的重要举措,具有深刻和远大的政策深意。

QFII、RQFII、QDII的成功运行,国际板的规划,证券期货经营机构与机构投资者参与国际市场,中国上市公司的海外并购,等等,必将进一步推进中国证券市场的国际化。而只有完善的配套法制,证券市场国际化才可能稳健前行。随着中国证券市场逐渐形成全方位开放的格局,传统的证券监管理念和监管手段已不能适应逐步国际化的中国证券市场的发展需要。借鉴国外先进的证券市场监管经验,开拓性地构建符合中国证券市场发展需要的法律制度,适时解决我国证券市场发展过程中出现的各种法律问题,已是摆在我国证券监管机关和证券法学界面前的共同课题。本系列专著正是基于维护中国证券市场稳步发展的使命感,立足于中国证券市场的建设实践,借鉴国外先进的立法与实践经验及最新的研究成果,深入研究和探讨国内外证券领域的重要法律与实务问题,为我国积极参与国际证券法律实践及完善我国证券市场立法和监管实践提供一得之见。

鸣谢:本系列专著的出版,得到北京市中银(深圳)律师事务所和叶兰昌律师的大力支持,特此致谢!

"国际证券法律与实务"系列专著编委会
2012年3月13日

目　录

CONTENTS

内容摘要

　　本书以信用评级过程中存在的利益冲突为研究对象,以美国为研究中心,从市场自律、司法规制和行政监管三个方面分析了信用评级利益冲突的规制方式和规制内容,并提出建立、健全我国信用评级利益冲突规制制度的建议。

　　第一章是基本理论部分,首先分析信用评级利益冲突的含义、冲突的内容和冲突的来源以及利益冲突所造成的不利影响,说明对信用评级利益冲突进行规制的重要意义,接着讨论了信用评级利益冲突的规制结构,说明信用评级利益冲突的规制方式主要有市场自律、司法规制和行政监管三种方式。

　　第二章讨论了信用评级利益冲突市场自律规制的内容。声誉机制是信用评级机构采取自我规制措施的约束力量,促使信用评级机构建立中国墙制度、评级操作规程和内部行为规范等自律措施,市场自律在信用评级业发展的初期发挥了重要作用,但是由于20世纪后期评级业垄断状态的形成、信用评级监管许可权力的膨胀和声誉机制本身缺陷等原因,市场自律机制显露出局限性。

　　第三章讨论了信用评级利益冲突司法规制的内容。在美国,因利益冲突引发的不实评级诉讼有诽谤之诉、欺诈之诉和过失虚假陈述之诉,法院通过对信用评级机构责任的认定,对信用评级机构的行为产生导向作用,从而规制信用评级利益冲突。第一节分析诽谤行为的司法规制,由于美国诽谤法律宪法化的原因,信用评级机构未经聘请主动发布评级的行为受到宪法的保护,司法规制的作用有限;第二节分析欺诈行为的司法规制,通过对侵权法、证券法的反欺诈规定和相关判例的分析,阐明司法对信用评级机构欺诈行为的规制作用;第三节分析过失行为的司法规制。对于一般过失虚假陈述行为,法院出于对司法管理政策和行业利益等因素的考量,认为信用评级机构只应在有限范围内承担第三人侵权责任,对于证券过失虚假陈述行为,只有信用评级机构同意将评级列入发行文件时才承担过失虚假陈述责任,因此司法裁判方式对信用评级机构过失行为发挥有限规制作用。就美国法律现状而言,信用评级利益冲突的司法规制主要是民事责任的内容,笔者也没有检索到信用评级机构承担刑事责任的判例,因此本文对于信用评级机构司法规制内容的探讨限于信用评级机构民事责任角度的分析。

第四章分析了信用评级利益冲突行政监管的内容。第一节是行政监管制度的概述部分,阐述了行政监管方式在信用评级利益冲突规制结构中的核心地位,行政监管的基本制度有内部控制监管、信息披露监管和禁止性规定等内容。第二节讨论了评级机构层面结构性利益冲突行政监管的具体措施。第三节讨论了评级机构层面业务性利益冲突行政监管的具体措施。第四节讨论了信用评级机构人员层面利益冲突行政监管的具体措施。针对利益冲突本身采取的监管措施存在局限性,因此第五节提出了信用评级质量监控制度,通过对评级质量的监控,对信用评级利益冲突产生规制作用。

第五章对完善我国信用评级利益冲突的规制制度提出建议。第一节分析了我国信用评级行业自律现状,提出促进自律机制发挥作用的建议;第二节对我国信用评级利益冲突司法规制的内容进行分析,并提出完善建议。第三节提出了我国建立、健全信用评级利益冲突行政监管制度的具体建议,包括确定行政监管主体、加强内部控制制度、强化信息披露制度、建立评级质量监控制度等内容。

关键词:信用评级;利益冲突;市场自律;司法规制;行政监管

Abstract

The dissertation discusses as a research object the conflicts of interest relating to credit ratings and centres upon a U. S. law perspective. The paper provides an analysis of various regulations, including the market discipline, the judicial regulation and the administrative regulation. Based on the above the paper sets out suggestions for establishment and perfection of regulation systems on the conflicts of interest regarding credit ratings in China.

In Chapter One the author presents an overview of the basic theories. This chapter first analyses the definition, contents and the sources of conflicts of interest relating to credit ratings, the possible adverse effects resulting from conflicts of interest and the important implications of regulation on the conflicts of interest. Then this chapter explores that various methods of regulation on conflicts of interest including the market discipline, the judicial regulation and the administrative regulation.

In Chapter Two the author discusses the market discipline on the conflicts of interest relating to credit ratings. The reputation mechanisms are the force of self – regulation of credit rating agencies. Under the reputation mechanisms, credit rating agencies adopt the greatwall, rating procedures and the internal code of conducts to control the conflict of interest. Reputation mechanisms played the important role in the early stage of the development of credit rating industry. In the late twentieth century, with the emergence of monopoly in credit rating industry, expansion of power of regulatory license and the deficiency in the reputation mechanisms, the limitation of the market discipline has already been exposed, and the regulation targeting the reputation mechanisms is ineffective.

In Chapter Three the author discusses the judicial regulation on the conflicts of interest relating to credit ratings. The conflicts give rise to inaccurate ratings, and the plaintiff would accuse credit rating agencies of libel, fraud or negligent representation. Subchapter One analyses the judicial regulation on libel and draws the conclusion that the credit rating agencies' issuance of negative unsolicited ratings were entitled to First Amendment protection and the libel litigation may not function as deterrence to dishonest unsolicited ratings. Subchapter Two analysis the judicial regulation on fraud and draws the conclusion that the judicial regulation may function as deterrence to fraud in ratings under the common law and securities law. Subchapter three analyses the judicial regulation on the negligent representation. Due to the consideration of interest of the industry and judicial administration, rating agencies owe the negligent liability to limited scope of public investor under the common law. Credit rating agencies will assume the negligent representation liability of inaccurate ratings under the securities law if they were willing to consent to inclusion of their ratings in registration statements or prospectuses. So the judicial regulation performs a limited function as deterrence to dishonest ratings under the common law and securities law. There has been no relevant criminal cases reported in U. S. up to now, therefore the paper focuses on the civil liability relating to credit rating agencies.

In Chapter Four the author discusses the administrative regulation on the conflict of interest relating to credit rating. Subchapter One analysis the basic system of the administrative regulation and explains that the administrative is at the core status in the structure of regulation on conflicts of interest and the paths of the administrative regulation include the regulation on internal control system, the regulation on information disclosure system and the prohibition of activities creating conflicts. Subchapter Two discusses the regulation targeting structural conflicts of interest at the rating agency level. Subchapter Three discusses the regulation targeting activity – based conflict of interest at the rating agency level. Subchapter Four discusses the regulations targeting conflicts of interest at the analyst level. Subchapter Five proposes the perfection measures of rating quality regulation after discussing the deficiency of the current administrative regulation.

In Chapter Five the author discusses the current regulation on conflicts of interest relating to credit ratings in China and its perfection. Subchapter One analysis the status quo of market discipline on conflicts of interest relating to credit ratings in China and proposes its perfection. Subchapter Two discusses the judicial regulation on the conflicts of interest in China and proposes its perfection. Subchapter Three puts forward the proposed rules to control the conflicts of interest including establishing internal control system, information disclosure system and rating quality regulation.

In addition, the paper proposes that the government shall designate a supervisory body and develop the competitive credit rating industry.

Key Words: Credit Ratings; Conflicts of Interest; Market Discipline; Judicial Regulation; Administrative Regulation

Abbreviations

缩略语	全　称
CDO	Collateralized Debt Obligation
COSO	Committee of Sponsoring Organization of the Treadway Commission
Fitch	Fitch, Inc.
HHI	Herfindahl Hirschman Index
IOSCO	International Organization of Securities Commissions
Moody's	Moody's Investors Service, Inc.
NRSRO	Nationally Recognized Statistical Rating Organization
RMBS	Residential Mortgage – backed Securities
SEC	U.S. Securities and Exchange Commission
S & P	Standard & Poor's Ratings Services

Table of Cases

1. Abu Dhabi Commercial Bank v. Morgan Stanley & Co. , 651 F. Supp. 2d 155, (S. D. N. Y. 2009).

2. Am. Sav. Bank, FSB v. UBS PaineWebber, Inc. (In re Fitch, Inc.), 330 F. 3d 104. (U. S. App. 2003).

3. Amann v. Clear Channel Communications, 165 Ohio App. 3d 291. (Ohio 2006)

4. Cal. Pub. Emples. Ret. Sys. v. Moody's Corp. , 2009 U. S. Dist. LEXIS 110756. (United States District Court for the Northern District of California, 2009).

5. Compuware Corp. v. Moody's Investors Services, Inc. , 499 F. 3d 520. (6th Cir. 2007).

6. County of Orange v. McGraw – Hill Cos. (In re County of Orange) , 245 B. R. 138. (United States District Court for the Central District of California, 1997).

7. Credit Alliance v. Arthur Andersen & Co. , 483 N. E. 2d 110 (N. Y. 1985).

8. Curtis Pub. Co. v. Butts, 388 U. S. 130. (Supreme Court of the United States, 1967).

9. Cuyler v. Sullivan, 446 U. S. 335. (Supreme Court of the United States, 1980).

10. Fed. Home Loan Bank of Pittsburgh v. J. P. Morgan Secs. LLC. 2010 Pa. Dist. & Cnty. Dec. LEXIS 437, (Common Pleas Court of Allegheny County, Pennsylvania, Civil Division, 2010).

11. Gertz v. Robert Welch, 418 U. S. 323. (Supreme Court of the United States, 1974).

12. Glanzer v. Shepard, 233 N. Y. 236. (N. Y. 1922).

13. In re Enron Corp. Secs. , Derivative & ERISA Litig. , 511 F. Supp. 2d 742, 815 (S. D. Tex. 2005).

14. In re Lehman Bros. Sec. & ERISA Litig. , 684 F. Supp. 2d 485. (S. D. N. Y. 2010).

15. In re Merrill Lynch Auction Rate Secs. Litig. , 2011 U. S. Dist. LEXIS 14053. (S. D. N. Y. 2011).

16. In re Nat'l Century Fin. Enters. , 580 F. Supp. 2d 630. (S. D. Ohio 2008).

17. In re Scott Paper Co. Sec. Litig. , 145 F. R. D. 366. (United States District Court for the Eastern District of Pennsylvania, 1993).

18. In re Wells Fargo Mortgage – Backed Certificates Litigation, 712 F. Supp. 2d 958. (N. D. Cal. 2010).

19. Jefferson County School Dist. No. R – 1 v. Moody's Investors Services, 988 F. Supp. 1341 (D. Colo. 1997).

20. LaSalle Nat'l Bank v. Duff & Phelps Credit Rating Co. , 951 F. Supp. 1071. (S. D. N. Y. 1996).

21. New York Times Co. v. Sullivan, 376 U. S. 254. (Supreme Court of the United States, 1964).

22. Pan Am Corp. v. Delta Air Lines (In re Pan Am Corp.), 161 B. R. 577. (S. D. N. Y. 1993).

23. Rosenblum v. Adler, 461 A. 2d 138 (N. J. 1983).

24. Ultramares Corporation v. Touche & Co. , 174 N. E. 441. (N. Y. 1931).

25. Ultramares Corp. v. Touche, 255 N. Y. 170. (N. Y. 1931).

导　言

一、研究背景

信用评级机构(the credit rating agency)又称资信评级机构,其产生已有100多年的历史。1841年,Louis Tappen 成立了第一家商业信用机构(the mercantile credit agency),对商人的还债能力进行评价。1868年,Henry Varnum Poor 及其儿子 Henry William Poor 出版了美国铁路手册(the Manual of the Railroads of the United States),铁路产业是当时美国资本最集中的产业,铁路手册主要向投资者提供美国铁路产业的投资信息。1900年,John Moody 成立 John Moody & Company,开始发布穆迪产业及其证券手册(Moody's Manual of Industrial and Miscellaneous Securities),提供各种股票和债券的信息。Luther Lee Blake 意识到投资者对于金融信息的集中需求,于1906年成立了标准数据机构(Standard Statistics Bureau),出版包含各种公司新闻的卡片。1907年股票市场崩溃后,John Moody 意识到与其收集各种公司的资产和管理等信息提供给投资者,不如向他们提供证券价值的分析,因此于1909年出版了铁路公司证券手册,对铁路公司的已发行未偿付证券(outstanding securities)进行评级,并用字母表示各种风险的等级。① John Moody 发起开展的评级业务被认为是现代评级业的开始。

20世纪初,随着美国资本市场的快速发展和投资工具的日益复杂化,公众投资者普遍缺乏投资信息,而且当时的市场充斥着经纪人秘密交易(hole - and - corner dealings)行为。投资者迫切需要证券信用评价信息作为投资决策参考,因此信用评级业的发展获得了难得的机遇。1916年标准普尔(S & P)的前身普尔出版公司(Poor's Publishing Co.)开始从事公司债券评级,标准数据公司(Standard Statistics Co.)也于1922年开展债券评级,惠誉(Fitch)于1924年进入

---

① MARIA COSTANZA BARDUCCI & DR. TIMO FEST. Evaluation of the Regulations of Credit Rating Agencies in the United States and the European Community[EB/OL]. 10 - 12. http://papers. ssrn. com/sol3/papers. cfm? abstract_id = 1803132, 2011 - 07 - 01.

评级市场,惠誉所采用的"AAA"至"D"的评级体系成为评级行业的一般评级体系。①

作为一种金融信息服务,信用评级指对债务人信用(the credit worthiness)、债券和其他货币市场工具信用的评价。② 信用评级的对象是作为债务人的企业、机构或其他实体和债券型证券的信用风险,即本、利按期支付的可靠程度及违约概率的评价。债券型证券包括公司债券、市政债券、资产支持证券、优先股、商业票据和住房抵押证券等。③ 长期以来,作为资本市场的"看门人(gate-keeper)",信用评级机构通过独立、专业化的信息收集和分析活动,在减少市场信息不对称和提高市场效率方面发挥着重要的作用。

1970年代美国证券交易委员会(SEC)发布了关于确定经纪人/交易商最低清偿标准的净资本规则(Rule 15c3 - 1),④该规则首次将"全国公认的统计评级机构"(Nationally Recognized Statistical Rating Organization, NRSRO)之评级结果纳入联邦证券监管法律体系。⑤ 此后,许多监管规则相继援引 NRSRO 发布的信用评级作为监管标准,根据2002年 SEC 向美国参议院政府事务委员会提交的报告显示,至少有8部联邦法律、47部联邦监管规则和100多部地方立法将 NRSRO 评级作为监管标准。⑥

随着使用领域的扩大,信用评级发展成为市场主体进行交易的参照标准,交易双方往往将信用评级作为投资或交易的条件,例如投资方和资产管理方可以在投资管理合同中规定投资标的的最低评级要求。由此,信用评级具有金融信息、监管标准、私人交易标准等特征,对资本市场产生广泛而深入的影响。

在认识信用评级重要作用的同时,更应认识到信用评级是一把双刃剑,准确的评级能够纠正市场信息不对称、提高市场效率和监管效率,不实的评级不仅不能真实反映被评级对象的信用状况,而且可能给市场造成重大打击。2007年大量被评为"投资级"的次贷产品一夜之间成为垃圾债券,并进而引发次贷危

① Id.

② Credit Rating Agency Reform Act of 2006, Pub. L. No. 109 - 291, § 3, 120 Stat. 1327 (amending 15 U.S.C. § 78c(a)(60)).

③ LYNCH, TIMOTHY E. Deeply Persistently Conflicted: Credit Rating Agencies in the Current Regulatory Environment[J]. *Case Western Reserve Law Review*, 2009, 59(2): 237.

④ 17 C. F. R. § 240.15c3 - 1.

⑤ LEVICH, RICHARD M. & MAJNONI, GIOVANNI, ed. Ratings, Rating Agencies and the Global Financial System[M]. Boston: *Kluwer Academic Publishers*, c2002. 74.

⑥ SEC. Financial Oversight of Enron: the SEC and Private - Sector Watchdogs(October 8,2002)[EB/OL]. http://hsgac. senate. gov/100702watchdogsreport. pdf, 2011 - 06 - 16.

机,这就是不实信用评级危害性的明显例证,所以加强信用评级行业的规制具有重要意义。

然而信用评级机构长期游离于政府规制之外,主要依靠市场自律的约束。信用评级行业市场自律的基础是声誉机制,在声誉机制的约束力下,信用评级机构努力采取自律措施控制评级过程中的利益冲突。在评级业发展的早期,市场自律发挥了积极的规制作用,但是作为一种利益驱动的自我约束机制,市场自律仍有其局限性,次贷危机中大规模的评级失灵现象就是市场自律失灵的重要表现。

2002 年安然公司和世通公司倒闭之后,美国才较为关注信用评级机构的规制问题。2002 年 7 月美国国会颁布的《萨班斯—奥克斯利法案》(SOX 法案)第 702 条 b 款要求 SEC 对信用评级机构在资本市场运行中的角色和功能进行研究。2006 年出台的《2006 年信用评级机构改革法》(the Credit Rating Agency Reform Act of 2006)建立了对信用评级机构行政监管的基本制度。次贷危机后,美国加大了信用评级制度改革的力度,2010 年颁布的《多德—弗兰克华尔街改革和消费者保护法》(Dodd - Frank Wall Street Reform and Consumer Protection Act,简称《多德—弗兰克法》)进一步完善了信用评级的行政监管制度。

在行政监管改革不断推进的同时,信用评级行业的司法规制也得到加强,在有关信用评级的诉讼中,法院对信用评级机构民事责任的认定对信用评级机构的行为具有导向作用。《多德—弗兰克法》对信用评级证券欺诈诉讼证明标准的规定,对信用评级机构的行为将产生进一步的导向作用,使信用评级机构努力保持客观中立地位,以避免在诉讼中处于不利地位。

信用评级是否准确,除了评级方法是否正确外,另一个重要的因素就是信用评级机构在评级过程中是否保持客观中立地位。但评级过程中存在的各种利益冲突却直接破坏了信用评级机构的中立性,进而影响到信用评级的准确性,因此对信用评级利益冲突规制的研究具有重要意义。而信用评级利益冲突的规制也是美国信用评级制度的重要内容,是《2006 年信用评级机构改革法》和《多德—弗兰克法》的主要内容。那么,信用评级利益冲突的具体内容是什么,是哪些利益之间的冲突,利益冲突规制的方式主要有哪些,各种规制方式的具体内容是什么,各种规制方式发挥了什么样的作用,只有对这些问题有比较全面的分析才能对信用评级利益冲突及其规制有比较深入的认识,因此本书以这些问题为中心展开分析。

美国是信用评级业的发源地,信用评级行业发展处于世界领先水平,信用评级制度改革也走在各国前列,因此本书以美国为研究中心,希望通过对美国信用评级制度的分析为我国建立、健全信用评级制度提供有益借鉴。

二、现有文献综述

次贷危机前,大多数的学者认为由于声誉的驱动,信用评级机构提供客观公正评级的行为不会受到利益冲突的影响。[①] 如 Steven L. Schwarcz 认为声誉机制足以促使信用评级机构发布客观准确的评级,行政监管是不必要的。[②] Claire A. Hill 认为信用评级机构尽管接受发行人付费,但仍能够保持中立地位。[③]但有些学者仍然认识到信用评级利益冲突的不利影响并提出规制建议,如 Andrew Crockett 认为信用评级过程中存在评级业务和咨询业务的利益冲突,提出了市场自律和信息披露等规制建议。[④] Amy K. Rhodes 针对发行人付费模式的利益冲突提出了加强信息披露规制的建议。[⑤]

世通公司、安然公司评级丑闻和次贷危机中评级失灵现象出现后,理论界进一步认识到利益冲突是信用评级机构发布不实评级的重要原因,要求重新审视美国长期坚持的依靠市场自律规制信用评级机构的理念,并且要求加快改革信用评级制度,Timothy E. Lynch 认为声誉约束未能有效规制利益冲突,应建立公共的信用评级机构,[⑥] Stephane Rousseau 提出加强信息披露规制的建议,[⑦] Jeffrey Manns 主张取消发行人付费模式,实行使用者付费方式,[⑧] Yair Listokin 和 Benjamin Taibleson 主张对信用评级机构采取激励性付费模式,[⑨] John Patrick

① DERYN, DARCY. Credit Rating Agencies and the Credit Crisis: How the "Issuer Pays" Conflict Contributed and What Regulators Might Do about It[J]. *Columbia Business Law Review*, 2009 (2): 633.

② SCHWARCZ, STEVEN L. Private Ordering of Public Markets: The Rating Agency Paradox, *University of Illinois Law Review*, 2002(1):2.

③ HILL, CLAIRE A. Regulating the Rating Agencies[J]. *Washington University Law Quarterly*, 2004, Spring: 74.

④ CROCKETT, ANDREW, ed. Conflicts of Interest in the Financial Services Industry: What Should We Do about Them? [M]. Geneva: *International Centre for Monetary and Banking Studies*; London: *Centre for Economic Policy Research*, 2004.

⑤ RHODES, AMY K. The Role of the SEC in the Regulation of the Rating Agencies Well-Placed Reliance or Free-Market Interference[J]. *Seton Hall Legislative Journal*, 1996 (20): 355.

⑥ LYNCH, TIMOTHY E. Deeply Persistently Conflicted: Credit Rating Agencies in the Current Regulatory Environment[J]. *Case Western Reserve Law Review*, 2009, 59 (2): 228.

⑦ ROUSSEAU, STEPHANE. Enhancing the Accountability of Credit Rating Agencies: The Case for a Disclosure-Based Approach[J]. *Mcgill Law Journal*, 2006 (51).

⑧ MANNS, JEFFREY. Rating Risk after the Subprime Mortgage Crisis: A User Fee Approach for Rating Agency Accountability[J]. *North Carolina Law Review*, 2009 (87).

⑨ LISTOKIN, YAIR & TAIBLESON, BENJAMIN. If You Misrate, Then You Lose: Improving Credit Rating Accuracy Through Incentive Compensation[J]. *Yale Journal on Regulation*, 2010 (27).

Hunt 提出对低质量的评级采取剥夺收益的建议,①上述学者主要从行政监管方面主张加强对信用评级利益冲突的规制,在司法规制方面,Frank Partnor 提出了废除 436(g)规则,追究信用评级机构法律责任的建议,②Theresa Nagy 认为信用评级机构不应受宪法第一修正案的保护,信用评级机构应承担不实评级行为的民事责任。③ 综合分析,国外学者主要阐述了市场自律在约束利益冲突方面的局限性,并从某一方面提出了加强规制的建议,这些建议部分被美国立法机关所接受,如《多德—弗兰克法》废除了免除信用评级机构责任的 436(g)规则,明确信用评级机构欺诈故意的证明标准,规定了利益冲突的内部控制制度、信息披露制度和禁止性规定等行政监管制度。

国外学者尽管对信用评级制度作了较为深入的研究,但对信用评级利益冲突及其规制的研究尚存在不足之处:首先,没有对信用评级利益冲突的含义进行一般性的定义,没有说明信用评级利益冲突的内容,也没有对信用评级利益冲突进行全面的分析,大多数的学者主要从发行人付费模式的利益冲突、评级业务与附属业务的利益冲突、评级业务与营销业务的利益冲突这三个方面进行分析,没有对各种利益冲突进行全面的归纳和总结;其次,在信用评级利益冲突规制方式的研究方面,次贷危机后大多数的学者只是从行政监管和司法规制两个方面提出改革建议,而忽视了市场自律仍然发挥一定的规制作用,应采取措施促进市场自律作用的发挥,使三种规制方式发挥共同规制作用。

国内对信用评级制度的研究尚处于起步阶段。有关信用评级的著作主要有朱荣恩所著的《资信评级》,台湾学者郭敏华所著的《信用评级》,李振宇、李信宏和邵立强所著的《资信评级原理》,欧志伟、萧维所著的《中国资信评级制度建设方略》,邹润扬所著的《资信评级方法》,朱荣恩、丁豪樑、袁敏所著的《资信评级》,盛世平所著的《美国证券评级机构的法律责任》等著作,其中盛世平的著作以美国信用评级机构的法律责任为研究对象,但是其他著作主要从信用评级行业介绍、信用评级制度概论、信用评级方法研讨的角度进行探讨,对信用评级法律制度的研究内容较少,没有对信用评级行政监管制度进行专门研究的著

①　HUNT, JOHN PATRICK. Credit Rating Agencies and the "Worldwide Credit Crisis": The Limits of Reputation the Insufficiency of Reform, and a Proposal for Improvement[J]. *Columbia Business Law Review*, 2009 (1).

②　PARTNOY, FRANK. Rethinking Regulation of Credit Rating Agencies: An Institutional Investor Perspective[EB/OL]. http://ssrn.com/abstract = 1430608, 2009 – 08 – 01.

③　NAGY, THERESA. Credit Rating Agencies and the First Amendment: Applying Constitutional Journalistic Protections to Subprime Mortgage Litigation[J]. *Minnesota Law Review*, 2009 (94).

作。在期刊文章方面,近几年来有关信用评级制度的论文明显增加,但大多数是对信用评级制度的引进和信用评级机构在次贷危机中的表现进行分析,对信用评级利益冲突进行全面和深入研究的文献较少。

三、预计的创新与不足

本书的创新之处表现在:第一,鉴于现有文献没有对信用评级利益冲突的含义和内容进行明确的界定,本书对信用评级利益冲突的含义进行了阐述,指出信用评级过程中所存在的利益冲突是客观公正评级利益、有利评级利益、信用评级机构及其内部人员利益等不同利益之间的冲突,在此基础上对信用评级利益冲突的各种来源进行了较全面的归纳总结;第二,本书从市场自律、司法规制和行政监管三个角度对信用评级利益冲突规制问题进行分析,较全面的说明了信用评级利益冲突的各种规制方式和规制内容,指出行政监管在信用评级利益冲突的规制结构中处于核心地位;第三,在分析美国信用评级利益冲突行政监管制度方面,本书提出了美国立法的一些不足,提出了完善的建议,并提出应建立评级质量监管制度,以强化对信用评级利益冲突的规制;第四,本书在借鉴美国制度的基础上,提出了加强我国信用评级利益冲突规制的建议,对我国建立、健全信用评级制度有一定的借鉴意义。

由于资料的不足和个人能力的限制,本书在有些方面论述不够深入,笔者将继续关注国外信用评级制度的改革进展,继续该领域的研究和学习,以期有进一步的收获。

四、研究方法

(一)比较分析方法

本书以美国为中心研究如何更好地认识和解决信用评级利益冲突规制问题,说明如何借鉴美国制度以完善我国信用评级制度,书中多处使用了比较的分析方法,例如对信用评级市场自律规制的分析中,对美国不同时期信用评级行业的发展状况进行比较,说明市场自律失效的原因。在对我国信用评级市场自律规制分析中,将中美信用评级市场自律局限性的原因进行比较,进而说明我国应采取的对策。

(二)案例分析方法

先前的判例对美国法院的判决具有指导作用,尤其是在成文法没有规定或规定不够明确时,先前的判例意见就显得特别重要。本书在分析信用评级利益冲突司法规制的内容时,挑选了典型案例进行分析,通过案例分析加深对美国法相关规定的理解和把握。

（三）历史分析方法

对信用评级制度历史的考察有助于丰富认识的视野，更清晰地认识制度设计的目的，因此本书以历史分析方法考察相关制度的发展，例如在分析信用评级机构过失虚假陈述责任时，结合理论界、实务界认识的发展，分析信用评级机构法律责任在不同历史阶段的变化和美国信用评级制度立法的完善过程。

第一章 信用评级利益冲突规制的
理论基础

利益冲突(conflict of interest)是以服务为导向的现代社会(the modern service-oriented society)中普遍存在的现象,但是不同领域的利益冲突有不同的内容,因此本章首先对信用评级利益冲突的含义、冲突的内容和冲突的来源进行分析,确定本书研究的信用评级利益冲突的范围。随着金融市场的发展,信用评级的作用日益突出,但是不实评级产生的危害也更加严重,信用评级过程中的利益冲突是产生不实评级的重要原因,因此,在对信用评级利益冲突的含义进行讨论之后,本章第二节主要讨论信用评级利益冲突的不利影响,从而说明对其规制的重要意义。在信用评级利益冲突的规制方式上,第三节从经济学的角度进行分析,说明了信用评级利益冲突的规制方式包括市场自律、司法规制和行政监管,三种方式形成了信用评级利益冲突的规制结构。

第一节 信用评级利益冲突的产生

本节对信用评级利益冲突的含义、内容和冲突来源进行分析,说明信用评级利益冲突指评级过程中客观公正评级的利益、有利评级的利益、信用评级机构及其内部人员的利益等利益之间的冲突,这些利益冲突来源于信用评级的具体业务模式或者具体业务过程中,包括信用评级机构层面产生的利益冲突和信用评级人员层面产生的利益冲突。

一、信用评级利益冲突的含义

现代社会生活的日益复杂化导致劳动分工的细化和日益专业化,形成对他人提供服务的依赖,这种依赖进而推动利益冲突的出现。[①] 高度专业化、复杂化

---

① KUMPAN, CHRISTOPH & LEYENS, PATRICK C. Conflicts of Interest of Financial Intermediaries-Towards a Global Common Core in Conflicts of Interest Regulation[J]. *European Company and Financial Law Review*, 2008, 4 (1): 73.

和日益重要性的资本市场就是一个典型。资本市场的发展产生了各种金融口介(intermediaries),金融口介机构在提供金融服务过程中,不仅有自身的利益考虑,而且面临着融资者、投资者等市场主体的利益,各种利益之间往往存在着冲突,这种利益冲突问题已成为影响当代金融体系正常运行的一个制约因素,避免利益冲突被认为是维持资本市场正常运行的核心因素之一。①

尽管利益冲突广泛存在,但是"利益冲突是一个经常使用却极少被定义的词汇"。② 例如欧盟发布了一系列有关金融市场各个领域利益冲突的规定,但是大多数文件没有对利益冲突进行一般性的定义,其2004年发布的《金融工具市场指令》(Market in Financial Instruments Directive)和2006年的实施指令(implementing directive)是对利益冲突进行最广泛监管的文件,文件针对多个领域的利益冲突采取监管措施,然而对于利益冲突的理解,文件只提及一个标准,即客户由于受到投资公司的利益冲突影响而受到可能的不利或损失。③ 尽管立法和监管部门较少对利益冲突进行一般性的定义,但是学者们往往从本身的研究出发对利益冲突的含义进行讨论,不同领域的学者或者从某一角度对利益冲突含义进行界定,或者只是针对某一领域的利益冲突进行定义,有的学者对利益冲突进行了较宽泛的一般性定义。

有的学者认为,利益冲突指一个主体服务于两个或者更多利益时,牺牲一方的利益,将另一利益主体置于较好的位置。④ 这个定义表明利益冲突是一个行为主体对两个或两个以上有冲突的利益之间的选择,所以概念的适用领域较为广泛。

美国Merriam Webster词典则将利益冲突定义为:处于受信任地位者应履行的责任与私人利益之间的冲突。⑤ 委托代理领域是利益冲突的一个重要领域,Merriam Webster词典的定义主要从委托代理角度进行分析,说明利益冲突主要

---

① 维持资本市场正常运行的三个核心因素包括避免利益冲突、执行信息披露义务和充分的监管。参见 THOMAS M. J. MÖLLERS. Regulating Credit Rating Agencies: the New US and EU Law-Important Steps or Much Ado about Nothing? [J]. *Capital Markets Law Journal*, 2009, 4 (4): 480.

② Cuyler v. Sullivan, 446 U. S. 335, 352, (SUPREME COURT OF THE UNITED STATES, 1980)

③ KUMPAN, CHRISTOPH & LEYENS, PATRICK C. Conflicts of Interest of Financial Intermediaries-Towards a Global Common Core in Conflicts of Interest Regulation[J]. *European Company and Financial Law Review*, 2008, 4 (1): 76 – 77.

④ CROCKETT, ANDREW, ed. Conflicts of Interest in the Financial Services Industry: What Should We Do about Them? [M]. Geneva: International Centre for Monetary and Banking Studies. London: *Centre for Economic Policy Research*, 2004. 5.

⑤ The Merriam Webster Dictionary. http://www.merriam-webster.com/dictionary/conflict% 20of% 20interest. 2010 – 01 – 10.

是代理人应履行的责任与代理人本身利益之间的冲突,因此 Merriam Webster 词典对利益冲突的定义是针对某一领域的利益冲突进行定义。

Michael Davis 和 Andrew Stark 主编的《专业领域利益冲突》(*Conflict of interest in the professions*)一书研究了法律、医疗、金融服务、工程等领域存在的利益冲突问题,该书将利益冲突定义为:存在某种关系要求一方为另一方的利益而进行判断(exercise judgement),但是这种适当的判断受到其他(特殊)利益的试图干扰,试图干扰的利益包括任何影响(influence)、忠诚(loyalty)、关注(concern)、情感(emotion)等。① 该书主要从专业服务角度对利益冲突进行分析,说明了利益冲突的产生原因及产生冲突的各种利益,该定义所称的利益包含较广泛的类型。

Kumpan 和 Leyens 在《金融中介机构利益冲突——利益冲突规制全球共同核心问题》一文中对利益冲突下的定义是,有法律义务为他方利益行为的一方,决定应如何为该方利益而行为时,存在另外一种利益影响了其履行义务,则产生利益冲突,任何对履行义务方的决定造成直接影响的各种影响力、各种关注事项、情感、忠诚(any influence,concern,emotion,loyalty)等因素,都可能构成相互冲突的利益。②

Andrew Crockett 主编的《金融服务业利益冲突》一书认为,当一主体服务于两个或者更多利益主体,且以牺牲一方的利益,将另一利益主体置于较好位置时,产生了利益冲突。作者同时指出,利益冲突存在于我们生活的所有方面,有必要对该书所研究的有关利益冲突下一个更准确的定义,鉴于金融市场信息的作用,该书将利益冲突定义为:利益冲突出现于当一金融服务提供者,或该服务提供者内部的机构,拥有多个利益,该利益产生了以不当使用或隐瞒金融市场有效运行信息的行动动机。③

综合分析上述各种利益冲突含义,本书认为利益冲突最基本的定义是:某一主体的行为产生不同的利益要求,这些不同的利益之间存在冲突。利益冲突存在于社会生活的各个领域,不同领域的利益冲突有不同的内容。研究金融领

---

① DAVIS, MICHAEL & STARK, ANDREW. Conflict of Interest in the Professions[M]. New York: *Oxford University Press*, 2001. 3 – 8.

② KUMPAN, CHRISTOPH & LEYENS, PATRICK C. Conflicts of Interest of Financial Intermediaries-Towards a Global Common Core in Conflicts of Interest Regulation[J]. *European Company and Financial Law Review*, 2008, 4 (1): 84.

③ CROCKETT, ANDREW, ed. Conflicts of Interest in the Financial Services Industry: What Should We Do about Them? [M]. Geneva: *International Centre for Monetary and Banking Studies*; London: *Centre for Economic Policy Research*, 2004. 5.

域的利益冲突现象应从实务出发,针对某一领域的利益冲突问题进行研究并依此对该领域的利益冲突进行界定。

由于信用评级领域涉及到多种利益主体,不同的主体有不同的利益要求,同一主体在不同的评级服务中也可能存在不同的利益要求,从而形成错综复杂的利益和利益冲突,因此本书从利益冲突的内容进行分析,从发生冲突的各种利益出发界定信用评级利益冲突的含义,即本书所研究的信用评级利益冲突是:信用评级机构在信用评级过程中,应客观公正发布信用评级的行为受到其他利益的干扰或试图干扰,从而形成不同利益之间的博弈和信用评级机构在不同利益间的取舍。

信用评级过程中尽管存在着多种主体和多种不同的利益,但可以把各种利益归纳为三类:客观公正评级的利益,有利评级的利益和信用评级机构及其内部人员的利益,这些利益往往存在冲突。在客观公正评级的利益要求方面,信用评级所具有的信息中介、监管许可、私人交易参照标准等作用,使信用评级机构有责任处在中立的地位为市场提供客观公正的信用评级,这种客观公正评级或者代表了社会的公共利益,或者代表了市场交易主体的利益。在有利评级的利益要求方面,由于信用评级关系到多方利益主体,有些主体基于自身的考虑所关注的是对自身有利的评级,并非客观公正的评级,例如债券发行人希望获得较高的评级、被监管的投资者(regulated investors)希望其准备投资的证券能够获得足够高的信用级别使其能够将其列入投资组合,这些利益要求影响了客观公正的评级行为。信用评级机构作为信用评级关系的一方主体,同样存在着自身的利益,经济利益、代理偏见、内部人员谋求私利等情况都是信用评级机构自身利益的反映。在评级过程中,信用评级机构所应具有的客观公正评级行为往往受到有利评级利益与信用评级机构及其内部人员利益的干扰。

信用评级利益冲突是一种情势,只有在具体的评级过程中才能转为现实,所以利益冲突来源于信用评级机构的具体业务模式或者具体业务过程中,例如在发行人付费模式中,迫于发行人的收费压力,信用评级机构发布有利于发行人的信用评级,这是提供客观公正评级与满足客户需要之间的利益冲突,但是只有发行人支付的费用较多,足以影响信用评级机构以短期收益换取长期声誉损失风险时,信用评级机构才可能发布有利于信用评级机构的不实评级。一旦潜在的冲突成为现实,信用评级的客观公正性即受到影响,而各种利益的博弈最后集中于信用评级机构所进行的利益选择,因此本书以信用评级机构的规制为研究中心,探讨信用评级利益冲突规制的理论和实践问题。

二、信用评级利益冲突的内容

信用评级涉及的利益主体众多,同一的主体在不同业务关系中可能存在不同的利益要求,本书将各种主体在不同情况下的利益要求归结为客观公正评级的利益、有利评级的利益和信用评级机构自身及其内部人员的利益,这些利益之间形成信用评级利益冲突的情势。

(一)客观公正评级的利益

在资本市场上,信用评级机构作为信息中介(informational intermediaries),具有纠正交易双方信息不对称的作用,其发布的信用评级是市场上重要的金融信息;由于监管规则对信用评级的援引,信用评级成为监管工具,实际上发挥了监管许可(regulatory license)的作用;在私人交易中,信用评级成为市场主体间交易的参照标准(benchmarks),因此信用评级具有信息中介、监管许可、私人交易参照标准等作用,所以信用评级机构被称为市场看门人(gatekeeper),有责任处在中立的地位提供客观公正的信用评级,信用评级机构的首要责任就是提供信用风险的准确评价。[①]

1. 信用评级的信息中介作用

信用评级机构运用科学分析方法对被评级债务人或者证券的违约风险进行评价,将有关债务人或者证券发行人信用状况的各种数据和资料转换为一定的评级符号,每一层次的评级符号代表一定的信用风险,投资者依此作为投资的决策参考,有效地解决了债权人、投资者和债务人、证券发行人之间的信息不对称问题。

首先,信用评级机构所发布的信用评级报告能够纠正事前信息不对称,解决债券市场的逆向选择问题。在信息不对称情况下,资金供给方以市场平均信用为条件来安排交易条件,这种情况使信用较高的融资方处于不利地位,甚至可能退出市场,使信用较低的融资方处于有利地位,甚至造成低信用的融资方充斥市场,形成市场逆向选择。信用评级机构将有关证券发行人信用状况的各种数据和资料转换为一定的评级符号,投资者依此作为决策参考,从而纠正了市场信息不对称问题。同时,高于市场平均信用的债券发行人将从信用评级中受益,因此热衷于信用评级,一旦高于平均评级质量水平的债务被证明,投资者将会修改(调低)其他没有被评级证明的债务

---

① HUSISIAN, GREGORY. What Standard of Care Should Govern the World's Shortest Editorials?: An Analysis of Bond Rating Agency Liability[J]. *Cornell Law Review*, 1990, 75: 415.

平均信用质量的估计。在余下的没接受评级的债务中,信用质量高于平均水平的发行人将热衷于评级,因为评级对其有利。博弈的结果是,除了最低质量的债券发行人,其他发行人都努力接受评级,都会从可靠的证明机制中收益。由此,信用评级机构有效地克服了资本市场信息不对称所产生的逆向选择问题。

其次,信用评级机构在发布评级报告后还进行评级的后续监督调整,对被评级对象的信用变化进行跟踪,有效地对抗道德风险。有的发行人在通过债券发行筹资后,可能会存在机会主义的冒险倾向,进行一些高风险的投资,这种行为就是一种道德风险,因为高风险的投资无法为债权人带来较高的收益,但是债权人却要承担较高的信用风险。因此,信用评级机构对发行人的信用跟踪和对信用评级报告的更新,同时具有防止道德风险的作用。

特别是随着资本市场的迅速发展和金融产品的不断创新,市场上的金融产品无论在类型上还是在数量上都得到了极大丰富,受制于专业知识、信息来源等局限性,个体投资者无法对金融产品的风险状况进行准确判断,投资者在决策过程中往往更依赖于信用评级服务。而信用评级机构在提供信用评级服务中具有明显的优势:第一,信用评级分析人员比个人投资者具有更专业的知识和更丰富的风险评价经历,有能力通过收集相关的信息进行更准确的信用分析和评价;第二,信用评级服务具有规模经济优势。即使每个投资者都有能力从事分析工作,但是需要投入大量的研究成本,而且大量的重复投入是社会资源的巨大浪费,由信用评级机构开展评级具有规模经济优势;第三,信用评级机构获得的信息更为全面。信用评级机构往往能够通过访谈等方式接触被评级公司的管理人员或者被评级证券的发行人,了解到一些公众投资者所不能获得的信息,用于评级的信息比一般投资者获得的信息更为具体详细。

所以,信用评级所具有的专业性和充分的信息来源等优势,在资本市场上发挥了重要的信息中介作用。作为信息中介组织,信用评级机构有责任提供客观公正的评级,否则,信用评级不仅不能纠正市场信息不对称,而且不正确的信用评级产生了市场虚假信息,破坏了交易的正常进行。

2. 信用评级的监管许可作用

1930 年代美国监管机构开始将私人机构发布的信用评级作为衡量监管对象资产风险的评价方式。1930 年美联储(Federal Reserve)在开展成员银行的投资风险检查中开始使用债券评级作为评价投资风险的手段,1931 年美国财政部将信用评级作为国民银行(national bank)债券账户质量的评价手段,1935 年美国联邦银行法案(Banking Act)规定,国民银行只能购买符合"投资级"定义的证券。① 然而,20 世纪 70 年代以前援引信用评级作为评价监管对象经营风险的监管规则不多,②70 年代以后援引信用评级的监管规则才大量产生。70 年代SEC 发 布 的 关 于 确 定 经 纪 人∕交 易 商 最 低 清 偿 标 准 的 净 资 本 规 则(Rule 15c3 - 1)首次将"全国公认的统计评级机构"(Nationally Recognized Statistical Rating Organization, NRSRO)之评级结果纳入联邦证券监管法律体系。③ 从 70 年代起,大量的监管规则援引了 NRSRO 发布的信用评级作为监管依据,包括证券法、证券交易法、投资顾问法以及各类银行、保险、年金等监管规则。④

信用评级在美国金融监管中发挥了重要作用,被称为评级为基础的监管(the rating-based regulation),各种监管规则对信用评级的援引主要有三种情况:披露要求(disclosure requirements)、投资限制(investment restrictions)和资本要求(capital requirements)。第一,披露要求,即不同信用级别的监管对象履行不同的信息披露义务。例如某种债券达到一定的评级水平可以减少法律上的一些披露义务,甚至可以免除履行披露义务,使低风险的公司免受不必要的监管负担;第二,投资限制,即规定某类金融机构只能投资于一定信用级别的证券,对于没有接受信用评级或者信用评级较低的证券不能投资,从而控制某类投资者所持有的投资组合总体风险程度。这种监管规则一般将证券分为投资级别信用和投机级别信用,这种区分有利于金融行业的审慎监管;第三,资本要求,即信用评级被用来衡量金融机构资产的风险状况,以确定金融机构应达到的资本充足性要求。例如根据净资本规则(Rule 15c3 - 1)的规定,当经纪自营商持有证券的信用评级不低于投资级时,其计入净资本的权重较高。⑤

从上述监管规则对信用评级的援引情况考察,信用评级的监管许可作用对资本市场产生了重要的作用:一是审慎监管作用,例如援引信用评级以监管银行或者经纪自营商的最低资本要求,达到审慎监管目的;二是投资者保护作用,例如规定某些机构投资者只能投资于投资级别以上的证券,不能投资于投机级别的证券,控制机构投资者的投资风险,达到保护投资者的目的。无论是保护投资者的需要,还是审慎监管的需要,都要求信用评级能够客观公正反映被评级对象的信用状况。如果信用评级过程缺乏客观公正,未能准确衡量被评级对

---

① LEVICH, RICHARD M. & MAJNONI, GIOVANNI, ed. Ratings, Rating Agencies and the Global Financial System [M]. Boston: *Kluwer Academic Publishers*, c2002. 70.

② Id., p. 73.

③ Id., p. 74.

④ Id.

⑤ 17 C. F. R. § 240. 15c3 - 1.

象的信用风险,则对监管效果影响甚大。例如许多金融商品是金融机构资产负债管理的重要工具,债券品质的好坏直接影响金融机构的经营风险,金融机构的经营风险又直接关系整个金融体系的稳定,所以可以通过规定金融机构只能投资于某些级别的证券来控制金融机构的经营风险,达到审慎监管目的,但是如果信用评级未能做到客观公正,则审慎监管的效果将大打折扣。

3. 信用评级的参照标准作用

信用评级不仅具有监管许可的作用,而且日益成为市场主体间开展交易的参照标准。第一,交易双方往往将信用评级作为投资或交易的条件,例如投资者与机构基金管理人(institutional fund managers)、互助基金管理人(mutual fund managers)等签订的投资管理合同中往往规定了投资标的的最低评级要求。[①]第二,交易双方在合同中往往将信用评级作为某种权利义务发生变化的参照标准。合同中引用信用评级的这种交易条款被称为触动条款(trigger clauses),即要求债务人必须达到一定的信用等级,一旦债务人低于某个信用等级,将导致合同条款的变更或提前履行,或改变合同当事人的权利义务,例如债权人有权利要求债务人提供担保,或者有权利要求债务人提前偿还贷款。触动条款广泛存在于银行贷款协议、担保投资合同、信贷支持附件(the credit support annexes)等合同条款中。[②]

信用评级作为私人交易的参照标准,要求其应客观反映被评级对象的真实信用状况,不实的信用评级不仅影响双方交易的正常进行,甚至可能造成债务人的破产,因为债务人的信用评级降低可能导致触动条款发生作用,产生一系列的连带效应(a cascading effect)。例如,当债务人的信用评级降低后,其发行的债券利率不得不提高,因此债务人将增加额外的固定费用,而费用的增加将使债务人的信用评级进一步受到影响,信用评级的影响可能触发其他的合同条款,合同条款的变化将进一步触发其他的合同内容,这种连带反应甚至可能造成债务人的破产。[③]

在安然(Enron)事件中,安然公司主要贷款银行的授信额度和几个主要债务合同都要求安然的信用评级必须至少在投资级以上,否则债权人有权利要求安然提前偿还贷款。2001年年初安然的信用评级被下调后,一些合同条款首先

---

① SEC. Annual Report to Congress under Section 6 of the Credit Rating Agency Reform Act of 2006(January 2011 Report)[EB/OL]. p. 14. http://sec.gov/divisions/marketreg/ratingagency/nrsroannrep0111.pdf, 2011 – 01 – 12.

② Id.

③ LYNCH, TIMOTHY E. Deeply Persistently Conflicted: Credit Rating Agencies in the Current Regulatory Environment[J]. *Case Western Reserve Law Review*, 2009, 59 (2): 246.

被触动,但由于安然的信用评级依然维持在投资级以上,大多数合同条款并未被触动,安然表现出来的仅仅是一种暂时性的流动性危机。当 2001 年 11 月底三大信用评级机构同时将安然信用评级下调到投机级时,所有的合同都被触动了,无奈之下安然只得申请破产。① 触动条款在美国商业契约中已经非常流行,对私人商业领域的影响非常深远。

总之,由于具有的信息中介、监管许可、参照标准等作用,信用评级不仅是投资参考的重要信息来源,而且在一定程度上决定了市场主体之间交易的顺利进行和权利义务的变化情况,监管机构、发行人、投资者和其他相关市场主体经常依据信用评级进行决策,信用评级具有强烈的公共性,信用评级机构应处于中立的地位发布客观公正的评级报告。

(二)有利评级的利益

信用评级作用的多样化带来相关利益主体的多样化,不同的利益主体存在不同的利益诉求,有些市场主体从自身的利益出发,往往希望信用评级对己有利,而不是追求客观公正的信用评级,这些利益诉求对客观公正信用评级行为形成干扰。

支付评级费用的债券发行人总是希望获得较高的评级,而较高的评级未必是客观准确的评级。② 首先是融资成本的考虑,信用评级较高的债券流动性较好,发行人的融资成本较低,所以发行人总是希望获得有利于自身融资成本减少或财务费用降低的较高评级。Strahan 和 Kisgen 通过实证研究发现,提高一个评级层次(notch)可使被评级方的融资成本减少 42 个基点(a 42 basic point);③其次是债券发行营销方面的考虑。在以评级为基础的监管规则中,某些合格机构投资者只能投资于投资级别以上的证券,如果拟发行的债券没有获得符合监管规则要求的信用评级,则意味着拟发行的债券将失去某部分市场;最后是维持较高评级的考虑。即使被评级的债券已经通过初级市场发行后进入二级市场,债券发行人同样具有强烈的动机去维护其较高的评级,因为较高的评级有利于维持债券的流动性。

其他的市场主体也可能热衷于对自身有利的评级,而不是客观的评级。(1)信用评级影响监管守法成本时,被监管对象总是希望评级结果有利于减少

---

① 吴风云,赵静. 论美国证券信用评级霸权[J]. 世界经济, 2005, (12): 45.

② 同本页注①, 第 247 页。

③ CHRISTIAN. C. OPP & MARCUS M. OPP & MILTON HARRIS. Rating Agencies in the Face of Regulation Rating Inflation and Regulatory Arbitrage[EB/OL]. http://papers. ssrn. com/sol3/papers. cfm? abstract _id=1540099, 2011-07-18.

守法成本。例如根据净资本规则(Exchange Act Rule 15c3 - 1),当经纪自营商所持有证券的评级不低于投资级时,其计入净资本的权重较高,所以较高的评级有利于减少经纪自营商的守法成本;(2)评级作为投资约束条件时,某些投资者有其自身的利益需求,特别是被监管的投资者(regulated investors)希望其准备投资的证券能够获得足够高的信用级别使得能够将其列入投资组合。(3)在交易合同包含评级触动条款情况下,评级发生变化将导致合同的变更或提前执行,所以受评级变化影响的一方希望评级结果对自身有利。

尽管存在着各种关注于有利评级的主体,但是这些利益相关者只有在支付评级费用或者与评级机构发生某种利益联系的情况下才会对评级行为形成干扰,他们或者是信用评级机构的重要客户,或者支付较高的评级费用,或者以取消评级业务更换评级机构为威胁,由于这些因素使信用评级机构客观公正评级行为受到干扰。例如当订阅人(投资人)所持有证券的价值依赖于信用评级时,订阅人(投资人)支付评级费用以取得信用评级报告的情况下,该订阅人(投资人)支付高额的评级费用,或者来源于某个订阅人(投资人)的收费占信用评级机构收费来源的比重较大时,该订阅人(投资人)可能以经济利益压力迫使信用评级机构做出不客观的评级或者拖延对评级后续监督调整的发布。又如当某发行人支付的评级费用在信用评级机构的业务收入中所占的比例较大时,对信用评级机构将产生较大的压力,发行人可能以更换信用评级机构为威胁,迫使信用评级机构发布对发行人有利的评级报告。

(三)信用评级机构及内部人员的利益

信用评级机构作为信用评级关系的一方主体,同样存在着自身的利益,经济利益考量、代理偏见、内部人员谋求私利等情况都是信用评级机构及其内部人员自身利益的反映。因此基于一项评级活动,信用评级机构及其内部人员总是在自身利益与客观公正利益、有利评级利益之间进行考量。

信用评级机构是私人商业组织,总是从自身利益出发考虑各种决策,基于自身利益的考量对不同的利益干扰因素进行衡量、取舍,以获得自身利益最大化。例如在发行人付费模式中,信用评级机构向发行人收取的费用远远高于出售评级报告向订阅人(投资人)收取的费用,况且发行人总是在评级机构之间选择对其有利的评级,使信用评级机构面临发行人评级选购(rating shopping)的压力。因此信用评级机构为了自身收入的提高,不得不迎合发行人的利益。迎合发行人利益的评级未必是准确的评级,但是可能带来更高的收入,因此信用评级机构为了吸引更多的业务,以更加宽松的标准和降低信用增强要求招揽生意,在评级标准上出现"竞次现象"。在评级后续监督中,信用评级机构即使发现初始评级是错误的,也可能勉强并缓慢地作出调整,甚至对错误的评级根本不做调整,原因在于信用评级机构担心因为调整评级而疏远客户基础,有的信用评级机构存在侥幸心理,希望违约情况最后没有出现,避免因评级错误被市场责难。

信用评级机构内部人员从本身的收入考虑,往往关注于评级结果对自身收入的影响。这种情况与审计领域所出现的问题类似,会计公司人员基于业绩的考虑,力图维持本身与客户的关系,努力培植与自身业绩有影响的客户关系,甚至不惜以公司长期的声誉资本为代价换取个人利益。所以信用评级机构内部人员的个人利益追求也成为信用评级机构从事利益冲突行为的诱因。例如在员工薪酬与评级收费相联系情况下,信用评级机构内部人员为了获得更高的收入,努力维持与发行人的业务关系,而且在信用评级有助于债券发行的情况下,发行人融资额越高,信用评级机构收费越高,信用评级机构内部人员的收入也越高,所以信用评级机构机构内部人员在评级过程中存在偏向发行人的利益动机。另外,信用评级机构高层管理人员任期限制使得管理层往往追求短期经营成果,追求在任期内最大化公司利润、最大化自己的薪酬。管理层对任期内利益的追求是短期行为,信用评级机构声誉机制的约束力主要体现对评级机构长远的利益,对公司管理层缺乏约束作用。

评级过程中产生冲突的利益不仅包括经济方面的利益,信用评级人员与被评级方之间的情感、密切关系等也是一种利益。信用评级机构作为独立的第三方开展业务,但是在评级过程中,信用评级人员与被评级对象有广泛的接触,与使用评级报告的公众投资者并没有接触,因此,在评级分析人员与客户有紧密联系的情况下,双方存在着较为密切的情感。美国几个州的检察长在 2007 年对信用评级机构进行调查后也发现,信用评级机构与发行人之间的关系过于密切,使信用评级机构对证券发行人所提供的数据没有进行适当的审查。[1]

(四)不同利益之间的冲突

面对着客观公正评级与有利评级两种利益之间的冲突,信用评级机构总是在自身利益与客观公正评级利益、有利评级利益之间进行考量。在信用评级机构层面,信用评级机构自身利益的追求产生了两种情况:一是在影响到客观公正评级的同时有利于被评级方,尽管某些评级活动不符合客观公正评级要求,但是面临着关注有利评级主体的利益输送,信用评级机构基于自身利益的考

---

① ELLSWORTH, LARRY P. & PORAPAIBOON, KEITH V. Credit Rating Agencies In the Spotlight[J]. *Business Law Today*, 2009,18:36.

量,仍然可能损害客观公正评级的利益;二是既不利于被评级方,又影响到客观公正评级。例如当某主体拒绝聘请信用评级机构评级时,信用评级机构主动发布不利于被评级方的评级,这种情况下,信用评级机构的行为即不符合客观公正评级的要求,为市场提供了不真实的信息,同时也给被评级方带来了损害。

从信用评级机构内部层面分析,存在着信用评级机构内部人员的个人经济利益、个人与客户之间的感情利益等因素,使信用评级机构内部人员损害客观公正评级的利益要求,而作出有利于被评级方的利益,在满足信用评级机构内部人员利益的同时,这种行为也可能给信用评级机构造成利益的损失,在这种情况下信用评级机构具有采取自律措施控制内部人员利益冲突行为的动机。

三、信用评级利益冲突的来源

利益冲突是一种情势,只有在信用评级机构具体的经营模式和业务过程中才可能现实地发生,也就是说,现实中的信用评级利益冲突产生于信用评级机构具体的经营模式和经营过程中,信用评级机构本身业务经营模式所产生的利益冲突称为结构性的利益冲突(structural conflicts of interest),包括发行人付费模式和订阅人(投资人)付费模式所产生的利益冲突,信用评级机构在日常经营过程中所产生的利益冲突称为业务性的利益冲突(activity-based conflicts of interest)。信用评级过程中的各种利益冲突也可以归纳为信用评级机构层面产生的利益冲突和信用评级人员层面产生的利益冲突。

(一)信用评级机构层面的利益冲突

1. 发行人付费模式产生的利益冲突。目前,信用评级机构95%以上的收费来源于发行人支付的评级费用,信用评级机构一般按照债券发行收入的0.2%～0.3%收取评级费用,在复杂的评级或者结构性产品评级中,收费还可能更高。① 发行人付费模式所产生的利益冲突是信用评级过程中主要的利益冲突。标准普尔管理人员在2007年次贷危机的听证会上陈述:"现实的问题并非是在发行人支付评级费用模式中是否存在利益冲突,而是能否有效地控制利益冲突。"②

(1)从收费对象上看,信用评级机构的报酬由发行人支付,从委托——代理角度分析,信用评级机构作为发行人的代理人,负有为发行人谋利益的义

---

① LEVICH, RICHARD M. & MAJNONI, GIOVANNI, ed. Ratings, Rating Agencies and the Global Financial System [M]. Boston: Kluwer Academic Publishers, c2002. 72.

② KORMOS, BENJAMIN J. Quis Custodiet Ipsos Custodes? Revisiting Rating Agency Regulation [EE/OL]. http://papers. ssrn. com/sol3/papers. cfm? abstract_id = 1085132, 2010 - 04 - 10. 28.

务,这种利益关系危及到信用评级所应具有的中立性。而且,发行人作为评级费用的支付者,能够以经济压力迫使信用评级机构做出对其有利的评级,在评级过程中,发行人如果不满意信用评级机构的评级,则可能终止合同,与另一家信用评级机构签订评级合同,以期获得满意的评级。信用评级机构作出评级后,评级报告是否公开出版仍然需要接受发行人的审查,如果发行人不满意评级结果,则会要求不得公布该评级,而信用评级机构通常不得不同意这项要求。因此在发行人付费模式下,信用评级机构往往将发行人的利益放在首位,信用评级所应有的中立性受到破坏。尽管信用评级机构一再宣称,为了建立良好的声誉,他们会确保信用评级的公正,但是,次贷危机中大量不实评级的出现,说明了信用评级机构本身并不能克服这种利益冲突对评级公正性的影响。

(2)从收费标准上看,信用评级机构是按照融资规模的一定比例收费的,主要依照债券发行的规模和业务复杂程度,按照发行收入的 0.2% ~ 0.3% 收取。信用级别较高的债券,其利率一般较低,信用级别较低的债券,其利率一般较高,在债券发行中,较高的信用级别不仅降低发行人的融资成本,而且有利于债券的顺利发行,扩大发行规模,从而也带来评级收费的增加。虚高的信用评级增加了发行人和信用评级机构的经济收益,破坏了评级应具有的客观、公正性质,损害了投资者的利益。

在 Abu Dhabi Commercial Bank v. Morgan Stanley & Co. 一案中,穆迪(Moody's)和标准普尔(S & P)将 Commercial Paper 和 Medium Term Notes 两种次贷衍生产品评为"AAA"级别。在 2007 年次贷危机中,这两种证券发生重大违约,遭受损失的投资者起诉到法院要求赔偿,法院在判决中认为,信用评级机构事先已经意识到,如果不能提供发行人所需要的评级,则可能失去这项评级业务,在该评级业务中,信用评级机构以通常收费标准的三倍进行收费,这样的收费是以不合理的较高评级进行交换的,信用评级机构同时清楚地意识到,其报酬的获得依赖于证券的成功发行,只有给出较高的评级,该证券才能成功发售,因此,法院认定,穆迪和标准普尔在该信用评级中具有虚假陈述的动机。①可见,发行人付费模式使客观公正评级行为受到严重破坏。

2. 订阅人付费模式产生的利益冲突。订阅人付费指信用评级机构向订阅人出售信用评级报告,订阅人支付费用的经营模式,目前 Egan-Jones Rating Company、LACE Financial Corp. 和 Realpoint LLC. 等三家具有 NRSRO 资格的信

---

① Abu Dhabi Commercial Bank v. Morgan Stanley & Co. , 651 F. Supp. 2d 155, (S. D. N. Y. 2009).

用评级机构主要采用订阅人付费模式。① 由于交易合同、内部投资指引、监管规则等对信用评级的援引,对订阅人有利的评级将使订阅人获得交易上的便利或守法成本的降低,因此可能出现的情况是:订阅人关注于对自身有利的评级,而这种有利于订阅人的评级并非是客观公正的评级,当订阅人对信用评级机构施加经济上的压力时,信用评级机构可能发布对订阅人有利的评级,由此影响了客观公正的评级过程,产生了利益冲突。

在订阅人付费模式下,只有当订阅人支付费用取得评级报告,同时订阅人的利益受到所订阅的信用评级报告的影响时,才可能产生利益冲突。订阅人付费模式产生的利益冲突主要有以下几种情况:(1)在交易合同涉及评级触动条款的情况下,评级发生变化将导致合同的变更或提前履行,所以受评级变化影响的一方希望评级结果对自身有利;(2)评级作为投资或交易条件时,投资者和交易方总是希望评级结果对自身有利。订阅人希望在其投资组合中持有某种证券,但是内部投资指引、投资合同、监管规则往往对投资进行限制,如果该种证券低于所要求的信用评级,则订阅人不能投资。而如果信用评级机构调高该种证券的评级,将为订阅人扫除投资障碍。特别是被监管的投资者(regulated investors)希望其准备投资的证券能够获得足够高的信用级别使得能够将其列入投资组合,而不管这种评级是否准确反映信用状况;(3)信用评级影响监管守法成本时,被监管对象总是希望评级结果有利于减少守法成本。例如以信用级别作为计算净资本权重的依据时,拥有较高级别债券所计入的净资本就较高,从而降低被监管者的守法成本。上述订阅人的利益受到信用评级影响的情况下,订阅人总是希望信用评级对其有利。出于担心失去订阅收入,信用评级机构存在经济上的压力,可能做出不适合的评级或者在评级方面有不适当的拖延,只要这种情况对订阅人有利。

在上述情况下,只有订阅人的付费足以对信用评级机构的收入产生明显影响时,信用评级机构才可能存在经济上的压力,才可能产生发布有利于订阅人信用评级的动机,从而破坏的客观公正的评级过程。例如将信用评级作为评级触动条款的情况下,如果交易双方只是将信用评级机构公开发表的评级报告作为依据,交易双方与信用评级机构并没有发生利益联系,例如没有支付订阅费用,则并没有产生利益冲突。但是如果由合同一方支付评级费用或者订阅费用,并且这种费用支付的数额足以对信用评级机构的收入产生影响时,信用评

---

① SEC. Annual Report to Congress under Section 6 of the Credit Rating Agency Reform Act of 2006(January 2011 Report) [EB/OL]. p. 5. http://sec. gov/divisions/marketreg/ratingagency/nrsroannrep0111. pcf, 2011 – 01 – 12.

级机构可能为了谋求经济利益而做出有利于费用支付方的评级。此外,只有信用评级机构知悉订阅人的评级需求,并违反评级的公正立场时,这种冲突才现实地发生。而如果不同的订阅人对于某种证券信用级别或者评级的后续调高或调低有不同的利益的话,由于不同的利益主体都对信用评级产生较大的关注,利益主体之间的牵制作用将可能会缓解这种利益冲突。

3. 评级业务与营销业务的利益冲突。评级分析人员和营销人员的工作性质和评价目标是不同的,营销人员主要关注如何产生最大的业务收入,评级人员主要关注如何作出准确的评级,如果信用评级机构的员工同时从事这两种业务将会产生利益冲突:负责建立评级技术或者开展评级的人员在商谈评级费用的同时,商业上的考虑将会破坏评级应有的客观公正。

4. 评级业务与附属业务的利益冲突。信用评级机构在提供信用评级服务的同时,还提供预评级服务、债券结构设计、风险管理咨询等附属业务。如果信用评级机构在提供的附属业务中包含有获得预期评级的建议,在提供附属服务后又对同一对象开展了信用评级,这种情况其实是对自身行为的评级,信用评级机构同时具备运动员和裁判员的角色,破坏了信用评级机构的客观中立地位。例如在结构化产品评级中,三大信用评级机构通常与承销商共同设计债券,对次级债券的分层、信用增级等提出建议,使次贷衍生产品能够符合所期望的评级要求。这种利益冲突类似于独立审计中的自我评价,影响信用评级机构独立公正的评级立场,信用评级机构容易低估次贷产品风险,给出偏高的信用级别,从而助长市场对该类产品的乐观预期和非理性追捧,从而埋下风险隐患。

5. 未经聘请主动发布评级行为产生的利益冲突。信用评级机构主动发布评级行为是一把双刃剑,一方面有利于在不同的信用评级机构之间进行评级行为的比较,发挥互相监督的作用;另一方面,信用评级机构可能以发布较低的主动评级为威胁,胁迫被评级方支付费用聘请其评级,或者胁迫被评级方购买咨询业务等附属服务,在这种情况下,不仅影响了被评级方的利益,而且因为发布不实的评级影响了客观公正评级的利益。

6. 信用评级机构与被评级方非正常关系的利益冲突。当信用评级机构与被评级对象存在关联关系或者信用评级机构持有被评级证券时,信用评级机构与被评级对象存在着共同的利益,评级结果不仅对被评级对象产生影响,而且对信用评级机构的利益构成重大影响,因此影响到评级过程的中立性。

(二)信用评级人员层面的利益冲突

在日常业务过程中,由于分析人员与被评级方存在权益关系、任职关系、非正常商业关系、礼物赠送等关系时,分析人员接受被评级方的利益输送或者与评级结果存在利益联结,难以保持中立地位,因而产生利益冲突。

1. 评级人员与被评级方存在非正常商业关系产生的利益冲突。信用评级人员与被评级方的关系超出正常商业关系的情况下,将可能影响评级结果的准确性。例如信用评级分析人员以低于市场利率的条件向被评级实体借债的情况下,分析人员可能会因此受到影响发布有利的评级而维持有利的借款条件。标准普尔就明确规定员工不得与被评级方有超出正常商业领域的借贷关系。[1]

2. 评级人员薪酬制度产生的利益冲突。一方面,在评级人员的薪酬与评级收入相挂钩情况下,评级人员为了获得更高的收入,努力维持与发行人的业务关系,因此在评级中可能偏向于发行人。另一方面,信用评级的结果对债券发行影响甚大,较高的评级有利于扩大融资规模,发行人的融资额越高,信用评级机构收费也越高,从而评级人员的收入也越高,所以评级人员为了增加个人收益可能会发布有利于发行人的评级。

3. 评级人员任职关系产生的利益冲突。当信用评级分析人员或审核批准信用评级的人员在其他实体担任管理职位时,在对该实体的评级中,评级分析人员和审核批准信用评级的人员由于任职关系使其难以保持客观中立地位,不可避免地产生利益冲突。而且,评级人员在评级之前或者评级之后的一定期间内在被评级方任职同样存在利益冲突,影响信用评级的中立性。

4. 评级人员与被评级方存在权益关系产生的利益冲突。信用评级人员持有被评级的证券或货币市场工具,或者持有被评级实体发行的证券或货币市场工具情况下,信用评级人员与评级结果存在利益关系,评级过程中难以保持客观公正地位,其评级可能没有反映其实际信用情况。

5. 评级人员收受礼物产生的利益冲突。在被评级方向信用评级人员赠送礼物的情况下,如果礼物赠送超出了正常商业礼仪关系,将对评级人员的立场产生直接的影响。评级过程中,被评级方提供会议礼品、会议用品等都属于日常商业礼仪,但是如果是较大的礼物赠送,将可能对分析人员产生明显的影响,对于一些小的礼物,如果是重复性的赠送,也同样产生累积效应的影响,对评级人员的立场将产生影响。

6. 评级人员代理偏见产生的利益冲突。尽管信用评级机构作为独立的

---

① Standard & Poor's Code of Ethics for Credit Market Services and Segment §§ B. 3 (2007). http://www2. standardandpoors. com/spf/p df/fixedincome/1. % 20Standard% 20&% 20Poors% 20Code% 20of%20Ethics% 20for% 20Credit% 20Market% 20Services% 20and% 20Segment% 20…pdf. 2011 − 07 − 14.

第三方开展业务,但是在评级过程中,信用评级分析人员与被评级对象有广泛的接触,与使用评级报告的公众投资者缺少联系。在评级分析人员与客户有紧密联系的情况下,按照行为金融理论的研究成果,即使没有直接经济动机,评级人员仍然会偏向于先前接近的一方,由此对客观公正评级也带来影响。行为金融理论将心理学与金融学相结合,通过考察市场参与者心理因素的作用探讨和解决金融问题,行为金融理论认为代理人即使不存在经济动机,并且相信本身能够做到公正,也可能存在代理偏见。① 美国学者专门以审计人员与被审计对象的关系进行实验,结果表明,与交易的一方过于接近的审计人员随后被安排在一个没有直接经济动机的位置,并被要求做到公正审计,但是审计人员的行为仍然偏向于先前接近的一方。② 信用评级与审计有共同之处,信用评级分析人员和审计人员都是作为独立的第三方开展业务,但是在评级或审计过程中,业务人员与被评级或被审计对象有广泛的接触,与广大公众投资者并没有直接的接触,在评级人员和审计人员与客户有紧密联系的情况下,即使没有直接经济动机,评级人员和审计人员仍然会偏向于先前接近的一方。

第二节　信用评级利益冲突的不利影响

信用评级机构本应作为客观中立的第三方为市场提供信息服务,但是利益冲突一旦由潜在情势转变为现实,将对信用评级机构的中立地位造成破坏,导致评级的虚高、虚低或者后续评级的延缓调整,同时,信用评级机构是私人治理的一个重要力量,利益冲突使信用评级机构产生治理过程中的腐败问题,因此规制信用评级利益冲突具有重要的现实意义。

一、利益冲突对信用评级机构中立性的影响

信用评级不仅反映被评级对象的信用状况,而且成为投资者决策的依据和参考,信用评级不仅为被评级公司和社会公众所接受,而且成为监管当局制定相关监管政策的手段,因此信用评级机构所发布的信用评级具有公共效力,③应

---

① CROCKETT, ANDREW, ed. Conflicts of Interest in the Financial Services Industry: What Should We Do about Them? [M]. Geneva: *International Centre for Monetary and Banking Studies*; London: *Centre for Economic Policy Research*, 2004. 48.

② Id.

③ 缪心毫. 跨境资产证券化中的私人治理法律问题研究(博士学位论文)[D]. 厦门:厦门大学,2007. 42 – 43.

确保评级过程中的中立性,注意避免他人有意地利用信用评级的公信力损害公众利益。信用评级机构应以中立的立场维护评级的公正性,客观公正地做好信用评级工作。

但是信用评级过程中的利益冲突影响了信用评级机构的中立性。例如发行人付费模式中的利益冲突使信用评级机构的利益与被评级公司之间产生了利益上的联结,影响了客观公正评级过程;在将评级作为触动条款的情况下,如果由合同一方支付评级费用或者订阅费用,并且这种费用支付的数额足以对信用评级机构的收入产生影响时,信用评级机构可能将为了谋求经济利益而做出有利于费用支付方的评级;在信用评级机构对同一评级对象提供信用评级服务和咨询服务的情况下,类似于独立审计中的自我评价,影响信用评级机构独立公正的评级立场;信用评级机构及其内部人员与被评级方存在某种特殊的关系的情况下,例如存在关联关系、所有权关系、交叉任职等非正常关系情况下,都对客观公正的信用评级过程带来影响。

而且,信用评级机构作为私人管理机构,以营利为目的的特点使其被利益集团俘获的可能性较之政府机构更大,信用评级过程中所存在的利益冲突可能产生了"治理俘获",例如当信用评级机构的收入主要来自于某个或某几个被评级公司所支付的评级费用时,这种收入结构将会影响到信用评级机构在确认负面的信用信息方面的努力程度,相对于"监管俘获",这种现象也说明由于存在利益冲突,信用评级机构被评级对象所俘获了。

有的学者指出,声誉机制可以控制信用评级过程中所存在的利益冲突,然而,实践证明声誉机制作为一种约束力量只能在某种程度上控制信用评级利益冲突,信用评级过程中所存在的利益冲突应通过市场自律、司法、行政等方式共同治理,信用评级机构作为私人治理力量应接受市场和政府的公共审查。

二、利益冲突对信用评级准确性的影响

评级结果是否客观准确,有两个决定因素,一是评级模型的科学性,二是评级过程的中立性。但是利益冲突破坏了评级过程的中立性,是信用评级失实的重要原因,信用评级机构发布虚夸(inflating ratings)、虚低的不实评级或者延缓评级的调整等情况都是信用评级失实的表现。

(一)虚夸评级

虚夸评级是指信用评级机构所作出的评级高于实际的信用水平,这是信用评级利益冲突对金融市场的重大危害。例如"次贷危机"之前,美国的大多

数结构金融产品经过层层打包后获得了 AAA 的最高信用等级,标准普尔将 2005—2007 年发行的 CDOs 的 85% 都评为 AAA 等级。① 如此大量的 AAA 级 证券,在 2007 年春夏之交,因美国房地产泡沫破裂而出现大量违约,一夜之 间沦为人人避之不及的"烫手山芋"。根据统计,从 2007 年 8 月到 2008 年 7 月,美国市场上以资产支持证券为基础的 CDOs 有 36% 出现违约。② 金融 市场对于信用评级失灵的问题早有预测,在次贷业务高速膨胀时期,信用 评级机构的有些职员已经公开提出,证券化产品的评级过程存在着瑕疵和 不可靠的地方。③ 早在 2006 年年初,标准普尔也通过研究证实,次级贷款 购房者的违约率比一般的抵押贷款高出 43% 以上,这与多年来信用评级机 构所认定的两者风险相同的假设相去甚远,意味着大规模的危机随时可能 发生。④ 但在高额的利润刺激下,信用评级机构仍然不负责任地将大量的 CDOs 评为 AAA 级,发现隐含的风险后,标准普尔不仅没有调低此类证券的 评级,也没有呼吁市场投资者关注其风险,而是等到一年多以后才突然大范 围调低评级。

(二)虚低评级

虚低评级主要出现于信用评级机构未经聘请主动发布较低评级,以此胁 迫发行人购买评级服务或者附属服务的情况,这种情况同样影响了资本市场 的正常交易。例如 1998 年穆迪要求全球最大的再保险公司之一 Hannover Re 公司订购穆迪提供的评级服务,但是 Hannover Re 公司拒绝了穆迪的要求,因 为 Hannover Re 公司已经聘请了标准普尔和 A. M. Best。穆迪于是在没有接 受委托的情况下主动对 Hannover Re 公司开展评级,其作出的 Aa2 评级低于 标准普尔所作出的评级一个档次,2001 年 1 月穆迪又将该评级降为 Aa3 级 别,2001 年 11 月降为 A2 级别,2003 年 3 月降为 Baa1 级别。这些评级都低于 标准普尔和 A. M. Best 所作出的评级二至四个档次。穆迪公司的连续降级导致 Hannover Re 公司的股价下跌了 10%,许多分析人员感到震惊,因为市场上并不 存在相关的信息可以证明这种降级。Hannover Re 公司管理人员认为这是一种

① 马文洛. 评级三巨头:次贷危机的罪魁还是替罪羊? [N]. 第一财经日报, 2008 - 03 - 26 (A9).

② HUNT, JOHN PATRICK. Credit Rating Agencies and the "Worldwide Credit Crisis": The Limits of Reputation the Insufficiency of Reform, and a Proposal for Improvement[J]. *Columbia Business Law Review*, 2009, 1: 125.

③ Abu Dhabi Commercial Bank v. Morgan Stanley & Co., 651 F. Supp. 2d 155, (S. D. N. Y. 2009).

④ 陈游. 信用评级机构在次级债危机形成中的角色解析[J]. 财经科学, 2009 (1):16 - 17.

敲诈,因为他们已在许多场合被告知,如果购买了穆迪的服务,对评级将有积极的影响。①

(三)延缓评级调整

在评级的后续监督中,信用评级机构可能基于经济利益的考虑没有及时调整评级,甚至对错误的评级根本不做调整。例如安然事件中,穆迪在安然申请破产前四天才将安然的债券级别从投资级别调低为垃圾债券级别。信用评级机构在评级后续监督中如此表现的原因在于因害怕疏远客户基础而妥协。② 当一项信用评级需要调低时,信用评级机构往往面临着利益的选择。在被评级对象信用程度降低需要调低信用级别,而信用评级机构没有作出调低评级的情况下,如果最终的结果是债券没有违约,则对于信用评级机构和被评级对象没有不利影响。而如果债券出现违约,则信用评级机构将会受到市场的责难。相反地,在被评级对象信用程度降低需要调低信用级别,而评级机构及时作出调低评级决定的情况下,出现两种情况:第一,因为某些因素债券没有违约,则信用评级机构与发行人的商业关系可能因此受到影响,甚至信用评级机构可能因此失去客户;第二,如果调低评级后债券也出现了违约,则信用评级机构仍会受到投资者的责难,金融界也可能认为评级机构调低评级太慢,或者认为信用评级机构的原始评级存在疏忽大意,因此信用评级机构仍然受到金融界的责难。③因此,基于上述利益的考虑,信用评级机构对评级的后续跟踪和调低评级是勉强与缓慢的。

三、利益冲突对私人治理机构行为的影响

信用评级机构是资本市场私人治理的重要力量,利益冲突使信用评级机构产生了腐败行为,影响了信用评级机构私人治理作用的发挥。

(一)信用评级机构的治理权力

传统上认为公共部门腐败比私人部门腐败更为严重,并且认为对公共部门腐败的规制是对私人部门腐败进行规制的先决条件,所以腐败问题的研究主要

---

① ROY,PATRICK VAN. Is There a Difference Between Solicited and Unsolicited Bank Ratings and, If So, Why? [EB/OL]. P. 7 - 8 (Nat'l Bank of Belgium, Working Paper, Jan. 17, 2006), http://ssrn. com/abstract = 802085. 2011 - 07 - 14.

② STRIER, FRANKLIN. Rating the Raters: Conflicts of Interest in the Credit Rating Firms[J]. *Business and Society Review*, 2008, 113 (4): 538.

③ STRIER, FRANKLIN. Rating the Raters: Conflicts of Interest in the Credit Rating Firms[J]. *Business and Society Review*, 2008, 113 (4): 538.

集中于对公共部门腐败规制的研究。① 近时期,传统上以国家为中心的体系为多层次全球治理体系所取代,私人部门获得了部分公权力。在国家内部,过去几乎全然属于政府的一些权力,如今已是和私人组织分担,部分公共服务事业乃至有关的决策由企业承包或采取公私合作方式承办,私营机构愈来愈多地提供服务以及参与战略性决策已成为一种事实。② 在全球治理体系发展的背景下,私人部门腐败问题日益突出。腐败不只存在于公共部门或者政府部门,私人部门参与治理时同样存在着腐败问题,对腐败问题的研究也已超出了传统研究的范畴,不再局限于对公共部门领域的腐败问题进行研究。当私人组织或者公司内部人员行使权力或者影响力,违背其应负担的义务时,同样产生腐败,有的学者认为这是一种"私人对私人"的腐败,③或者是一种对授权的滥用(abuse of entrusted power)。

信用评级机构尽管是私人机构,实际上承担了准公共职能(a quasi-public function),以一种私人身份成为准监管机构(private semi-regulatory actors)。首先,由于监管规则对信用评级的援引,某些被监管的市场主体只能投资于被评为投资级别以上的证券,对于发行人来说,如果所发行的证券不能获得投资级别,则难以打开市场,因此信用评级机构拥有监管许可职能,信用评级机构不仅被喻为资本市场的"看门人"(gatekeepers),也被喻为资本市场的"开门人"(gate openers)。其次,信用评级机构实际上有权力决定投资级别的构成条件,即确定什么样的信用状况构成投资的信用级别,从而符合监管许可的要求。在国会听证会上,穆迪前主管 Cifuentes 认为:信用评级机构有权力确定各个层次的信用级别的含义,这种情况可以比喻为,假如政府规定不许在华盛顿特区修建高楼,但是没有规定高楼的含义,相反由私人公司对高楼的含义进行规定。④ 所以信用评级机构事实上决定了什么样的主体能够进入市场,决定了进入市场所需要的条件,实际上拥有监管权力。信用评级机构所建立的评级标准影响了金融市场活动的层次、资本配置的效果和融资的信贷成本等方面,不仅直接影

---

① BARREIRO, RODIEGO AVILA. Assessing the Role of Regulation and Corruption in Capital Market Failure: the Case of Credit Rating Agencies and Structured Finance[EB/OL]. http://www. etd. ceu. hu/2010/avila-barreiro_rodrigo. pdf, 2011 - 06 - 14.

② 俞可平,编著. 治理与善治[M]. 北京:社会科学文献出版社,2000. 36.

③ ARGANDONA, A. Private-to-Private Corruption[J]. *Journal of Business Ethics*, 2003, 47(3): 253 - 267.

④ BARREIRO, RODIEGO AVILA. Assessing the Role of Regulation and Corruption in Capital Market Failure: the Case of Credit Rating Agencies and Structured Finance[EB/OL]. p. 31. http://www. etd. ceu. hu/2010/avila-barreiro_rodrigo. pdf, 2011 - 06 - 14.

响融资部门的行为,而且具有改变国际资本市场运行规则的效果。① 金融市场不仅将信用评级看作是一种有价值的信息产品,而且承认信用评级的权威地位。

即使信用评级不具有监管许可作用,信用评级机构仍然发挥了重要的治理作用。信用评级机构通过发布信用评级报告,对被评级方的行为具有导向性作用。信用评级是依据一定的技术指标对被评级方进行法律、资产质量、运营和管理等方面的分析,信用评级机构对某些技术指标的偏好引导被评级方的发展取向,被评级方以信用评级机构的评级标准为参照,对公司的内部治理结构、财务状况等方面进行优化。监管机构和投资者可以通过信用评级报告判断被评级方是否处于良好经营状态,是否具有持续经营能力,是否具有良好的投资价值,而信用评级报告直接关涉到被评级方的融资能力和融资成本,被评级方迫于压力不得不对内部治理结构、财务状况等加以改革和完善。② 所以在没有监管许可权力的情况下,信用评级机构在资本市场上同样发挥着重要的私人治理作用。

(二)信用评级利益冲突引发腐败行为

私人部门腐败涉及到多方的利益主体,Diego Gambetta 认为私人部门腐败涉及了信托人(truster)、受托人(fiduciary)、行贿人(corrupter)三方利益。③ 在这三方关系中,当信托人和受托人的关系使受托人有权力对行贿人产生影响时,就可能发生腐败行为。④ 信托人可以是个人或者组织,他们授予受托人某种权力,希望受托人能够遵循既定规则,能够为信托人利益服务。受托人是为信托人利益服务的一方,当受托人使用信托人授予的权力并对其他当事人产生影响时,受影响的当事人一旦向受托人输送利益就成为行贿人,因此行贿人指利益受受托人行为影响并向受托人输送利益的一方。

信用评级过程中的利益冲突行为反映了上述腐败现象中三方主体的利益互动关系,信用评级机构处于受托人地位,监管机构和评级使用人处于信托人地位,被评级方处于行贿人地位。

首先,信用评级机构求得信托人赋予的权力或信赖。信用评级利益冲突产

---

① LUPICA, LOIS R. Credit Rating Agencies, Structured Securities, and the Way Out of the Abyss[J]. *Review of Banking & Financial Law*, 2009, 28: 654.

② 缪心毫. 跨境资产证券化中的私人治理法律问题研究(博士学位论文)[D]. 厦门:厦门大学,2007. 40.

③ GAMBETTA, DIEGO. Corruption: an Analytical Map[A]. Stephen Kotkin & András Sajó. *Political corruption in transition: a skeptic's handbook*[C]. New York: Central European University Press, 2002. 35.

④ Id., pp. 35 – 37.

生腐败的关键在于监管机构和评级使用人对信用评级机构权力的授予或者信赖,使信用评级机构获得影响力,具备接受被评级方行贿的资格。监管部门授予信用评级机构以准监管地位,希望信用评级机构能够以可信赖的方式从事评级业务,评级结果能够客观公正,能够有利于监管。处于信托人地位的信用评级报告使用人包括被监管的机构投资者和公众投资者。对于被监管的机构投资者来说,比如养老基金等被监管的机构投资者依照法律规定相信评级且依赖评级。尽管在投资的判断和分析能力上,机构投资者专业水平不亚于信用评级机构,但是,机构投资者与信用评级机构在信息的来源渠道上存在重大差别,信用评级机构能够获得发行人所提供的内部信息,而机构投资者不可能获得这些内部信息,因此机构投资者对评级报告存在着合理的信赖。由于对信用评级的依赖,不受监管的公众投资者也是信用评级过程中的信托人,在经过评级的证券交易领域,私人投资者对信用评级报告具有依赖性,无论是在实体经济还是在虚拟经济中,信用评级机构都被期待着传递真实、准确、完整的评级信息,特别是在衍生金融产品中,由于打包的资产信息不透明,结构化产品复杂化,投资者缺乏判断力,只能信赖信用评级机构,因为信用评级机构的报告是该行业专家出具的报告,其能力和水平在一般投资者之上,况且信用评级机构得到了SEC 关于 NRSRO 资格的认定,投资者完全有理由不经调查对评级产生合理的信赖。

其次,费用支付方(行贿方)向信用评级机构行贿,信用评级机构发布有利于费用支付方的评级。由于监管机构和评级使用人(信托人)授予信用评级机构(受托人)准监管权力或者信赖于信用评级机构,所以信用评级机构对被评级方的评级就是监管机构和信用评级报告使用人对被评级方的评级,信用评级机构有权力对被评级方(行贿方)产生影响。信用评级机构的评级结果对被评级方的证券发行起重要的影响,决定了证券被市场接受的程度。因此被评级方为了获得有利的评级向信用评级机构行贿,使信用评级机构滥用监管机构和评级使用人授予的准监管特权或者信赖,从而发布不实信用评级。所以在信用评级过程中,希望获得较高评级的被评级方处于行贿人地位,通过向信用评级机构输送利益以获得有利的评级,以顺利融资或减少财务费用。

以 The California Public Employees'Retirement System(简称 CalPERS)起诉三大信用评级机构一案为例,该案清晰地展示了信用评级过程中信托人、受托人和行贿人三者之间的关系。① CalPERS 是美国最大的一家公共养老基金(a pub-

---

① Cal. Pub. Emples. Ret. Sys. v. Moody's Corp., 2009 U. S. Dist. LEXIS 110756. (UNITED STATES DISTRICT COURT FOR THE NORTHERN DISTRICT OF CALIFORNIA, 2009).

lic pension），管理着约 2000 亿美元的资产，代表 160 万受益人利益。2006 年 CalPERS 投资 13 亿美元于结构金融产品，当时这些金融产品被穆迪、标准普尔和惠誉三家信用评级机构评为最高的投资等级。

根据美国法律规定，作为养老基金的 CalPERS 只能投资于被 NSRRO 评为投资级别的证券。CalPERS 根据法律依赖于信用评级进行投资，所以 CalPERS 和三大信用评级机构之间存在着信赖关系，监管部门和 CalPERS 处于信托人地位，信用评级机构处于受托人地位。

为了获得产品的顺利发行，发行人希望产品获得投资级别，只有被评为投资级别，养老基金才能购买。而结构化产品是否顺利发行对信用评级机构的收费产生重要影响，结构化产品评级收费是一般政府或者公司债券评级收费的 10 到 20 倍，并且收费以被评级产品的销售额为计费基数，销售额越高收费越多，评级结果关系到最终的评级收入，因此信用评级机构具有发布较高评级的动机。发行人（行贿人）通过信用评级机构（受托人）发布投资级别的评级对结构化产品发生产生积极影响，从而获得收益。

评级活动是监管机构、CalPERS（信托人）和信用评级机构（受托人）关系的核心，由于监管规则规定 CalPERS 之类的机构投资者只能投资于被 NRSRO 评为投资级别的证券，因此信用评级机构的评级行为影响了发行人的利益，如果评为投资级别以上，则证券能够进入 CalPERS 之类的机构投资者市场，有利于发行人的融资活动。CalPERS 基于监管要求和对信用评级机构的信任购买了证券，尽管该证券被评为投资级别，但是最后却严重违约。从利益的输送方面分析，发行人通过向 CalPERS 出售被评级的结构化产品获得 130 亿美元的现金，信用评级机构获得 100 多万美元的评级收费，高于普通发行收入的评级收费可认定为发行人的利益输送。所以，在发行人付费模式下，发行人希望获得有利的评级而从事利益输送行为，信用评级机构为了自身利益而接受利益输送，有利评级的利益、信用评级机构自身利益和客观公正评级利益之间的冲突，在发行人付费模式下产生了信用评级机构的腐败行为。

第三节　信用评级利益冲突规制的结构

政府对微观经济活动的规制是经济学研究的重要课题，整个 20 世纪，经济学家们从不同的角度对这一课题进行了理论探索。公共利益理论以市场失灵理论和福利经济学为基础，关注对市场失灵的认定和对市场失灵的克服，说明政府什么情况下应引入规制,应采取何种"最优"措施来克服市场失灵。① 芝加哥大学法和经济学学派认为,市场可以通过竞争在完全没有任何秩序的情况下解决大多数市场失灵问题。即使在市场竞争力量不够强大的情况下,出于声誉的考虑,市场主体也会约束自身的不当行为。以科斯(Coase)为代表的"契约理论"认为,在市场不能有效运转的情况下也可以采取私人诉讼的方式来处理当事人之间发生的冲突。斯蒂格勒的"俘获理论"认为,即使市场和法院不能够完美地解决所有问题,监管也不见得就能奏效,政府监管可能出现腐败现象,或者被利益集团俘获。20世纪80年代,经济学家斯蒂格利茨以信息非对称的普遍性解释市场的不完备,并强调政府在治理市场失灵方面拥有的优势特征,以此得出政府监管的必要性。然而,诠释政府规制的理论和质疑政府规制的理论,都忽视了各种规制方式的协调配合作用,忽视了各种规制方式共存这一现实,只是进行非此即彼的肯定与批判。以哈佛大学安德烈·施莱弗(Andrei Shleifer)教授为代表的学者们提出的新比较经济学和卡塔琳娜·皮斯托与许成钢提出的不完备法律理论,有效地解决了上述理论的不足,说明了现实中不同的规制方式实际上共同存在,互相配合,共同规制市场,市场自律、司法规制、行政监管三种方式对金融市场起着共同的规制作用,各种规制方式并不是完美无缺的,都需要其他规制方式的合理配合,市场也没有排斥任何一种规制方式而做出唯一规制方式的选择。

一、市场自律、私人诉讼和行政监管的共同规制:新比较经济学的视角

对资本主义和社会主义进行比较是比较经济学的传统研究领域,20世纪80年代末期,苏联的解体、东欧各国社会主义制度的剧变对以主义为研究对象的比较经济学产生了严重的冲击。在比较经济学研究进入低谷的十几年中,以安德烈·施莱弗为代表的学者们不断地寻求比较经济学研究的突破,提出了新比较经济学的研究对象和分析框架,②资本主义国家在制度安排方面的系统性差异及其影响成为新比较经济学的核心研究课题。③

(一)多种规制方式选择的考量因素

新比较经济学认为,任何社会都面临两个核心问题:无序与专制。④ "无

---

① 詹昊. 保险市场规制的经济法分析[M].北京:中国法制出版社,2007.41-42.
② 姜磊. 声誉、法治与银行道德风险治理[M].北京:经济科学出版社,2008.16-17.
③ [美]S. 詹科夫,E. 格莱泽,R. 拉·波塔,F. 洛佩兹·德—西拉内斯,A. 施莱弗. 新比较经济学[J].郑江淮, 江静,刘建,刘镭译. 吴敬琏,主编. 比较(第十辑). 北京:中信出版社,2004.10.
④ 同上,第13页。

序"指的是私人当事方损害其他人利益的能力,盗窃、敲诈、伤害、欺骗等都是无序的反映。"专制"指政府和官员损害私人当事方利益的能力。制度的功能就是控制无序和专制这两方面的危险。① 按照国家介入程度的轻重,对社会经济生活的规制方式有四种制度安排:市场自律、私人诉讼、行政监管和国家所有制,这四种规制方式中,政府的权力逐渐上升,私人的权力逐渐下降。相应地,无序的社会成本逐渐减少,而专制的社会成本逐渐增加。② 采取什么样的规制形式主要在于规制对象的无序状况和规制方式专制成本的考虑。也就是说,只有在市场自律无法规制无序情况下,才需要采取其他社会规制方式,而采取什么样的非市场规制方式应衡量无序的情况及应以多大的专制成本为代价来控制无序。

1. 市场自律(the market discipline)

市场自律是由市场诸要素共同作用对企业经营所产生的制约机制。市场自律的优势在于,它不需要代表公共权力的执行者参加,不存在规则制定中的政治斗争和腐败、规则执行中的拖延和浪费等问题。但是市场自律也有失灵的时候,比如垄断情况下市场自律的失灵就是一个典型例子。信用评级领域的市场自律表现在:信用评级机构基于追求声誉的动机,不得不自我约束,发布高质量的评级报告,以积累较好的声誉赢得市场的认同。

市场自律是金融业运行的一个重要制约力量,在 20 世纪 30 年代以前的自由银行业制度中,市场自律便是银行业监管的主要方式。20 世纪 30 年代经济危机后,行政监管逐渐成为监管的主要力量,然而市场自律在金融业运行中仍然发挥规制作用,甚至成为开展行政监管的有效条件,如 2006 年巴塞尔委员会在公布的《有效银行监管核心原则》中把有效的市场自律(effective market discipline)作为有效银行监管的先决条件之一。③

从一般的含义来说,市场自律指任何非政府监管方式。④ 新比较经济学将市场自律与私人诉讼、行政监管、国家所有制共同作为四种社会控制方式,并且指出市场自律是私人秩序(private orderings),是司法、行政等政府监管力量之外的私人自我控制方式。本书认为,市场自律指市场制约力量使市场主体或者经

---

① 同上。

② [美]安德烈·施莱弗. 理解监管[J]. 余江译. 吴敬琏,主编. 比较(第十六辑). 北京:中信出版社,2005. 108.

③ BASEL COMMITTEE ON BANKING SUPERVISION. Core Principles for Effective Banking Supervision(October 2006) [EB/OL]. http://www. bis. org/publ/bcbs129. pdf, 2011 - 06 - 27.

④ GARTEN, HELEN A. Whatever Happened to Market Discipline of Banks? [J]. *Annual Survey of American Law*, 1991: 749.

济组织产生自我约束行为的规制方式,市场约束力量必然引起市场主体的自我约束行为,自我约束行为是在市场约束力量下产生的行为,一旦市场自发产生的约束力量受到某种影响,也必然影响到市场主体的自我约束行为,造成市场自律失灵,市场自律包括市场力量的约束作用和在市场力量约束下市场主体的自我约束措施两方面的内容。

2. 私人诉讼

市场自律并不总是行之有效的,例如股票发行人从事欺诈性行为损害投资者利益的无序情况,市场自律往往无法解决,又如借新偿旧的"庞氏骗局"也是无序的一个例证,在市场自律不能消除无序情况下,需要政府干预才能控制无序。传统自由主义者认为应通过合同法和侵权法的私人诉讼来解决无序问题。[①] 以科斯为代表的"契约理论"认为,市场是有效率的,市场失灵可以通过诉讼来弥补,社会只需要最低限度的规制。[②] 在市场自律不能发挥作用情况下,可以由法院来给予司法救济。[③] 相对于市场自律,私人诉讼引入司法机关的强制力量,以一定的专制成本解决无序问题,降低了无序的成本,提高了专制的成本,以专制成本为代价解决无序问题,在市场自律无法解决无序问题时,私人诉讼的介入就成为必要。

新比较经济学者同时强调,私人诉讼必须在某些条件下才能成为相对有效的合理选择。[④] 比如在诉讼双方当事人的力量对比不会严重失衡时,才可以取得较好的效果,如果在诉讼双方当事人力量对比悬殊的情况下,私人诉讼未必能成为保证社会秩序运转的有效途径。例如在证券市场上,发行人和承销商的经济实力较为强大,受到欺诈的投资者不容易取得诉讼上的胜利。在这种情况下,就需要更高的专制手段,以更有效的控制经济生活的社会策略来约束无序现象。

3. 行政监管

私人诉讼并非可以解决所有领域的无序,在不同领域的解决效果也不相同,如上所述,面对着经济实力强大的发行人和承销商,受到欺骗的投资人未必

---

① [美]S. 詹科夫,E. 格莱泽,R. 拉·波塔,F. 洛佩兹·德—西拉内斯,A. 施莱弗. 新比较经济学[J]. 郑江淮,江静,刘建,刘镭译. 吴敬琏,主编. 比较(第十辑). 北京:中信出版社,2004. 17.

② 董惠凝. 证券市场监管的"公共强制理论"——兼及对我国证券市场监管制度选择的启示[A]. 中国社会科学院经济学部、中国博士后科学基金会. 全球化下的中国经济学 2007[C]. 北京:经济管理出版社,2009. 257.

③ 徐孟洲. 金融监管法研究[M]. 北京:中国法制出版社,2008. 332.

④ [美]安德烈·施莱弗. 理解监管[J]. 余江译. 吴敬琏,主编. 比较(第十六辑). 北京:中信出版社,2005. 111.

能获得诉讼的胜利,因此,当私人诉讼规制不能解决无序时,应采取更进一步的控制方式,以更高的专制代价进一步约束无序现象,以更有效的控制经济生活,这就是行政监管。

但是,行政监管在规制无序的同时,其专制成本也增加了,如监管俘获的产生,又如施蒂格勒所强调的,有的企业可能扭曲监管规则,利用这些规则来阻止新的产业进入者,或者维护现有的卡特尔组织。① 那么,只有在无序的程度太高,令市场自律、私人诉讼都不能有效加以规制的情况下,行政监管才是必需的。如前所述,证券市场的监管就是对行政监管迫切需求的典型案例。

4. 国家所有制

在某些情况下,只有国家所有制才能消除无序,即采取公有制的形式。例如,如果竞争和监管不能清除垄断,如果基本的产品质量不能通过监管式的公共强制方式保证,则只有采取国家所有制的形式。这是一种以极端的专制消除极端的无序成本的策略。在某些情况下,利用国家所有制的手段来解决无序问题是需要的,如军队、警察的国家所有制。但国有制本身存在着严重的公权滥用和专制问题,作为控制无序状态的一个极端手段,国有制的适用范围较为有限。

(二)市场自律、私人诉讼和行政监管并存的规制结构分析

对于商业生活的这四种控制方式不是完全互相排斥的,在同一个市场领域,市场自律、私人诉讼和行政监管可以并存,②但是国家所有制与其他控制方式是排斥的,在没有实行国家所有制情况下,市场自律、私人诉讼和行政监管三种规制方式共同对市场产生规制作用,一旦实行国家所有制,则其他规制方式将退出。

市场自律属于市场自发产生的约束力量,而私人诉讼和行政监管属于非市场力量,市场力量和非市场力量并存的原因在于市场本身的特征,在市场力量不能起有效调节作用而引入非市场调节机制后,市场调节机制由于本身的自发调节机制依然发挥调节作用,因此出现市场力量与非市场力量共存的情况。

在非市场力量中,私人诉讼和行政监管共存的原因在于不同规制方式具有不同的特征和规制效果,两者形成了互补关系。(1)不同规制方式的特征。行政监管是一种行政手段,具有主动性特征,通过主动监督各种行为而预防损害行为的发生,或者对损害行为进行事后的惩罚,监管过程主要是对公法的适用,

---

① 同上,第113页。
② [美]安德烈·施莱弗. 理解监管[J]. 余江译. 吴敬琏,主编. 比较(第十六辑). 北京:中信出版社,2005.107.

解决的是国家与市场主体之间的关系,具有强制性、集中性和统一性;私人诉讼主要针对私法领域的纠纷,处理的是平等主体之间的纠纷,具有自愿性、分散性和灵活性的特征。(2)不同规制方式的效果。对作为被规制对象的整个市场,行政监管并非能解决所有市场失灵问题,对于行政监管未能解决的市场失灵领域,可由私人诉讼的方式解决。对作为被规制对象的某一具体领域,即使监管机关制定了详细的监管规则,并通过主动执法有效地解决了市场失灵问题,对某些损害行为能够事先防止其发生,但对某些行为只能进行事后的惩罚,这种对市场损害行为或防止或惩罚的监管方式没有涉及对受损害方的处理。当损害行为对其他市场主体造成侵害时,受损害的一方可以通过私人诉讼的方式请求赔偿。所以,对市场行为的规制尽管引入了行政监管方式,但是,私人诉讼规制方式作为一种事后救济方式仍在发挥作用,不存在引入行政监管方式后就必然驱逐私人诉讼规制方式的情况。

新比较经济学所提出的市场自律、私人诉讼和行政监管在同一个市场中可以并存的观点得到了实证分析的支持,以证券市场为例,对于证券发行市场的规制方式可以有以下的选择:第一,市场自律规制方式,例如依靠发行人或者承销商追求声誉的动机披露证券的真实信息;第二,私人诉讼规制方式,如果发行人欺诈投资者,则由投资人提起诉讼追究发行人的责任,以此约束发行人的行为;第三,行政监管规制方式,设立专门的政府监管机构,规定信息披露规则,监督检查规则执行情况。具体来说,追求声誉的动机使发行人和证券承销商不得不向市场披露真实信息,一旦投资者知悉虚假陈述的情况,将影响发行人或者证券承销商的声誉,不仅影响发行人股份募集情况,而且影响到证券承销商以后的承销工作,因此市场自律发挥了规制作用。然而市场自律并不能杜绝欺诈行为的发生,一旦投资者由于欺诈行为遭受损失,可以通过诉讼主张获得赔偿,司法机关作为中立的裁判机构,从证券市场产生之日起,就一直承担着解决证券纠纷,并通过惩罚证券欺诈行为维护市场秩序的重任。但是,私人诉讼规制具有滞后性的特征,市场自律和私人诉讼仍不能消灭欺诈,欺骗性的计划不仅侵害投资者利益,而且严重损害市场的信心,"庞氏骗局"就是一个例证,在这种情况下,建立一个专门的证券监管机构加强欺诈行为的事前防范和事后打击显得尤为重要。因此,现实中证券市场的市场自律、私人诉讼、行政监管三种控制方式在不同的层面分别发挥重要的作用,对整个证券市场起共同规制作用。

在信用评级领域,市场自律、私人诉讼和行政监管共同发挥规制作用,信用评级机构为追求声誉而努力发布较高质量的信用评级,因此制定了各种自律性措施。但是声誉约束仍然具有局限性,信用评级机构可能由于利益冲突等原因发布不实评级,因此受到损害的信用评级报告使用人可以通过私人诉讼方式追究信用评级机构的法律责任,从而约束信用评级机构的行为,然而私人诉讼仍具有局限性,在信用评级利益冲突日益明显,利益冲突损害日益强大情况下,不得不引入行政监管方式,加强对信用评级机构利益冲突的规制,从实践上看,市场自律、私人诉讼、行政监管三种规制方式对信用评级利益冲突起共同的规制作用。

(三)信用评级业实行国家所有制规制方式的不合理性分析

新比较经济学认为,国家所有制与其他控制方式是排斥的,在没有实行国家所有制情况下,市场自律、私人诉讼和行政监管三种规制方式共同对市场产生规制作用,一旦实行国家所有制,其他规制方式将退出市场。本书认为,在信用评级行业实行国家所有制不具有现实性。

美国学者 Timothy E. Lynch 提出了由政府设立公共评级机构的设想,即在不干涉现有信用评级机构经营的情况下,由政府设立公共信用评级机构,公共信用评级机构主要针对具有下述特征的证券进行评级:复杂或透明度不高的证券、吸引投资者公众非理性疯狂投资(an irrational exuberance)的证券、对社会福利产生消极影响的证券、对金融市场总体产生影响的证券等证券品种,包括对较大发行数量的证券、发行量较大的证券种类或者新的证券品种进行评级。为保证信用评级的公正客观,应采取措施保证公共信用评级机构不受政治压力影响,同时赋予公共信用评级机构从证券发行人处获得非公开信息的权力。[1]

这个方案主要基于古典福利经济学的观点,认为在公共品提供上政府比私营部门更合适,政府出资的公共评级机构与私人评级机构相比具有以下特征:第一,公共信用评级机构主要面向对普通公众带来显著负面影响的或者高度复杂、不透明的证券进行评级。第二,运作公开透明,评级过程中所使用的金融模型、分析工具、分析方法和分析程序均向社会公开并接受公众评论。[2] 第三,充足的经费,为了能够从私人部门吸引最有水平、乐于为公众服务的分析师和管理者,公共评级机构机构具有相当规模的薪酬预算,确保评级的质量和可信度。第四,权威的手段,为了作出客观公正的权威评级,公共信用评级机构有权力从发行人处获取非公开信息,当发行人拒绝提供非公开信息的情况下,它可以公开宣布发行人不提供合作的情况,使公众投资者知悉这种情况,为投资决策提供参考。

对于信用评级利益冲突规制来说,设立公共评级机构最明显的好处是信用

---

[1]　LYNCH, TIMOTHY E. Deeply Persistently Conflicted: Credit Rating Agencies in the Current Regulatory Environment[J]. *Case Western Reserve Law Review*, 2009, 59 (2): 294-295.

[2]　Id., p. 294.

评级机构不再面临因发行人付费模式而产生的利益冲突,然而本书认为设立公共信用评级机构的改革方案没有现实基础,也不可能完全消除各种利益冲突现象。

第一,设立公共信用评级机构不符合美国信息披露为基础的监管理念。在美国,由各州蓝天法就证券的实质监管进行规定,联邦证券法则不建立实质监管的体系,只是建立充分信息披露的监管框架,由投资者本身对可行的投资作出评价。① 公共信用评级机构的设立意味着由公共机构对证券或者债务人信用状况进行实质审查,而这与美国以信息披露为基础的监管理念相违背。

第二,信用评级国家所有制不符合私人治理发展潮流。近期,以国家为中心的体系为多层次全球治理体系所取代。在国家内部,过去几乎全然属于政府的一些责任,如今已是和私人组织分担,部分公共服务事业乃至有关的决策由企业承包或采取公私合伙方式承办,私营和志愿机构愈来愈多地提供服务以及参与战略性决策已成为一种事实。② 私人部门参与治理具有明显的优势,使各国政府将某些领域的治理职责由私人部门承担:首先是行政成本的考虑,培训专家是一个长期和高成本的过程,利用现有的专业人才有利于节约行政成本;其次是责任承担的问题,政治家可以通过比较失去权力的代价和因此免责的幅度来考虑是否授权,当私人治理有利于免责情况时,政治家倾向于由私人承担治理职责。③ 对于信用评级领域来说,信用评级作为监管工具可以有效地提高金融管理效率。债券市场中的金融商品是许多金融机构资产负债管理的重要工具,债券品质的好坏直接影响金融机构的经营风险。而金融机构的经营风险又直接牵动整个金融体系的稳定,是金融监管机构所需要密切注意的对象,如果缺乏客观公正的评级,监管部门为掌握金融机构的营运风险,须对所有投资债券的违约风险做个别检查,其所需投入的人力、物力十分巨大。但是由中立的信用评级机构发布客观公正的信用评级,作为监管机构制定规范的依据,可使金融监管工作的复杂度大为降低,金融监管的效率可大为提升。随着金融市场和金融创新的发展,金融商品日益多样化,美国金融制度由于广泛利用了信用评级机构的评级报告,使金融监管负担大为降低。

第三,建立国有制的信用评级机构只是解决了发行人付费模式产生的利益

---

① 缪心毫. 跨境资产证券化中的私人治理法律问题研究(博士学位论文)[D]. 厦门:厦门大学,2007. 54.

② 俞可平. 编著. 治理与善治[M]. 北京:社会科学文献出版社. 2000. 36.

③ MATTLI, WALTER & BüTHE, TIM. Global Private Governance:Lessons From a National Model of Setting Standards in Accounting[J]. *Law and Contemporary Problems*, 2005, 68: 229 – 231.

冲突,对于其他的利益冲突行为,仍然需要采取各种措施进行规制。如信用评级分析人员与被评级方的非正常关系所产生的利益冲突在国有信用评级机构中仍然会出现,仍然需要采取规制措施。并且,美国政府的债券发行量较大,如果由国有信用评级机构进行评级,则产生新的利益冲突。因此建立国有制信用评级机构并不能从根本上消除信用评级利益冲突问题。

二、司法规制与行政监管的合理配置:不完备法律理论的视角①

新比较经济学尽管对私人诉讼和行政监管两种规制方式进行区分,并说明出现较大无序状态且私人诉讼不能有效解决的情况下应引入行政监管,但是"无序"是一种较为抽象的状态。同时,无序状态只是行政力量介入监管的一个因素,行政机关是否介入监管还受到监管机关自身能力的限制。卡塔琳娜·皮斯托和许成钢提出的不完备法律理论认为,应由标准化能力和预期损害的程度两种因素决定司法规制和行政监管两种规制力量的分配,为行政监管的介入提出了较为具体的衡量方式。

(一)不完备法律理论的提出

不完备法律理论指出,如果所有可能造成损害的行为都能准确无误地由法律详细规定,则法律是完备的,否则,法律就是不完备的。也就是说,法律不可能实现最优设计,立法者不可能将所有可能的行为都考虑到,并将所有可能的有害行为都用明确的惩罚标准加以限制,不论法律规定得多么详细,总有法律条文不能处理的案例存在,因此法律是不完备的。法律不完备表现在:第一,法律没有对特定行为进行界定或仅列举了少数行为,使得行为结果的限定很宽

① 对于通过司法裁判方式对市场进行规制的问题,美国学者有不同的表述,如 Stephen J. Ware 将其表述为"judicial regulation"(See WARE, STEPHEN J. Paying the Price of Process: Judicial Regulation of Consumer Arbitration Agreements[J]. *Journal of Dispute Resolution*, 2001(1): 89 - 90.);Gregory Husisian 将其表述为"judicial oversight"(See HUSISIAN, GREGORY. What Standard of Care Should Govern the World's Shortest Editorials?: An Analysis of Bond Rating Agency Libility, *Cornell Law Review*, 1990, 75: 425.);Steven L. Schwarcz 将其表述为"the judicially enforced system of private rights"(See SCHWARE, STEVEN L. Private Ordering of Public Markets: the Rating Agency Paradox[J]. *University of Illinois Law Review*, 2002: 27.);新比较经济学学者提出了"the private litigation"。新比较经济学学者提出的私人诉讼(the private litigation)指由私人启动司法程序,以司法裁判方式对商业生活进行控制的方式。随着社会商业生活的发展和规制方式的进步,由司法体系对证券市场进行监管并非只有私人提起诉讼的方式,SEC 同样可以提起民事诉讼请求法院追究市场主体的民事责任。因此"judicial regulation"、"judicial oversight"和"the judicially enforced system of private rights"等概念更全面反映金融市场规制的司法裁判方式的内容,本文将这些概念翻译为"司法规制",指相关主体通过诉讼方式启动司法程序,以司法裁判的方式对市场进行管理和控制的规制方式,在下文的论述中主要采用"司法规制"的表述。

泛;第二,法律虽明确了应予制止的行为,但不能涵盖所有相关行为。①

法律不完备的原因是多方面的,第一,法律需长期适用,并涵盖大量迥然不同的案件,造成法律必然是不完备的,只有当社会经济或技术变革的过程静止时法律才可能完备;第二,法律由于有意设计而具有不完备性。立法者可以决定将法律设计得或多或少不太完备,而且考虑到相关的执法制度及其有效性,他们常常会这样做。在普通法系,立法者知晓法院会介入并且填补法律留下的空白,所以在某种情况下会起草宽泛、开放性的而非详细的条款;第三,法律存在空白,即法律不能处理特定的损害行为;第四,法律条款的开放性质,即法律的边界未清晰地加以限定。

法律不完备的程度在不同领域有所区别,受社会经济快速发展、技术快速变革所影响的领域,各种变革会不断挑战那些为解决"老"问题而设计的法律解决方案,法律会呈现出较不完备的状态,所以法律需要及时修改。在金融领域,法律的不完备状况更为突出,金融的活力在于创新,金融创新的特点在于对现成金融规则的突破,法律经常落后于创新的步伐。

许成钢和皮斯托认为,不完备法律理论的产生是由于受到了奥利弗·哈特(Oliver Hart)所提出的不完备合同理论的启发②,并承认法学界很早就认识到"不完备法律"的现象,并一直将之视为法律的"不确定性(indeterminacy)"。③法律不确定性的研究开始于 20 世纪五六十年代,法律不确定指法律不能为法律纠纷提供一个确切答案。不完备法律理论是在法学界已有的"法律不确定性"(legal indeterminacy)理论基础上的进一步发展,并非一种全新的理论。④

不完备法律理论和法律不确定性理论的研究存在着共同之处,首先,从法律不完备和法律不确定性的表现情况看,两种有共同之处。例如许成钢在《不完备法律(上)——一种概念性分析框架及其在金融市场监管发展中的应用》一文中提出了侵权法规定了侵权原则却未规定具体的损害行为的例子,同时也是法律规则不确定性的一个表现;其次,两个理论在法律不完备(不确定)产生原因的阐述上存在共同之处,两者都认为是由于社会生活的复杂性、法律滞后性等原因导致了法律的不完备(不确定)。

但是不完备法律理论和法律不确定性理论在分析方法方面存在重要的区

---

① [美]卡塔琳娜·皮斯托,许成钢. 不完备法律(上)——一种概念性分析框架及其在金融市场监管发展中的应用[J]. 汪辉敏译. 吴敬琏,主编. 比较(第三辑). 北京:中信出版社,2002. 119.

② [美]卡塔琳娜·皮斯托,许成钢. 不完备法律(上)——一种概念性分析框架及其在金融市场监管发展中的应用[J]. 汪辉敏译. 吴敬琏,主编. 比较(第三辑). 北京:中信出版社,2002. 113.

③ 同上,第 131 页。

④ 李志君. 证券市场政府监管论[M]. 长春:吉林人民出版社,2005. 89.

别。法律不确定性理论侧重于从解释学的角度指出完善的方法和途径,因此,在不确定性原因方面进一步阐述了法律不确定性原因还包括事实认定的不确定和法律结构的内在矛盾等等。不完备法律理论从制度经济学角度考察问题,阐述了法律不完备的原因包括立法机关的立法能力。两者在分析问题上的不同主要在于分析方法的不同,不完备法律理论主要采用经济学的分析方法。

尽管不完备法律理论不是一种全新的理论,但是其使用了不同于法学研究的方法,对研究微观层面的政府规制问题,特别是金融市场规制具有重要的意义。以往的法学研究侧重于规范分析,很少能上升到制度层面,对于法律的不确定性,更多的是从解释学的角度指出完善的方法与途径。[1] 而不完备法律理论则从制度层面阐述了由于立法机关制订的法律具有不完备,应在立法、行政、司法三个权力机关之间进行合理的权力配置。

(二)不完备法律理论与金融市场规制

19 世纪末以前,美国遵循自由放任的理念,认为司法裁判是解决社会有害行为的主要方法。[2] 19 世纪末到第一次世界大战发生期间,监管型政府开始在美国崛起,1913 年通过的联邦储备法(the Federal Reserve Act),将银行业纳入了联邦监管范围之内,对反托拉斯的执法也因 1914 年的克莱顿法(the Clayton Act)而得到加强。在 20 世纪 30 年代,政府监管领域加速发展,《1933 年证券法》(*The Securities Act of* 1933)和《1934 年证券交易法》(*Securities Exchange Act of* 1934)将证券市场纳入到联邦监管之下,有人甚至认为行政监管已经取代司法,成为社会对商业控制的主要形式。[3] 随着监管领域的扩大,美国政府以普通法为支柱、以契约意识为纽带、以合同形式为基础,通过诉讼和法院裁决被侵害者和侵害者之间纠纷的制度安排,逐步转向建立行政监管的方式,而且监管机构数量逐步增加、权力逐步增大。随着监管机构大量发布监管规则,美国出现了立法重心从国会转移到监管机构的趋势,许多监管机构成为一个半立法、半行政和半司法权力的监管机关,[4]美国证监会(SEC)就是一个具有立法、行政和司法权力的监管机关。

对于上述监管型政府崛起的这种现象,大量的经济学文献认为是国家为解

---

① 李志君. 证券市场政府监管论[M]. 长春:吉林人民出版社,2005. 89.

② [美]爱德华 L. 格莱泽,安德烈·施莱弗. 监管型政府的崛起[A]. 吴敬琏. 比较(2)(C). 北京:中信出版社, 2002. 54.

③ 同上,第 58 – 59 页。

④ 席涛. 美国管制:从命令——控制到成本——收益分析[M]. 北京:中国社会科学出版社,2006. 79.

决市场失灵所进行的干预,但是很多经济学文献没有区分不同的非市场力量,没有说明为什么在某些特定条件下将监管权力赋予某一个监管机构,而不采取司法的传统方式,有些理论认为是司法系统遭到破坏、诉讼当事人双方的力量对比悬殊等原因所致,然而监管机构同样存在着监管俘获等问题。监管机构的崛起本质上是制度层面权力的配置问题,不完备法律理论认为,法律是不完备的,因此,要设计适当的制度机制来解决不完备法律下的执法无效问题。每一个制度设计都是在立法、行政、司法三个不同的权力之间进行配置,而由于立法机关所制定的法律总是不完备的,因此,既然一项既定的法律不可能解决未来所有的案件,那么解释和发展现有法律并决定如何适用的权力也要进行分配,适当的制度设计应是在司法机关和行政机关之间进行剩余立法权和执法权的适当分配。

在权力制衡的现代制度设计中,立法、司法和行政三种权力是由不同的机关行使的,然而现实中行政机关和司法机关都行使了一定的立法权限。在美国,随着社会生活的复杂化和行政监管权力的扩大,甚至出现了行政机关通过发布大量的规则进行社会管理,形成社会控制权力由国会转移到行政部门的现象,这就是被有的学者所认为的"监管型政府的崛起"现象。用不完备法律理论的解释,这是由于立法机关制定的法律存在着不完备,导致了剩余立法权和执法权在司法机关和行政机关之间进行分配。许成钢认为,在法律不完备时,如果不阐明法律的含义则无法用之断案,这种解释现有法律,适应环境变化,并把它扩大适用于新案例的权力就是剩余立法权。[1] 在司法机关和行政机关之间合理分配剩余立法权和执法权考虑的因素主要有标准化能力和预期损害的程度。[2]

1. 标准化能力

标准化能力指以合理成本对损害行为及结果进行描述,以便监管者能有效行使主动式执法权的能力。主动式执法的有效性取决于监管者监督市场以及确定行为及其结果的类型的能力(这类行为及结果在合理预期下,会导致损害性后果)。对于哪些行为及结果会满足这些条件,在不同的环境下评估标准有所不同。对于这些类型的确定和标准化,关系到如何有效利用资源并避免过度监管的缺陷。[3] 标准化能力的考量因素主要有两个方面:一是监管机构的监管

---

① [美]卡塔琳娜·皮斯托,许成钢. 不完备法律(上)——一种概念性分析框架及其在金融市场监管发展中的应用[A]. 汪辉敏译. 吴敬琏,主编. 比较(3)(C). 北京:中信出版社,2002. 114.

② 同上,第126页。

③ 同上。

水平是否能够确定损害行为及其损害结果。例如德国在 19 世纪晚期规定,任何发行并销售的股票的面值都不得低于 1000 马克,这一价值超出了当时多数投资者的能力所及,有效且止了小投资者购买股票,如此规定的原因在于当时的德国对可能导致损害结果的行为类型没有任何经验,所以直接禁止小投资者进行投资,而不是采取监管的方式;① 二是监管成本是否合理。监管成本包括直接成本和间接成本,直接成本包括维持监管机关运行的各种支出,间接成本包括市场参与主体遵守监管规定而产生的成本和监管者执法不足或过度时产生的社会成本。如果某种损害行为的损害后果非常严重,但产生的监管成本为社会所不能承受,则立法者将直接禁止可能产生这种损害行为的交易,如果某种损害行为的损害后果绞小,但产生的监管成本为社会所不能承受,则监管者将可能退出监管领域,由法院进行事后的规制。

2. 预期损害的程度

预期损害的程度指,如果预期损害的程度低,被动式执法的约束是可以容忍的,比如,当受害人可能遭受的损害较小,或当仅有少数受害人受潜在损害行为的影响等情况。② 如果所遭受的损害程度有限,则将案件提交给法院裁决,并通过允许集团诉讼和给予赔偿金等制度来进行激励,不必采用行政监管的方式。而如果预期损害的程度相当大,比如核电站所造成的巨大损失,司法规制便失效,原因在于司法规制是事后规制方式,在损害发生之后才启动。但是具有主动式执法特征的行政监管可以通过设置准入壁垒、持续监督和调查等方式来预防损害的发生,因此行政监管方式的优越性便体现出来。

波斯纳从成本收益角度阐述了对预期损害较大的情况下采用行政监管的重要性。波斯纳认为,当一个加害人在无力支付巨额赔偿金时,他遵守法律的激励就会减小,因为这样可以将受害人实际成本和最高可征收损害赔偿之间的差额从其自身转移到受害人身上。③ 因此,在预期损害较大而司法方式不能对有效率的行为提供足够的激励的情况下,行政监管是较好的选择。

并非在所有情况下设立监管都是必要的,行政监管机关只有具备行为的标准化能力,并且当这些损害行为可能产生较大的损害和负外部性,被动执法无法对受害者进行充分救济时,监管者主动执法付出的代价才是合理的。例如对

---

① ［美］卡塔琳娜·皮斯托,许成钢. 不完备法律(上)——一种概念性分析框架及其在金融市场监管发展中的应用［A］. 汪辉敏译. 吴敬琏,主编. 比较(3)(C). 北京:中信出版社,2002. 127.

② 同上.

③ ［美］理查德·A. 波斯纳. 法律的经济分析［M］. 蒋兆康,林毅夫译校,北京:中国大百科全书出版社,1997. 484.

于董事的诚信义务规制不宜采用行政监管的方式,对于特定公司中的股东,董事所造成的预期损害是有限的,但是董事可能采取的行为是多种多样的,这些行为导致损害结果发生的可能性是不确定的,将那些可能导致损害的行为类型加以标准化是极为困难的。所以,一方面董事不当行为的预期损害有限,另一方面董事不当行为的标准化存在困难,所以采取事先监管的方式成本较高,也可能导致对公司决策的过度干预,而由司法机关行使剩余立法权和执法权是较好的选择。引入行政监管的一个典型是证券市场的监管,在证券市场上,法律总是滞后于市场的发展,总是无法对未来的损害行为作出事先的预测并加以规定,证券市场的法律存在不完备性。证券市场上某些行为的危害后果非常严重,不仅侵害投资者的利益,而且损害资本市场的信心甚至造成金融危机,对于能够进行标准化的损害行为应采用行政监管的方式事先进行规定,明确损害行为及惩罚标准,在这种情况下,行政监管方式优于司法规制方式。

(三)信用评级利益冲突规制的权力配置

如上所述,行政监管表现为主动式执法的特征,主动启动执法程序禁止损害行为发生,这一职能在法律不完备时与司法规制相比是个重要的优势。行政监管拥有剩余立法权和执法权,不论违法行为是否发生,不论违法行为是否被其他主体所注意,监管者可以通过改变规则以回应所观察到的市场变化。但是并非在所有的情况下都有必要设立监管机构,只有当行为能够加以标准化,并且行为可能产生较大损害和负外部性时,由于被动式的司法规制无法进行充分及时的救济时,行政监管主动执法所付出的成本才是合理的。

20 世纪 70 年代,SEC 发布了关于确定经纪人/交易商最低清偿标准的净资本规则(Rule 15c3 – 1),①首次将"全国公认的统计评级机构"(Nationally Recognized Statistical Rating Organization,NRSRO)之评级结果纳入了联邦证券监管法律体系。② 此后,大量的监管规则援引了 NRSRO 发布的信用评级,例如证券法、证券交易法、投资顾问法以及各类银行、保险、年金等监管规则。③ 2006 年《信用评级机构改革法案》明确了 NRSRO 的注册条件。根据国会的授权,SEC 发布了大量有关 NRSRO 的监管规则。由此,美国信用评级市场分为注册成为 NRSRO 的信用评级机构和非 NRSRO 的信用评级机构,NRSRO 受到 SEC 的严格监管,NRSRO 和非 NRSRO 信用评级机构两者的监管地位不同。NRSRO 主要

---

① 17 C. F. R. § 240. 15c3 – 1.

② LEVICH, RICHARD M. & MAJNONI, GIOVANNI, ed. *Ratings*, *Rating Agencies and the Global Financial System* [M]. Boston: Kluwer Academic Publishers, c2002. 74.

③ Id.

依靠市场自律、司法规制和行政监管方式进行规制,非 NRSRO 信用评级机构主要依靠市场自律和司法规制方式。

从预期损坏的程度考量,由于监管规则援引 NRSRO 所发布的评级作为监管标准,NRSRO 具有强大的市场话语权,失实的评级报告给市场带来重大影响,大规模的评级失实甚至造成金融危机,2007 年开始席卷全球的次贷危机就是不实评级造成重大危害性的有力说明。而这种危害性并不能通过司法规制的事后执法方式得到解决,司法规制的事后执法方式只能对损害者进行经济上的补偿,并不能挽回经济危机给全球造成的损失,因此对于 NRSRO 发布评级所产生的危害应通过行政监管的方式采取相应的规制措施事先防止危害的发生。

从标准化能力方面来考量,尽管 NRSRO 是个私人组织,然而由于立法对评级报告的援引,NRSRO 实际上享有公共监管权力,因此,基于公共利益的考量,监管层对 NRSRO 采取行政监管措施具有法理基础,可以通过立法明确信用评级机构的信息披露要求、内部控制制度等方面的要求,可以通过现场检查等方式监督信用评级机构经营情况,通过对信用评级机构评级方式的评估和是否违反内部操作规程的监督管理确定信用评级机构是否从事损害行为,并从评级报告的市场检验结果来确定损害行为,监管层具备了确定信用评级机构损害行为的能力。因此,从预期损害和标准化能力两方面进行分析,监管机关具备了对 NRSRO 行使剩余立法权和执法权的基础。

对于非 NRSRO 的信用评级机构,由于其信用评级报告并非向公众发布,不作为监管许可的标准,信用评级报告只是面向订阅者,订阅者付费购买信用评级报告的用途在于作为投资决策的参考,如果信用评级报告不准确,将会影响报告订阅者的投资决策和投资收益,但其影响范围仅限于评级报告的订阅者,因此影响范围有限。所以从预期损害程度来考量,对于非 NRSRO 的信用评级机构的规制,由法院拥有剩余立法权和执法权是最优的。

第二章　信用评级利益冲突的市场自律规制

　　由于信用评级所具有的经验品特征,对信用评级机构产生了"声誉"约束,在声誉的驱动下,信用评级机构制定自律措施防止利益冲突对评级过程的不利影响,以积累良好声誉,由此对信用评级利益冲突产生了规制作用。在信用评级业发展的早期,市场自律机制有效地约束信用评级机构的行为,为信用评级业赢得了良好的商誉。20世纪晚期市场自律机制逐渐显露出局限性。信用评级行业垄断状态的出现和信用评级机构监管许可权力的膨胀这两个因素弱化了声誉约束的力量。而市场自律作为一种利益约束机制,信用评级机构制定的自律措施因公司利益的需要而被调整或者不能被执行。市场自律机制既在一定程度上发挥积极的规制作用,同时又存在局限性,因此应针对市场自律局限性的原因采取相关规制措施,以促进市场自律作用的发挥,同时应引入司法规制和行政监管等具有更强约束力的规制方式,加强对信用评级利益冲突的规制。

第一节　信用评级利益冲突市场自律规制的基础

　　由于信用评级具有经验品的特征,评级服务购买方或者使用者主要通过先前产品的使用效果来判断目前产品的质量,即根据信用评级机构的声誉来判断信用评级产品的质量,声誉被认为是信用评级机构的一种资本,能够促使信用评级机构努力发布客观公正的评级,防止利益冲突对信用评级过程的影响,以积累和维持声誉资本。

一、信用评级的经验品特征

　　根据消费者获取信息的方法可以将产品分为两类:"搜寻品(search goods)"和"经验品(experience goods)"。搜寻品指在购买前通过考察即可了解其质量的产品,经验品的质量在购买前无法了解,必须在购买使用之后才能确定。[①] 消费者

---

　　① NELSON, PHILIP. Information and Consumer Behavior[J]. *Journal of Political Economy*, 1970, 78 (2): 311－329.

对经验品质量的判断主要根据其上一期消费中获得的经验进行判断。信用评级产品是一种经验品,必须在使用之后才能确定评级的正确与否。

首先,信用评级是对被评级对象信用状况的评价,主要是对既定债券或者债务人违约可能性及债权人损失的可能性进行估计,信用评级是否真实反映被评级对象的信用状况,在评级报告发布时是无法确定的,只有通过事后被评级对象的实际违约情况才能验证出评级的真实性。即使一项评级是错误的评级,在评级报告刚发布时也不可能被立即发现,而是要经过一段时间才显现出来,甚至当出现周期性的经济下降阶段,外部环境遭受最大破坏时,不实评级的结果才可能显现出来。

其次,某些信用评级过程的复杂性使评级质量难以认定,特别是在结构金融产品评级中,由于打包的资产信息不透明,结构化产品设计复杂,投资者对复杂的结构化产品难以理解,即使信用评级机构详细披露评级技术和评级过程,面对如此复杂的结构化产品,公众投资者仍然缺乏独立的判断力。

由于消费者对经验品的需求取决于其上一期的效用,所以评级服务购买方、使用者等相关利益主体主要通过之前使用的效果来判断目前产品的质量,即通过之前的评级质量的声誉来判断目前评级产品质量的可靠性。为了获得良好的声誉,信用评级机构不得不努力提高信用评级的准确性,以不断地积累声誉。因此声誉机制成为信用评级市场自律的约束力量。

二、声誉约束机制

由于信用评级是“经验产品”,信用评级服务购买方、使用者主要依靠信用评级机构的声誉来判断信用评级的质量。声誉是对一个人或事物的特征或其他品质的共同或总体评价。[①] 从亚当·斯密(Adam Smith)开始,经济学家就指出了声誉对于维持自律政策的重要作用,经济学家们认为,个体(包括公司等法人)能够基于长期的行为求得声誉,当个体的声誉在提高,社会的其他成员将给予较高的评价,以声誉作为交易的重要考量因素。[②]

因为评级正确与否关系到发行人的切身利益,既然声誉较好的信用评级机构发布的评级被认为准确性较高,那么发行人总是选择较高声誉的信用评级机构。在资本市场上,不同的信用级别决定不同的债券利率,较高信用的债券,其利率水平较低,对于债券发行人的融资成本较低,如果信用评级机构对发行人的

---

①　姜磊.声誉、法治与银行道德风险治理[M].北京:经济科学出版社,2008.54.

②　PARTNOY, FRANK. The Siskel and Ebert of Financial Markets? Two Thumbs Down for the Credit rating Agencies[J]. *Washington University Law Quarterly*, 1999, 77: 628.

信用低估,即信用评级低于实际的信用状况,则发行人的融资成本将会提高,发行人再次融资时将可能聘请其他的信用评级机构,而如果该发行人长期通过发行债券融资的话,信用评级机构可能因为没有准确评级而失去该稳定的客户。

同时,因为评级正确与否关系到投资者的切身利益,既然声誉较好的信用评级机构发布的评级被认为准确性较高,那么投资者总是较为信任较高声誉的信用评级机构。如果信用评级高于被评级对象的实际信用状况,对于债券购买人来说,意味着购买人以较低的利率收益承担较高的风险,债券购买人将会对信用评级机构产生较低声誉的评价,长此以往,投资者对发布虚高评级的信用评级机构将会产生怀疑甚至不信任,当投资者不信任某个信用评级机构时,接受该评级发行人的发债计划也会受到影响。因此,一些实力较为强大且信用良好的公司可能会避免聘请不受信任的信用评级机构,以保证发债计划的顺利实施。

所以,信用评级机构深知声誉对其生存和发展的重要意义,即信用评级机构只有向投资者提供客观公正的信用评级,才可以在投资者群体中不断积累信誉资本,获得更多投资者的信任,进而增加对其信用评级产品的需求。同时信用评级机构只有向发行人提供客观公正的评级,才能在发行人群体中积累声誉,得到发行人的认可。

良好的声誉也能够为信用评级机构带来较高的声誉租金。较高声誉的信用评级机构发布的评级为投资者所广泛接受,所以发行人寻求较高声誉质量的信用评级机构进行评级,也就使得较高声誉的信用评级机构能够获得更多的评级费用,获取高额利润,这就是声誉租金。为了获得评级业务收入的短期增长,可能出现评级机构与发行人合谋发布虚夸评级的情况,但是从长期看,声誉损失将导致评级机构收入的减少,因为不实评级对信用评级机构声誉的影响也是一种累积效应,负面声誉的累积效应将会对信用评级机构的声誉产生重大影响,可能使长期声誉的损失超过短期收益的获得,信用评级机构将会失去未来的声誉租金。如果一次有损声誉的收益不足以对抵声誉的损失,信用评级机构将会一直追求高质量的评级产品,以此来保持和增强自己的声誉资本,使得声誉资本能在将来产生更高的声誉租金。相反,如果有损声誉的行为所产生的收益大于声誉减损的损失,则存在信用评级机构以未来收益的减损换取近期收益的可能性。

声誉资本对信用评级机构的约束事实上成为了一种市场的自发性行为。[①]声誉机制促使信用评级机构采取各种措施尽力保持客观中立地位,防止信用评

---

① 刘飓.后危机时代信用评级机构的规制框架与发展趋势[J].银行家,2010:(10).97.

级受到各种利益冲突干扰因素的影响。因为信用评级机构在评级过程中如果尽到更充分的调查,在评级过程中尽力保持客观中立地位,则将会产生更为准确和有价值的评级,并获得更多的声誉积累,增加声誉资本。虽然这种约束机制没有政府约束的强制力,但是,这种约束机制仍会促使信用评级机构向投资者提供更多更有价值的信用评级信息,促使信用评级行业一定程度上保持客观中立地位。

第二节 信用评级机构控制利益冲突的自律措施

市场自律对信用评级机构利益冲突的规制作用主要表现在:由于担心声誉资本的减少,信用评级机构努力建立各种措施控制利益冲突,防止利益冲突对信用评级准确性的影响。① 所以信用评级机构都制定了控制利益冲突的自律措施,主要包括中国墙制度、评级操作规程、内部行为规范等内部管理措施,信用评级机构通过这些措施控制利益冲突对评级的影响,发布高质量的评级以积累声誉,同时也通过这些内部管理措施向市场表明其评级的客观中立性。

一、中国墙制度

SEC 的调查表明,为防止评级业务和营销业务之间的利益冲突、评级业务和附属业务之间的利益冲突,信用评级机构建立了中国墙内部隔离制度。②

(一)评级业务与营销业务的中国墙隔离

为防止费用协商的考虑影响到评级过程的公正性,信用评级机构规定评级分析人员不得参与费用谈判,将评级分析与费用协商两种业务分隔开来。例如穆迪规定分析师不得参与费用谈判,在运营上将评级活动与非评级活动区分开。③ 又如惠誉将业务拓展与信用分析两种业务进行分离,涉及信用评级的个人不参与和发行人进行的任何费用谈判。④

---

① CROCKETT, ANDREW, ed. Conflicts of Interest in the Financial Services Industry: What Should We Do about Them? [M]. Geneva: International Centre for Monetary and Banking Studies. London: Centre for Economic Policy Research, 2004. 7.

② SEC. Report on the Role and Function of Credit Rating Agencies in the Operation of the Securities Markets (January 2003) [EB/OL] p. 23. http://www. treasurers. org/system/files/credratingreport0103. pdf, 2011 - 07 - 14.

③ 占硕. 信用评级监管:后危机时代的变革与借鉴[J]. 征信,2010(3):44.

④ 同上。

(二)评级业务和附属业务的中国墙隔离

在美国开启信用评级机构监管改革之前,评级业务和附属业务之间的利益冲突都是依赖信用评级机构建立的中国墙制度来控制的。由于隔离墙的规定,信用评级机构的评级业务和附属业务由不同的部门或者不同的项目小组完成。但是,SEC 的调查显示,评级业务和附属业务之间的中国墙隔离措施并没有取得控制利益冲突的实际效果。① 次贷危机也从实践的角度证明信用评级机构内部建立的评级业务和附属业务之间的中国墙制度是无效的。因此 SEC 在监管规则中对附属业务作了限制性规定。

信用评级机构内部制定中国墙隔离措施与监管部门规定的防火墙制度的性质是不同的,防火墙属于法定风险隔离措施的一部分,强调对风险因素的他律规范,拒不设置防火墙或违规设置防火墙在许多国家属于违法行为,会受到法律制裁;中国墙是金融机构自身设置的自律性机制,强调经营者的自我约束,在多数情形下,违反中国墙的要求被视为管理混乱,而不属于违法行为。②

二、评级操作规程

信用评级机构所制定的评级操作规程不仅包括评级技术方面的内容,而且在评级流程中规定了对利益冲突进行控制的内容,主要有:

(一)评级基础信息收集阶段应审慎调查

信用评级机构在评级流程控制中要求评级人员对被评级方尽职调查,防止由于双方的亲密关系使分析人员对被评级方提供的资料疏于调查核实,或者防止由于分析人员对被评级方的偏爱而作出有利于被评级方的资料收集。例如穆迪在评级程序中规定,分析人员应以深入和全面的方式尽力收集所需要的分析信息。③ 我国大公国际资信评估有限公司同样规定了评级过程中的尽职调查流程要求,要求项目小组必须对评级对象进行全面调查,充分了解评级对象的经营情况及面临的风险和问题,根据评级对象所处行业、业务的不同特点,详细

---

① SEC. Report on the Role and Function of Credit Rating Agencies in the Operation of the Securities Markets(January 2003) [EB/OL]. http://www. treasurers. org/system/files/credratingreport0103. pdf, 2011 – 07 – 14.

② 陈振福. 论对金融混业经营中利益冲突的法律规制(博士学位论文). 北京:对外经济贸易大学,2005. 72.

③ Moody's. Form NRSRO Application (Exhibit 2 Procedures and Methodologies Used to Determine Credit Ratings) [EB/OL]. http://v2. moodys. com/cust/content/loadcontent. aspx? source = staticcontent/Free% 20Pages/Regulatory% 20Affairs/NRSRO. htm, 2011 – 07 – 12.

收集评级资料,进行实地调查和其他形式的补充调查。①

(二)设立内部审核岗位对评级过程进行监督

例如标准普尔设立了"责任方"(responsible party),授权责任方对信用评级过程中所使用的评级技术和模型进行复核,以确保评级的客观公正。② 这种责任方的岗位属于内部审核岗位,执行内部控制职责。

(三)评级决定阶段力求做到客观中立

例如规定信用评级的决定最终由评级委员会做出,而评级委员会是由评级机构内部各部门的人员组成,克服了信用评级分析人员由于与被评级方的过于亲密接触影响评级结果。③ 惠誉就规定评级应由委员会决定,所有评级准则均由跨团队委员会审查。④ 又如,为了保证评级过程的独立与客观,标准普尔规定对评级结果的审议和评级委员会成员的人选对外保密,不能透露给证券发行人。⑤ 防止发行人对评级委员会成员的决定进行干扰。

三、内部行为规范

信用评级机构通常制定了详细的内部行为规范(the internal code of conducts),这些行为规范既是企业内部管理的需要,也是利益冲突规制的重要内容。次贷危机后,信用评级机构加强了控制利益冲突方面的内部行为规范,某些措施甚至比 SEC 制定的监管规则更为严格。

(一)禁止评级机构内部人员与被评级方的关系超出正常商业关系和个人关系

信用评级机构内部人员与被评级方的关系超出正常商业关系的情况下,将可能影响评级结果的准确性。信用评级机构在其内部行为规范中根据本身的实际情况进行了规定,例如标准普尔规定,在评级委员会会议日期前六个月内,

---

① 中国证券业协会. 大公国际资信评估有限公司信用评级程序[EB/OL]. http://www. sac. net. cn/newcn/home/ink_detail. jsp? info_id = 1198634368100&info_type = CMS. STD&cate_id = 1198222201100, 2011 - 07 - 12.

② STANDARD & POOR'S. S&P's Steps to Further Manage Potential Conflicts of Interest, Strengthen the Ratings Process, and Better Serve the Market (Apr. 10, 2008)[EB/OL]. http://www2. standardand-poors. com/spf/pdf/media/Leadership_Actions_Full_Update. pdf, 2011 - 05 - 22.

③ SEC. Report on the Role and Function of Credit Rating Agencies in the Operation of the Securities Markets(January 2003)[EB/OL]. p. 23. http://www. treasurers. org/system/files/credratingreport0103. pdf, 2011 - 07 - 14.

④ 占硕. 信用评级监管:后危机时代的变革与借鉴[J]. 征信,2010(3):44.

⑤ 盛世平. 美国证券评级机构的法律责任[M]. 南京:南京大学出版社,2005. 216.

在被评级方任职的人员、与被评级方存在商业关系且可能导致利益冲突的人员,不得参与评级或者影响评级决定;①标准普尔的员工不得与被评级方有超出正常商业领域的借贷关系。②

对于评级人员与被评级方存在特殊个人关系的情况,如配偶或者亲属在被评级方任职等情况,信用评级机构也进行了规定。如惠誉规定,分析人员涉及任何个人关系且产生潜在或者现实利益冲突情况下,应向管理层报告。③

信用评级机构对于商业关系和个人关系方面的自我规制措施不仅可有效防止利益冲突行为,而且解决了行政监管工作的难点。正常商业关系是一种较为抽象的概念,难以事先进行具体的界定,某种商业关系是否属于正常的商业关系往往需要个案分析,一种情况下的正常商业关系在另一种情况下并非属于正常的商业关系,所以商业关系对信用评级利益冲突的影响是行政监管的难点,而信用评级机构可以根据自身情况对正常商业关系进行认定,并进行实时监控。同样对于评级人员与被评级方存在特殊个人关系的情况,如配偶或者亲属在被评级方任职等情况,SEC 规则并没有明确的禁止性规定,所以信用评级机构的自律规制措施不仅是市场自律功能的重要体现,也成为监管工作的重要补充。

(二)禁止员工及其亲属拥有被评级的证券或货币市场工具

当信用评级分析人员拥有被评级方的证券时,无法保障信用评级分析人员的客观中立地位,信用评级机构在这方面的自我规制措施主要有:

第一,参与评级的分析人员和负责批准评级的人员及其直系亲属(immediate family members)不得拥有被评级的证券或货币市场工具、被评级实体担保的证券以及以被评级证券为基础的衍生证券。例如惠誉在内部行为规范中说明,对于其员工所负责分析的实体所发行、担保或支持发行的证券及其衍生品,禁止该员工及其配偶(spouses)、伴侣(partner)或者子女(minor children)购买、销

---

① STANDARD & POOR. Standard & Poor's Ratings Services Code of Conduct § 2. 13 (2008) [EB/OL]. http://www2. standardandpoors. com/spf/pdf/fixedincome/Ratings_Services_Code_of_Conduct_December_2008. pdf, 2011 – 05 – 22.

② STANDARD & POOR. Standard & Poor's Code of Ethics for Credit Market Services and Segment § § B. 3 (2007) [EB/OL]. http://www2. standardandpoors. com/spf/pdf/fixedincome/1. % 20Standard% 20&% 20Poors% 20Code% 20of% 20Ethics% 20for% 20Credit% 20Market% 20Services% 20and% 20Segment% 20. . . . pdf, 2011 – 05 – 22.

③ FTICH. Fitch Code of Conduct § 2. 2. 16 (2009) [EB/OL]. http://www. fitchratings. com/web_content/credit_policy/code_of_conduct. pdf, 2011 – 05 – 22.

售或者参与交易。① 穆迪的内部行为规范中也有同样的规定。②

第二，不管是否直接参与评级，评级机构内部人员及其家庭成员都不得直接持有被评级的证券。为了防止评级机构内部人员及其家庭成员的行为对评级分析人员可能产生的影响，最大限度地防止利益冲突，DBRS、Egan-Jones 和 LACE Financial、R&I 等信用评级机构在内部行为规范中都禁止内部人员及其家庭成员直接持有被评级的证券，不管他们是否参与评级过程。例如 DBRS 内部行为规范规定：评级分析人员及其直系亲属（immediate families）不得买卖、销售或持有被 DBRS 评级的证券，其他 DBRS 职员也不得投资被 BDRS 评级的证券，但是分散的集合投资计划、主权国家及其政府发行的证券除外。③

信用评级机构的上述自律措施比监管机关发布的规则更为严格，SEC 发布的 17g-5 规则禁止参与评级人员直接持有被评级的证券，对于没有参与评级的人员直接持有被评级证券的情形则没有做出规定。④ 对于某些大型评级机构，其评级对象较广，包括了许多公共公司，禁止评级人员的家庭成员持有被评级公司证券的规定打击面较广，但是为了最大限度地防止利益冲突对信用评级的影响，信用评级机构在自律方面做了严格的规定。

（三）信用评级机构员工在外部任职应经过批准

信用评级机构对员工在外部任职都进行了严格规定，要求员工在外任职应得到信用评级机构的批准，以防止因交叉任职产生的利益冲突。如 Realpoint 规定，在获得公司的事先批准之前，任何人员不得在公共交易公司（a publicly traded company）担任董事或者其他管理职务。⑤ 又如 A. M. Best 规定，如果公司人员在任何政府等公共机构或者任何自律团体中任职会产生实际或者潜在的利益冲突时，公司内部人员不得在这些机构任职。⑥

信用评级机构的这些自律措施比 SEC 发布的规则更为严格，SEC 发布的规则 17g-5(c)(4)规定，在参与决定信用评级的信用分析员或者负责批准

① FTICH. Fitch Code of Conduct § 2.2.14（2009）[EB/OL]. http://www.fitchratings.com/web_content/credit_policy/code_of_conduct.pdf, 2011-05-22.
② MOOD'S. Moody's Code of Professional Conduct § 2.14（2008）[EB/OL]. http://www.moodys.com/professional conduct, 2011-05-22.
③ DBRS. DBRS Code of Conduct § 2.14（2009）[EB/OL]. http://www.dbrs.com/research/228896, 2011-04-02.
④ 17 C.F.R. § 240.17g-5（2010）.
⑤ REALPOINT LLC. Realpoint LLC Code of Ethics § II.E（2007）[EB/OL]. https://www.realpoint.com/PublicDocs/NRSRO%20Application.pdf, 2011-04-02.
⑥ A. M. BEST. A. M. Best Code of Conduct § III.2.2(a)(iii)-(iv)（2009）[EB/OL]. http://www.ambest.com/nrsro/Code.pdf, 2011-04-02.

信用评级的人员是接受评级方的高级职员或董事(an officer or director)的情况下,禁止 NRSRO 发布或维持信用评级。① SEC 规则没有禁止非参与评级人员在被评级方任职的情况,因此信用评级机构的自律措施比 SEC 规则的规定更为严格。

(四)禁止收受礼物规定

为了最大限度地减少收受礼品给评级活动带来的不正当影响,信用评级机构对收受礼物做了严格的规定:第一,信用评级机构所有内部人员,不管是否参与评级,都不得收取来自与信用评级机构存在商业关系的一方提供的超出一定价值的礼物;②第二,某些评级机构不仅禁止机构内部人员收受礼物,而且禁止机构内部人员的直系亲属(immediate family members)从被评级方收受礼物。例如 Egan-Jones Ratings Company 规定,任何员工及其家庭成员不得接受与评级机构存在商业关系的一方所提供的礼物,偶然的正常价值的非现金礼物除外。③

信用评级机构禁止收受礼物的自律措施比监管规则更为严格,SEC 发布的规则规定,当参与评级的分析人员,或负责批准信用评级的人员,从被评级的债务人或被评级证券的发行人、承销商或发起人处收取礼物(包括娱乐)时,禁止 NRSRO 发布或维持信用评级,正常商业活动例如会议所提供的总价值不超过 25 美元的物品除外。④ 信用评级机构禁止收受礼物的自律措施明显比 SEC 的规则更为严格,更为严格的规定使信用评级机构能切实防范利益冲突,同时也向市场表明其控制利益冲突的决心。

---

① 17 C. F. R. § 240. 17g - 5(c)(4)(2010).

② JCR Code of Conduct art. 26 (2008) [EB/OL]. http://www.jcr.co.jp/english/criterion/pdf/coce_e20081222. pdf, 2011 - 04 - 02. DBRS Code of Conduct § 2. 15 (2009) [EB/OL]. http://www.dbrs.com/research/228896, 2011 - 04 - 02. Realpoint LLC Code of Ethics § II. D (2007) [EB/OL]. https://www.realpoint.com/PublicDocs/NRSRO% 20Application. pdf, 2011 - 04 - 02. Fitch Code of Conduct § 2. 2. 15 (2009) [EB/OL]. http://www.fitchratings.com/web_content/credit_policy/code_of_conduct. pdf, 2011 - 04 - 02. Moody's Code of Professional Conduct § 2. 15 (2008) [EB/OL]. http://www.moodys.com/professional conduct, 2011 - 04 - 02. Standard & Poor's Ratings Services Code of Conduct § 2. 15 (2008) [EB/OL]. http://www2. standardandpoors. com/spf/pdf/fixedincome/Ratings_Services_Code_of_Conduct_December_2008. pdf, 2011 - 04 - 02.

③ EAGAN-JONES. Egan-Jones Ratings Company Code of Ethics and Business Conduct, "Fair Dealing" section (2008) [EB/OL]. http://www. egan-jones. com/assets/docs/Form_NRSRO_July_2008. pdf, 2011 - 04 - 02.

④ 17 C. F. R. § 240. 17g - 5 (2010).

第三节　信用评级利益冲突市场自律规制评析

从 20 世纪初产生现代意义上的信用评级机构开始,信用评级机构的发展被认为是声誉驱动的结果,声誉被认为是信用评级业实行自律而无需政府监管的理论依据。不仅信用评级机构标榜自身具有良好的声誉来试图回避监管,理论界和监管部门同样认为市场自律已经可以很好的约束信用评级机构,无需采取行政监管措施。例如 Frank Partnoy[①] 和 Steven L Schwarcz[②] 等学者都从声誉的角度阐述了信用评级市场自律的有效性。在 21 世纪之前,各国监管部门也都推崇信用评级机构的自律,反对采取监管措施,如欧盟尽管在早期就对信用评级行业进行调查,但是直到最近几年才开始采取监管行动。[③] 信用评级市场自律在信用评级行业发展过程中发挥了重要的作用,在整个 20 世纪甚至成为排除信用评级行政监管的理由。由于信用评级机构自身利益追求的影响,以及 20 世纪后半期信用评级行业垄断状态的形成和监管特权的膨胀,市场自律机制的约束作用受到削弱。

一、市场自律对利益冲突的积极规制作用

由于自律措施是信用评级机构为了自身利益所制定的,所以当信用评级机构试图通过发布准确评级以赢得市场,赢得声誉时,自律措施便会在控制利益冲突方面发挥重要的作用。尤其在信用评级内部人员层面的利益冲突规制方面,信用评级机构内部人员追求个人利益与客观公正评级之间的利益冲突损害了客观公正评级的利益要求,在满足信用评级机构内部人员利益的同时,也给信用评级机构造成利益的损失,在这种情况下信用评级机构具有采取自律措施控制内部人员利益冲突行为的动机。

第一,信用评级机构的某些自律措施比监管规则更严格。有些信用评级机构在市场压力下所采取的自律措施比监管规则的要求更为严格,例如大型信用评级机构的评级对象较广,包括了许多公共公司,如果禁止评级人员的家庭成员持有被评级公司证券,将造成打击面较广,所以 SEC 禁止参与评级人员直接

① PARTNOY, FRANK. The Siskel and Ebert of Financial Markets?: Two Thumbs Down for the Credit rating Agencies[J]. *Washington University Law Quarterly*, 1999, 77: 627.

② SCHWARE, STEVEN L. Private Ordering of Public Markets: the Rating Agency Paradox[J]. *University of Illinois Law Review*, 2002:1.

③ THOMAS M. J. MöLLERS, Regulating Credit Rating Agencies: the New US and EU Law—Important Steps or Much Ado about Nothing? [J]. *Capital Markets Law Journal*, 2009, 4 (4): 482.

持有被评级的证券,对于没有参与评级人员直接持有被评级证券的情形则没有做出规定,但是有些信用评级机构的自律措施规定,不管是否直接参与评级,信用评级机构内部人员及其家庭成员都不得直接持有被评级的证券。同样对于评级人员与被评级方存在特殊个人关系的情况,如配偶或者亲属在被评级方任职等情况,SEC 规则也没有明确的禁止性规定,但是有些信用评级机构规定了严格的自律措施。

第二,信用评级机构的某些自律措施补充了监管盲点。对于行政监管难以涉及的利益冲突领域,自律措施发挥了有效的自我规制作用。例如,信用评级机构内部人员与被评级方的关系超出正常商业关系的情况下,将可能影响评级结果的准确性,但是正常商业关系是一种较为抽象的概念,难以事先进行具体的界定,商业关系是否正常往往需要个案分析,一种情况下的正常商业关系在另一种情况下并非属于正常关系,所以商业关系对信用评级利益冲突的影响是行政监管的难点,而信用评级机构可以从自身实际情况对正常商业关系进行认定,并采取自律措施,解决了监管工作的难点。

二、市场自律对利益冲突规制的局限性

作为一种利益驱动的自我约束机制,市场自律仍有其局限性。声誉约束本质上是一种利益约束,信用评级机构维护声誉的目的是为了本身利益最大化,信用评级机构总是在影响声誉的风险与公司利益最大化之间进行选择。尽管信用评级机构强调公正评级的重要性,并建立了中国墙制度、评级操作规程、内部行为规范等自律措施防止利益冲突对信用评级客观公正的影响,但是这些措施都是服从于信用评级机构的自身利益需要,并随着公司利益的需要进行调整,或者为了公司的短期利益并没有得到落实,使得信用评级机构制定的自律措施在规制信用评级利益冲突方面存在失效的情况,例如人员层面的利益冲突,当评级人员在被评级方任职有利于信用评级机构利益时,信用评级机构不仅没有禁止,而且积极鼓励这种行为。

(一)中国墙隔离措施的失效

在中国墙安排上,三大信用评级机构都禁止评级分析员参与评级费用协商,但是不一定能执行到位,在 SEC 听证会上,一个评级服务接受方证明,他知道至少有一个案例,分析员参与了对其公司的附属服务营销。[①] 有的信用评

① SEC. Report on the Role and Function of Credit Rating Agencies in the Operation of the Securities Markets (January 2003) [EB/OL]. p. 43. http://www. treasurers. org/system/files/credratingreport0103. pdf, 2011 – 07 – 14.

机构允许分析部门的管理人员参与费用协商,①所以分析人员仍然知悉该评级对信用评级机构自身商业利益的影响,由此对评级分析人员间接产生压力,使分析人员和发行人之间的中国墙隔离在一定程度上失效。

（二）评级操作规程的执行不力

在评级流程控制上,信用评级机构尽管设立了合格审查制度,但是对抵押贷款证券作出最高评级的业务人员被穆迪安排到合规审核岗位上,在 2007 年次贷爆发前,穆迪的一位员工提出住房市场对评级影响的警告,但随之被穆迪解雇,使合格审查制度形同虚设。②

尽管信用评级机构制定的评级操作规程要求评级分析人员在评级过程中尽到适当审慎(due diligence)的义务。③ 然而事实证明,在评级过程中,信用评级机构仍没有尽到适当审慎。安然事件是信用评级机构未能尽到审慎调查的典型案例。美国国会工作组报告显示,尽管安然公司的管理人员向信用评级机构提供了虚假信息,但是评级分析人员没有充分审查安然财务报告的细节之处,没有调查不透明的披露内容,没有审核安然管理人员的陈述,特别是评级过程中没有将安然激进的财务处理方式作为衡量因素。所以,国会调查组认为,信用评级机构未能尽到必要的严谨(necessary rigor),以确保其对复杂公司进行合理的分析。④

次贷危机是信用评级机构未尽审慎调查而产生评级失实的又一典型事件,在结构金融产品评级中,信用评级机构表现出不应有的松懈,对评级是否能准确反映被评级对象的风险状况漠不关心。在 2008 年的国会听证会上,Coffee 陈述说明,在结构金融产品评级中,信用评级机构没有对发行人提供的信息进行审计、论证,甚至没有进行抽样调查。⑤

① LYNCH, TIMOTHY E. Deeply Persistently Conflicted: Credit Rating Agencies in the Current Regulatory Environment[J]. *Case Western Reserve Law Review*, 2009, 59 (2): 259.

② DEVINE, ELIZABETH. The Collapse of an Empire? Rating Agency Reform in the Wake of the 2007 Financial Crisis[J]. *Fordham Journal of Corporate & Financial Law*, 2011, 16. 7.

③ LYNCH, TIMOTHY E. Deeply Persistently Conflicted: Credit Rating Agencies in the Current Regulatory Environment[J]. *Case Western Reserve Law Review*, 2009, 59 (2): 251.

④ SEC. Report on the Role and Function of Credit Rating Agencies in the Operation of the Securities Markets (January 2003) [EB/OL]. p. 32. http://www. treasurers. org/system/files/credratingreport0103. pdf, 2011 – 07 – 14.

⑤ COFFEE, JOHN C. Turmoil in the U. S. Credit Markets: The Role of Credit Rating Agencies: Hearing Before the S. Comm. on Banking, Housingand Urban Affairs, 110th Cong. 2 (Apr. 22, 2008) [EB/OL]. p. 9. http://banking. senate. gov/public/index. cfm? FuseAction = Files. View&FileStore_id = 94ccc2ab – 8401 – 4e4c – a1b2 – 71f36a9fd25b, 2010 – 10 – 01.

2008 年 4 月华尔街杂志(*Wall Street Journal*)刊登了一篇文章,对穆迪在次贷危机前的不谨慎行为进行了披露,当一些评级分析人员提议给予某些结构产品较低的评级后,这些评级分析人员要么被解雇要么被调离,所更换的评级分析人员给予了较高的评级。当发行人向穆迪表示对评级分析人员不满时,穆迪也可能更换发行人满意的评级分析人员。① 通过这种方式,发行人往往得到所希望的评级结果,而信用评级机构也因此扩大了业务来源,提高了业务收入,但是因此影响了评级的客观公正。

安然事件和次贷危机所存在的信用评级失实行为是较为重大的事件,因而引起了市场广泛的关注,那么这种现象是信用评级机构未尽审慎的个别现象,还是存在较为普遍的现象? 有的学者认为,鉴于信用评级机构在次贷危机中的表现较为相似,并且,信用评级机构在 WorldCom 和 Global Crossing 的信用评级中失实表现呈现出的相似现象,因此可以合理的(plausible)推定信用评级行业存在广泛的放纵问题。

(三)内部行为规范的变通执行

在内部行为规范上,尽管信用评级机构要求员工不得在外兼职以影响信用评级的客观中立,但是却不能控制为了公司利益的高级管理人员的兼职。如穆迪董事长 Clifford Alexander 曾担任过 WorldCom 的董事会成员。尽管 Clifford Alexander 坚称这种关系不会影响穆迪对 WorldCom 所作评级的客观性,但穆迪直到 WorldCom 濒临破产前夕才匆忙降低其信用等级,在某种程度上反映出这种裙带关系影响了穆迪评级的中立性乃至客观性。②

三、市场自律规制局限性的原因

市场自律规制方式在信用评级业发展的早期起重要的规制作用,也为信用评级业赢得了较好的声誉,但由于信用评级机构自身利益追求的影响,以及 20 世纪后半期信用评级行业垄断状态的形成和监管特权的膨胀,市场自律机制的约束作用受到削弱。

(一)垄断市场状态破坏声誉约束机制

自从穆迪、标准普尔和惠誉三个信用评级机构获得 NRSRO 资格后,在长期的发展中,形成了三个信用评级机构的垄断局面。经济学家通常用赫芬达尔—

---

① LUCCHETTI, AARON. Rating Game: As Housing Boomed, Moody's Opened Up [N]. *The Wall Street Journal*, 2008 – 04 – 11(AI).

② 缪心毫. 跨境资产证券化中的私人治理法律问题研究(博士学位论文)[D]. 厦门:厦门大学,2007. 157.

赫希曼指数(Herfindahl Hirschman Index,简称 HHI)来衡量市场集中程度。HHI
是由 Herfindahl 和 Hirschman 二人于 1964 年提出来的,用公式表示为:

$$HHI = \sum_{i=1}^{n} S_i^2$$

其中,S_i 为第 i 个企业所占的市场份额。[1] 如果市场中有 5 家企业,A 企业
的市场份额为 30%,B 为 25%,C 为 25%,D 为 10%,E 为 10%,则 HHI = 30^2 −
$25^2 + 25^2 + 10^2 + 10^2 = 2350$。美国企业《并购指南》认为:HHI 低于 1000 的市场
集中度被认为是集中度较低,HHI 位于 1000 ~ 1800 之间的市场为中度集中,
HHI 高于 1800 的市场为高度集中。[2]

　　信用评级机构所从事的评级业务主要包括金融机构评级、保险公司评级、
公司债券发行人评级、资产支持证券评级、政府债券评级。SEC 于 2011 年 1 月
发布了《2010 年 NRSRO 年度报告》对 10 家 NRSRO 在 2009 年从事的上述五类
信用评级数量进行了统计,统计结果如表 2 − 1 所示,2009 年 10 家 NRSRO 共进
行了 2905824 次评级,其中惠誉的评级数量为 511735,穆迪的评级数量为
1081841,标准普尔的评级数量为 1231600,三家信用评级机构的数量合计
2825176,占全部数量的 97.2%,可见三大信用评级机构垄断了评级市场的大部
分业务。

表 2 − 1　　　　　　主要信用评级种类市场分布情况

NRSRO	Financial Institutions	Insurance Campanies	Corporate Issuers	Asset-Backed Securities	Government, Municipal & Sovereign	Total Ratings
A. M. Best	3	5364	2246	54	0	7667
DBRS	16630	120	5350	8430	12400	42930
EJR	82	45	853	14	13	1007
Fitch	72311	4599	12613	69515	352697	511735
JCR	156	31	518	64	53	822
LACE	17263	60	1000	0	61	18384
Moody's	76801	5455	31008	106337	862240	1081841
R&I	100	30	543	186	123	982

① 董红霞. 美国欧盟横向并购指南研究[M].北京:中国经济出版社,2007. 76 − 77.
② 同上,第 77 − 78 页。

续 表

NRSRO	Financial Institutions	Insurance Campanies	Corporate Issuers	Asset-Backed Securities	Government, Municipal & Sovereign	Total Ratings
Realpoint	0	0	0	8856	0	8856
S&P	52500	8600	41400	124600	1004500	1231600
Total	235846	24304	95531	318056	2232087	2905824
HHI	2599	2601	3145	3145	3767	3495

资料来源：SEC：2010 年 NRSRO 年度报告，2011.01.①

用经济学家和美国政府所通常使用的 HHI 指数计算，A. M. Best 的市场份额为 0.26385%，DBRS 的市场份额为 1.47738%，EJR 的市场份额为 0.03465%，Fitch 的市场份额为 17.61067%，JCR 的市场份额为 0.02829%，LACE 的市场份额为 0.63266%，Moody's 的市场份额为 37.23009%，R&I 的市场份额为 0.03379%，Realpoint 的市场份额为 0.30477%，S&P 的市场份额为 42.38385%，因此：

$$HHI = 0.26385^2 + 1.47738^2 + 0.03465^2 + 17.61067^2 + 0.02829^2 + 0.63266^2 + 37.23009^2 + 0.03379^2 + 0.30477^2 + 42.38385^2 = 3495.354555$$

计算得出的结果是 HHI 指数为 3495，根据美国企业《并购指南》的规定，高于 1800 为高度集中，而信用评级行业的 HHI 指数为 3495，接近高度集中数值的两倍，因此可以认为美国信用评级行业存在高度集中的现象。

根据对竞争的限制程度分析，不完全竞争的市场结构可分为垄断竞争、寡头竞争和自然垄断。信用评级市场属于寡头竞争市场，寡头竞争是只有几个生产者的垄断，他们或出售完全相同的产品，或者出售具有某些差别的产品，穆迪、标准普尔和惠誉三家评级机构处于寡头垄断的地位。

从声誉约束发生作用的条件看，只有在竞争性市场中，市场主体才能在不同的生产者中进行选择，对生产者形成约束，一旦形成非竞争性市场，将影响声誉约束作用的发挥。信用评级使用人只有在竞争性市场中，才能在不同声誉的信用评级机构之间进行选择，惩罚声誉较差的信用评级机构，鼓励声誉较高的信用评级机构。所以说，声誉机制发挥作用的重要条件在于交易方具有选择是

① SEC. Annual Report to Congress under Section 6 of the Credit Rating Agency Reform Act of 2006 (January 2011 Report) [EB/OL], p. 5. http://sec.gov/divisions/marketreg/ratingagency/nrsroannrep0111.pdf, 2011 − 01 − 12.

否继续交易的权利和选择其他竞争者的机会以及市场的信息透明。在垄断的评级市场中,被评级对象处于相当弱势的地位,缺乏选择自由,信息披露也并不充分,声誉机制的实现受到很大的限制,信用评级机构的投机行为得不到相应的惩罚,自然有了足够的动力屈从于眼前的利益而忽视对声誉的维护。① 因此信用评级机构的寡头垄断对声誉机制功能的实现造成了影响。

垄断状态也使得信用评级行业自律受到影响。行业自律是在竞争中基于行业长期发展利益之上形成的行业自律,但由于信用评级行业的垄断状态,行业长期发展利益受到垄断利益的影响。尽管美国信用评级机构发展有 100 多年的历史,但是长期没有成立行业组织,缺乏行业的规制力量。

(二)信用评级监管特权弱化声誉约束力量

市场自律主要表现为市场主体之间的评价和交易选择,这种评价和选择影响了相关市场主体的行为。当市场主体以信用评级是否客观准确为选择标准时,市场主体以具有评级准确性良好声誉的信用评级机构为交易选择对象。而一旦市场主体并非以评级准确性为选择信用评级机构的标准时,将会影响声誉机制的作用。

当信用评级具有监管许可功能时,即使评级结果错误,发行人获得较高评级同样意味着获得了资本市场的"通行证",所以发行人以追求有利于自身的评级结果为首要条件而选择评级机构。当监管规则援引 NRSRO 评级作为免除某些义务的条件,或者作为某些投资者进行投资的规定后,信用评级具有监管许可的功能,某些发行人付费进行评级的目的在于免于承担某些义务,或者能够将债权出售给某些受监管规则影响的投资者,对于发行人来说,其获得较高评级的目的不在于解决信息不对称问题,而是为了获得监管收益。

所以,法律赋予信用评级机构 NRSRO 的资格宣告了他们具有认可和批准的权力,信用评级机构的特权成为发行人选择评级机构的考虑因素,影响了声誉机制作用的发挥,弱化了声誉约束力量。

(三)信用评级机构利益最大化的考量

市场自律表现为一种利益约束,各种市场主体具有趋利的本性,总是从有利于自身的盈利前景进行经营决策。从信用评级机构方面看,信用评级机构积累声誉、获得市场青睐的目的是为了获得更高的盈利,而如果存在其他因素使其声誉损失为代价产生的收益超过了良好声誉可能获得的盈利,则信用评级机构基于收益的考量可能以声誉为代价换取更高的收益。

---

① 楚建会.美国信用评级机构反垄断规制研究[J].经济研究导刊.2011(11):139.

例如发行人付费模式从 20 世纪 70 年代开始产生后,其利益冲突就客观存在,在许多产品评级领域,信用评级机构能够通过自我约束控制利益冲突,从而赢得良好的声誉,但是在结构化产品评级中,信用评级机构却未能控制住利益冲突,其中一个重要的原因就是结构金融产品评级市场发行人的影响力非常之大,结构产品评级为信用评级机构带来巨额收益,不实评级所产生的收益大大超过潜在的损失,使信用评级机构置声誉损失于不顾而发布对发行人有利的评级。

结构金融(structured financing)指一种金融技术,将诸如住房按揭贷款、信用卡应收款等集合在一个资产池,以该资产池为基础发行证券的金融技术。2002 年开始,以住房贷款支持证券和债权抵押证券(Collateralized Debt Obligation,简称 CDO)为代表的结构金融产品市场获得了巨大发展。[①] 2004 年至 2006 年,CDO 的发行量从 1570 亿美元增长到 5520 亿美元。[②] 结构产品评级成为信用评级机构业务增长的重要来源,例如穆迪在结构产品评级中的收入在 2003 年至 2008 年之间增长了 87%,且结构产品评级收入在 2006 年占到了全部评级收入的将近一半。[③] 结构产品评级市场收费的巨额增长成为信用评级机构发布不实评级的经济诱因。

同时,结构金融产品评级市场高度集中,发行人的影响力较大,信用评级机构面临较大的评级压力。信用评级机构在所从事的普通公司债券评级中,尽管也是发行人付费模式,但是发行人较为分散,对信用评级机构的影响力也较为分散,信用评级机构基于声誉的考虑往往能够自我约束而发布客观公正的评级。但是结构产品评级市场与一般信用评级市场的重要差别在于发行人对于信用评级机构的影响力较大。在一般的公司债券评级中,成千上万的发行人构成了整个债券评级市场,每一个发行人提供的评级收费只是信用评级机构全部收入一小部分,并且债券发行人重复发行债券的可能性较小,因此每个发行人对信用评级机构所产生的影响力较小。

依据 SEC 在 2008 年所进行的抽样统计,在所抽取的 642 件结构产品交易中,从交易的数量和交易的金额两方面分析,12 个发起人和发行人占有了 80% 的结构金融产品发行市场份额。又如在另一个抽样调查中,SEC 选取了 368 个

① BARREIRO, RODIEGO AVILA. Assessing the Role of Regulation and Corruption in Capital Market Failure: the Case of Credit Rating Agencies and Structured Finance[EB/OL]. p. 37. http://www. etd. ceu. hu/2010/avila-barreiro_rodrigo. pdf, 2011 – 06 – 14.

② DERYN, DARCY. Credit Rating Agencies and the Credit Crisis: How the "Issuer Pays" Conflict Contributed and What Regulators Might Do about It[J]. *Columbia Business Law Review*, 2009 (2): 638.

③ Id.

CDOs 评级业务,发现这些 CDOs 的承销商共有 26 个,从交易数量和交易金额衡量,其中 11 个发行人占了其中的 92% 和 80%。可见结构产品评级市场是多么的集中,少数的发行人成为信用评级机构的长期客户,这样的集中使信用评级机构过于依赖某些发行人,信用评级机构存在迎合发行人需要的评级压力。

因此,信用评级机构在结构金融产品评级中未能有效控制利益冲突影响的重要原因是,信用评级机构作为营利机构具有趋利的本性,企业利益最大化的考量影响了企业的行为,而结构金融产品评级带来的较大收入使信用评级机构牺牲声誉为代价追求近期利益。相反,其他评级服务收入在信用评级机构收入中所占的比例较低,与结构金融产品评级相比较,信用评级机构比较有动力控制利益冲突,这也说明了在结构金融产品评级中,信用评级机构的声誉受到严重打击,但是在其他评级服务中,信用评级机构仍然具有较好的声誉。

第四节　市场自律局限性的解决措施及其有效性

针对上述自律措施局限性的原因,可以采取减少对 NRSROs 的过度依赖、对评级行业新进入者实行倾斜扶持政策、明确 NRSRO 授予条件和认可程序等方式来促进市场自律规制作用的发挥,但是这些措施的效果仍然具有局限性,由此说明了对信用评级利益冲突采取司法、行政监管方式的必要性。

一、减小对 NRSRO 的过度依赖

自从 20 世纪 70 年代 SEC 在经纪交易商净资本规则中(The Net Capital Rule)使用 NRSRO 概念后,保险、银行等金融领域以及联邦和州的大量立法文件援引 NRSRO 的信用评级作为监管标准,NRSROs 从而获得实质的"监管许可"(regulatory licenses)权力。大量的证券投资者只能投资于被 NRSRO 评为投资级别的证券,因此证券发行人只得将评级业务交给具有 NRSRO 资格的信用评级机构,没有 NRSRO 资格的信用评级机构即使发布了评级报告,也不具有监管许可的作用,所以非 NRSRO 资格的信用评级机构参与竞争面临着巨大的障碍。监管规则对 NRSRO 信用评级的援引使 NRSRO 具有竞争方面的优势,非 NRSRO 发布的评级不能被监管规则援引而在竞争中处于弱势。

同时,由于监管规则对 NRSRO 信用评级的援引,使 NRSRO 具有监管许可的权力,发行人请求信用评级并非以评级准确性的声誉来选择信用评级机构,而是为了应付监管规则的要求选择具有 NRSRO 资格的信用评级机构,由此弱化了声誉约束机制。

所以 NRSRO 制度具有反竞争的后果,其所存在的监管特权弱化了声誉约

束机制的作用,因此应减小对 NRSRO 评级的依赖。次贷危机后,监管部门开始对评级为基础的监管规则进行检讨,讨论是否应该修改援引 NRSRO 评级作为风险测量唯一标准的规定。2010 年《多德—弗兰克法》要求联邦各机构应对所发布的规则中对评级的援引情况进行审核,建立联邦各机构所使用的信用评价标准,消除对于信用评级机构的依赖。①

在立法文件中尽量减少依赖 NRSRO 评级的规定,以及在监管活动中尽可能减少援引信用评级,可以向资本市场传递这样的认识,即 NRSRO 作出的信用评级只是第三方信用评估的一种类型,投资者不应当盲目地将 NRSRO 视为信用风险"判官"而一味遵从,而仅将之作为风险管理的参考因素之一作出自己的投资决策。这种调整的结果可以打破 NRSRO 和非 NRSRO 的界线,即只要非 NRSRO 的风险评估更加准确,自然就成为 NRSRO 的竞争者,并且成为对 NRSRO 评级质量的检验。②

二、对评级行业新进入者实行政策扶持

建立良好的评级声誉对于信用评级机构的经营至关重要。由于建立和维持良好的信用评级声誉需要一定的时间和一个较长的过程,③新成立的信用评级机构在声誉资本上处于弱势,使其与评级巨头的竞争不在同一起跑线上。而经过百年的发展,不论是存量声誉资本方面还是增量声誉资本方面,穆迪、标准普尔等老牌评级巨头比新进入者具有明显的优势。同时声誉资本具有可转移性,信用评级机构可以依赖其在某一领域评级的良好声誉,在其他领域扩张评级业务,保证其在相近领域的扩张优势。所以信用评级行业的新进入者难以和评级巨头展开平等竞争,形成了评级行业现有的竞争格局。

所以有必要对信用评级行业的新进入者实行行业扶持。美国司法部在致 SEC 的函件中认为:NRSRO 的指定必须得到主流评级用户的认可,这一要求让既有评级机构免遭额外竞争,无异于对新进入者树起一道难以逾越的阻碍。所以司法部建议对新进入的信用评级机构进行扶持,由 SEC 赋予其 12 至 18 个月的临时地位,以便其进入角色发挥作用。对信用评级行业的新进入者扶持的另一个更有力措施是,在发行人委托评级时,如果委托拥有长期评级历史的

---

① Dodd-Frank *Wall Street Reform and Consumer Protection Act*, Pub. L. No. 111 - 203, §939A.

② 聂飞舟. 信用评级行业竞争和规制:美国的经验和启示[J]. 证券市场导报. 2001(3):22.

③ SEC. Annual Report to Congress under Section 6 of the Credit Rating Agency Reform Act of 2006(January 2011 Report)[EB/OL]. p. 13. http://sec. gov/divisions/marketreg/ratingagency/nrsroannrep0111. pdf, 2011 - 01 - 12.

NRSRO 作出评级,则应同时委托新进入者作出评级。① 如此,通过扶持信用评级行业的新进入者,可以增强其竞争力,扩大市场竞争,从而促进市场自律机制作用的发挥。

三、完善 NRSRO 授予条件和认可程序

SEC 尽管采用了 NRSRO 概念,但是没有对 NRSRO 的授予条件进行明确的界定,NRSRO 授予条件的模糊与两难构成市场准入的实质障碍,这种情况客观上造成了信用评级市场寡头垄断状态的形成,因此通过完善 NRSRO 制度可以减少市场准入障碍,增强市场竞争。

早期 NRSRO 制度促成垄断状态形成的原因在于 NRSRO 制度本身的缺陷:一是认可标准不清晰。SEC 一直没有明确规定评级机构需要具备什么样的条件或标准才能够成为 NRSRO,只是强调 NRSRO 应是"全国公认"的。但这不可避免地陷入"循环论证",除非已经被指定为 NRSRO,否则不可能被主流评级用户接受,而除非已经被主流评级用户接受,否则不能成为 NRSRO,因此对于大多数的信用评级机构来说,难以达到这样的认可标准。其二,认可过程不透明。SEC 对 NRSRO 的认可采用的是无异议函(no action letter)的方式。无异议函是一种事前认可,也是一种批准,但这种批准比较含蓄,通常由证监会的工作人员以个人名义复函。由于证券监管的问题比较复杂和繁琐,监管者自己经常也是心里没底,于是监管者与被监管者之间达成一种默契,对一些尚在探索中的问题,以无异议函的方式给当事人一颗定心丸,但无异议函只是准规则,并非行政决定。②无异议函认可程序存在很大的不透明,构成了评级市场准入的实际障碍。

因此美国针对上述缺陷从三个方面对 NRSRO 认可制度进行了根本性地改革和完善,在 NRSRO 认可条件、审批程序和所需提交的资料等方面都作了详细规定。

(一)NRSRO 认可条件。《2006 年信用评级机构改革法》在对信用评级、信用评级机构的含义进行了明确界定基础上,规定了 NRSRO 的认可条件。根据法案的规定,《1934 年证券交易法》(Securities Exchange Act of 1934)的第 3 条 a 款增加了第 60 项、61 项和 62 项,第 60 项是关于信用评级的含义,即信用评级是指对一个企业或其发行的特定证券或货币市场工具等债务对象信用质量的评价。第 61 项是关于信用评级机构的含义,即信用评级机构是指符合下列条

---

① 同本页注②,第 23 页。

② 袁敏.美国评级业监管历史、发展动向及述评[J].证券市场导报,2008,(1).27.

件的任何组织:(1)通过因特网或其他易于取得的形式发布信用评级的业务以取得费用或合理收费,但不包括商业信用报告公司(commercial credit reporting company);(2)采用定性或定量或两者兼而有之的模型来决定信用级别;(3)向发行方、投资者或其他市场参与者等主体个别或全部收取费用。第62项规定了NRSRO的认可条件,即NRSRO是指满足以下条件的信用评级机构:(1)按照《1934年证券交易法》15E款申请注册NRSRO之前连续从事信用评级业务超过3年;(2)发布的信用评级经过与《1934年证券交易法》15E(a)(1)(B)(ix)中规定一致的合格机构购买者(Qualified Institutional Buyers)的认可,这些机构投资者包括金融机构、证券经纪商、保险公司或公司发行方、资产支持证券的发行者、政府债券市政债券的发行者以及外国政府证券的发行者等;(3)按照《1934年证券交易法》15E款进行了注册。

(二)提交材料要求。根据《2006年信用评级机构改革法》的规定,《1934年证券交易法》增加了15E款,该款a项规定,提出申请认可为NRSRO的评级机构必须向SEC提供下列申请信息:申请人的信用评级在短期、中期和长期的业绩表现计量统计资料;申请人在决定信用等级中使用的程序和方法;申请人用来防止不恰当使用重大、非公开信息所采用和执行的政策或程序;申请人的组织结构;申请人是否拥有实际执行的道德守则,如果没有,原因何在;与申请人发布信用评级相关的任何利益冲突;在保密的基础上,提供在申请之前的财政年度内,从申请信用评级服务的20个最大的发行人或者订阅人处取得的净收入的材料;根据法案授权发布的2007年SEC规则规定了NRSRO的具体注册程序,规定任何一家NRSRO都必须向SEC申请注册,并保持最新的注册信息,应向SEC提交年度文件,且所有的这些行为都必须以NRSRO格式表(FORM NRSRO)的形式向SEC提交。① NRSRO格式表详细列明了信用评级机构申请注册所要求提供的各种信息。

(三)审批程序。为了消除SEC批准NRSRO中的人为障碍,《2006年信用评级机构改革法》规定了信用评级机构的申请注册程序。根据法案规定所增加的《1934年证券交易法》第15条E款b项规定,SEC应在接到申请材料90天内通过命令(order)的形式给予注册,或者开展相关的程序决定注册是否应该被否决,相关的程序包括向申请人送达拒绝注册理由的通知和给予听证的机会,且应在申请人提交注册材料之日起120天内完成这些程序并作出结论,如果有正当理由并公开正当理由或者征得申请人的同意,SEC作出结论的期限可以延长

① 17 C. F. R. § 240.17g-1 (2010).

不超过 90 天的期限。

根据上述规定，A. M. Best Company, Inc. 、DBRS Ltd. 、Fitch, Inc. 、Japan Credit Rating Agency, Ltd. 、Moody's Investors Service, Inc. 、Rating and Investment Information, Inc. 、Standard & Poor's Ratings Services 等 7 家评级机构于 2007 年 6 月向 SEC 提出申请，同年 9 月 24 日 SEC 授予上述 7 家信用评级机构的 NRSRO 资格。之后，SEC 又于 2007 年 12 月 21 日授予 Egan-Jones Rating Company 的 NRSRO 资格，于 2008 年 2 月 11 日授予 LACE Financial Corp. 的 NRSRO 资格，于 2008 年 6 月 23 日授予 Realpoint LLC 的 NRSRO 资格。[1]

相比于之前无异议函方式的模糊标准，法案和 SEC 规则的规定无疑扫清了无异议函所造成的实质上的市场准入障碍。SEC 在 2009 年度提交的报告中认为，法案所规定的注册程序使信用评级机构更容易注册为 NRSRO，从而促进信用评级市场的竞争。[2] NRSRO 数量的增加将改变信用评级市场长期以来的寡头垄断状态，提高市场竞争状态。

四、自律规制局限性解决措施的有效性分析

然而，上述各种措施乃然只是在一定程度上增强了自律规制作用的发挥，未能有效地解决信用评级机构自身利益最大化考量所带来的自律措施局限性问题，因为资本的本质在于趋利性，监管措施难以改变信用评级机构作为私人资本经营的趋利性，所以信用评级机构追求自身利益的动机未能改变。对于减少信用评级监管援引和增强信用评级市场竞争的各种措施，其效果也是有限的，由此也说明了对信用评级利益冲突采取司法规制、行政监管的必要性。

首先，对信用评级援引的依赖只是在有限程度上减少。监管规则对信用评级的援引所代表的是一种私人治理方式，使监管部门免于对监管对象进行实质审查，而将实质审查的权力交给市场第三方——信用评级机构。如果消除监管规则对信用评级的援引，除非市场上出现信用评级的替代物，否则监管层面临着如何重新评价信用风险的问题。希望由监管部门进行信用风险的评价显然不现实，监管部门未必有能力对信用风险进行评价，即使有能力进行信用风险的评价，但是由于某些监管制度建立在非实质监管的理念之上，监管部门并不享有对监管对象实质评价的权力，如联邦证券法并没有建立实质监管的体系，

---

① SEC. Annual Report to Congress under Section 6 of the Credit Rating Agency Reform Act of 2006 (September 2009 Report) [EB/OL]. p 8. http://sec. gov/divisions/marketreg/ratingagency/nrsroannrep0909. pdf, 2010 - 04 - 11.

② Id., p. 21.

而是建立充分信息披露的监管框架,①这样由监管部门对被监管对象的信用风险进行评价就产生了监管理念的冲突。所以从目前情况来看,不可能完全消除监管规则对信用评级的依赖,只能在一定范围内减小依赖。

其次,通过政策扶持和明确准入条件对垄断的规制效果仍然有限。寡头垄断状态并不因为 NRSRO 数量的增加而能够短时间内改变,因为信用评级是经验产品,评级机构市场份额的提高依赖于声誉的积累,对于新的市场进入者,其声誉的积累也需要一定过程,因此尽管 NRSRO 数量增多,但是充分竞争的市场形成尚需时日。SEC 分别于 2008 年和 2010 年就 NRSROs 的市场份额做了调查,根据调查报告,衡量市场垄断状况的赫芬达尔—赫希曼指数(HHI)由 3778②下降为 3495③,从 2008 年到 2010 年年初,HHI 指数有一定程度的下降,说明了垄断状况有一定程度的缓解,但是信用评级市场的集中度仍然较高。

---

① 缪心毫. 跨境资产证券化中的私人治理法律问题研究(博士学位论文)[D]. 厦门:厦门大学,2007.54.

② SEC. Annual Report to Congress under Section 6 of the Credit Rating Agency Reform Act of 2006 (June 2008 Report) [EB/OL]. p. 35. http://sec. gov/divisions/marketreg/ratingagency/nrsroannrep0608. pdf. 2010 – 04 – 11.

③ SEC. Annual Report to Congress under Section 6 of the Credit Rating Agency Reform Act of 2006(January 2011 Report) [EB/OL]. p. 5. http://sec. gov/divisions/marketreg/ratingagency/nrsroannrep0111. pdf, 2011 – 01 – 12.

第三章 信用评级利益冲突的司法规制

法院对信用评级机构责任的认定,将对信用评级机构的行为产生导向作用,从而规制信用评级利益冲突。信用评级过程中存在的利益冲突影响了信用评级机构客观公正的评级行为,在美国,因利益冲突引发的不实评级诉讼主要有诽谤之诉、过失虚假陈述之诉和欺诈之诉,法院在这三种诉讼中的裁判对利益冲突产生不同的规制效果。

第一节 诽谤行为的规制

信用评级机构未经聘请主动发布的评级报告未能真实反映被评级对象的信用状况时,由于不正确的信用评级报告,特别是严重低估被评级方信用状况的报告一旦在社会上广为流传,就会损害发行人的信誉。在美国,受不实评级影响的被评级方往往以诽谤(libel)之诉起诉信用评级机构。传统上,诽谤诉讼中的原告无须证明被告明知或应该知道诽谤言论的不实性。故意地、严重不负责任地或者过失地将言论传达给第三人,如果事后证实该言论是虚假的,被告都要为不实的言论承担严格责任。[①] 1964 年开始,一系列宪法判例试图调和诽谤法律与宪法第一修正案的矛盾,该进程改变了传统的严格责任规则。[②]

美国宪法第一修正案规定:"国会不得制定关于下列事项的法律:确立宗教或禁止信教自由;剥夺言论自由或新闻自由;剥夺人民和平集会和向政府请愿申冤的权利。"与其文本的简明形成鲜明对比的是,该修正案自 1791 年颁布以来美国最高法院对其形成的司法判例可谓卷帙浩繁,学者们在理论上的阐释更是难以尽数。[③]

---

① [美] Wincent R. Johnson(文森特·R. 约翰逊). 美国侵权法[M]. 赵秀文等译,北京:中国人民大学出版社,2004. 294.

② 同上。

③ 杨会永,李晓娟. 美国宪法第一修正案的理论阐释与媒体管制[J]. 河南科技大学学报(社会科学版). 2008,(3):90.

宪法第一修正案及其判例所形成的对新闻自由的保护制度,成为信用评级机构主张对其错误评级报告免责的重要依据。美国法院在长期的司法实践中确立了观点(opinion)保护原则和切实恶意(actual malice)原则,如果信用评级机构被法院认定为属于宪法第一修正案所保护的媒体,则应受上述两个原则的保护,即如果信用评级被法院认定为是观点,则免于承担诽谤侵权责任,如果信用评级被认定为包含事实内容,则受害方应证明信用评级机构存在切实恶意。

确定信用评级机构受宪法第一修正案保护的首要问题就是确定信用评级机构属于新闻媒体(the press)。对信用评级机构媒体地位的认定时,法院采取逐案认定的方式,有各种具体的考量因素。如果在具体案件中法院认定信用评级机构不属于宪法第一修正案所保护的媒体,则宪法第一修正案对于媒体言论自由的保护规定不适用于信用评级机构,起诉信用评级机构的各种私人诉讼不会遭受宪法保护的障碍。如果法院认定信用评级机构属于宪法第一修正案所保护的媒体,则宪法第一修正案对媒体言论保护的制度适用于信用评级机构,即宪法第一修正案所确立的观点保护原则和切实恶意原则适用于信用评级机构。信用评级机构通常主张其评级报告是宪法所保护的观点,因此免于承担任何责任;而如果评级报告包含事实因素的话,信用评级机构则通常主张切实恶意原则,即信用评级机构只有存在切实恶意的情况下才承担相应的责任。①

一、信用评级机构媒体地位的考量因素

关于信用评级机构是否属于宪法第一修正案所保护的媒体这个问题上,法院采取的是逐案认定的方式,考量的因素主要有:信用评级机构是否参与了被评级方的交易安排;被评级的证券是向投资公众公开出售还是向部分机构投资者非公开发行;信用评级机构是否为了投资公众的利益从事不特定的评级或是从事某一特定种类的大多数或者全部证券的评级。

第一,信用评级机构是否参与了被评级方的交易安排。信用评级机构与被评级对象之间的交流并非是不合适的,评级过程中必然存在一定的交流,但是信用评级机构如果积极参与了被评级方交易的安排,在交易中发生了作用,则这种行为超出了一般的评级交流行为,使信用评级机构的角色区别于媒体,不同于媒体与报道对象之间的关系,所以如果在具体的案件中出现信用评级机构参与交易的情况,则法院将认定信用评级机构不属于媒体,反之,法院将认定信

---

① MCGUINNESS, WILLIAM G. & BREWER, JOHN W. Credit Ratings Agencies Under the Microscope [EB/OL]. http://www.ffhsj.com/siteFiles/Publications/48894EB90BCCDF32B01D0EF6ED8BDC71.pdf, 2009 – 10 – 12.

用评级机构是受宪法保护的媒体。例如在 In re Fitch, Inc. 一案中,法院认为惠誉在其评级对象的交易设计中起了重要的作用,而这一角色不同于传统新闻媒体的角色。法院通过审查惠誉的员工与该案被告 PaineWebber 的员工之间的电子邮件和传真后认为,惠誉的员工提出了相关的交易安排的建议,以使被评级的证券符合所希望的信用级别,惠誉在交易中发挥了重要的作用。法院认为,他们之间的这种交流并非是不合适的,但是却说明了惠誉对于客户的业务的积极参与,而这不同于媒体与其报道对象之间的关系,因此不支持惠誉提出的媒体保护特权的主张。在 Compuware Corp. v. Moody's Investors Servs., Inc. ① 一案中,原告援引了上述 In re Fitch, Inc. 一案,主张穆迪不应享有宪法第一修正案的权利,但是法官在对两个案件进行比较分析后认为,穆迪在该案中并没有积极参与被评级方的事务,与被评级方之间没有产生超出新闻收集业务之外的其他密切关系,因此认为穆迪有资格主张新闻报道者的特权。

第二,被评级的证券是向投资公众公开出售还是向部分机构投资者非公开发行。由于媒体的报道都是向不特定对象公开的,因此如果信用评级机构在某一评级中,被评级对象是在市场公开发行,则这种行为与媒体行为类似,应受宪法第一修正案的保护。但是如果被评级的证券是非公开发行的,只是面向特定对象,而评级也只是面对部分的或者特定的对象,这种情况区别于媒体,因而不受宪法第一修正案的保护。例如在 In Scott Paper 一案中,②原告起诉被告在经营、财务等方面作了错误和误导性的陈述(false and misleading representation),并要求并非本案当事人的标准普尔向法庭提供其对被告进行评级过程中的相关文件,法院认为,标准普尔是对公共公司及其证券进行评级并向公众发布评级报告,应支持标准普尔的新闻媒体保护的特权,因此驳回原告的请求。在 La-Salle Nat'l Bank v. Duff & Phelps Credit Rating Co. 一案中,③原告因为购买了被告 Duff & Phelps Credit Rating Co. 进行评级的证券从而遭受损失,认为被告对证券进行了夸大评级,应承担欺诈侵权责任,Duff & Phelps Credit Rating Co. 援引了 In Scott Paper 一案中标准普尔的宪法保护特权,认为信用评级机构是新闻出版者,应获得媒体的特权和豁免权。然而,法院认为,在 In Scott Paper 一案中,标准普尔是为了公共利益发布信息(S & P publishes information for the bene-

---

① COMPUWARE CORPORATION,, Plaintiff(s), v. MOODY'S INVESTORS SERVICES, INC., Defendant(s). 222 F. R. D. 124, 131 (U. S. Dist. 2004).

② In re Scott Paper Co. Sec. Litig., 145 F. R. D. 366. (UNITED STATES DISTRICT COURT FOR THE EASTERN DISTRICT OF PENNSYLVANIA 1993).

③ LaSalle Nat'l Bank v. Duff & Phelps Credit Rating Co., 951 F. Supp. 1071. (S. D. N. Y. 1996).

fit of the general public. ），然而该案与 In Scott Paper 一案不同，被告 Duff & Phelps Credit Rating Co. 的评级报告是用于私募发行的证券，评级报告并非向公众公开发布，而是面向特定范围内的合格投资者发布的，因此拒绝给予被告 Duff & Phelps Credit Rating Co. 媒体的特权和豁免权。

第三，信用评级机构是否为了公众投资者的利益从事不特定证券的评级或是从事某一特定种类的大多数或者全部证券的评级。从具体案件的评级业务进行分析，如果某个案件的评级业务反映出信用评级机构是从事不特定证券的评级或者在某一证券种类内从事不特定对象的评级，则可以认定为媒体。但是，如果某个具体的案件说明了评级业务只有在客户请求情况下才开展评级，则这种情况下并不被认定为媒体。在 In re Pan Am Corp. ① 一案中，法院认为，标准普尔实际上对公开债务融资（public debt financing）和优先股发行（preferred stock issues）进行了评级，而不论这些证券是否由标准普尔的客户发行，因此，标准普尔应属于宪法第一修正案所保护的媒体。然而，在 In re Fitch, Inc. 一案中，② 法院将惠誉与上述案件中标准普尔的行为进行对比后认为，在 In re Pan Am Corp. 一案中，标准普尔的评级对象是所有的公共债务发行，并不存在是否接受委托才开展评级，而在 In re Fitch, Inc. 一案中，并没有证据表明惠誉经常性地（regularly）没有经过委托对某个交易进行评级，而惠誉的资产支持证券部门的总经理 Kevin Duignan 在法庭作证时也承认，惠誉的绝大部分评级业务都是应客户的要求开展的，而对于为数不多的惠誉主动发起的评级（Fitch-Initiated Rating），通常是由于惠誉先前开展的评级业务的后续评级，或者是由于与客户未达成评级委托协议情况下才开展的。因此，法院根据该案所反映的业务特点认为惠誉不属于宪法第一修正案所保护的媒体。

在考量信用评级机构是否属于应受保护的媒体时，法院是在具体的案件中针对具体案件的特征进行认定，即法院采取的是逐案认定的方式，根据信用评级机构在不同案件中的业务活动特点在具体案件中作出认定，而非给予一般性的认定，所以在不同的案件中，法院对同一信用评级机构可能会作出截然不同的认定。在进行评级过程中，如果信用评级机构是为了投资公众的利益从事不特定证券的评级，没有参与被评级证券的交易安排，而且被评级的证券向投资公众公开出售，则信用评级机构属于宪法第一修正案所保护的媒体地位的主张一般能得到法院的支持。

---

① Pan Am Corp. v. Delta Air Lines (In re Pan Am Corp.)，161 B. R. 577, 583. (S. D. N. Y. 1993).

② Am. Sav. Bank, FSB v. UBS PaineWebber, Inc. (In re Fitch, Inc.)，330 F. 3d 104. (U. S. App. 2003).

二、观点保护原则

事实之陈述不受宪法第一修正案的保护,而观点(the opinion)陈述则受到宪法第一修正案的保护,这种保护使一项观点之陈述免于承担诽谤侵权责任,也就是说,观点之陈述是不可诉的,而错误的事实陈述是可诉的。因为关于事实之陈述的真伪是比较容易鉴别和验证的,而关于观点之陈述则无法验证其对错,而真诚观点之表达,即使其他人不能赞同,也应受到宪法的保护。法律之所以要惩罚诽谤,是因为侵权者对某人作了有损名誉的关于事实的不真实的陈述,而不是因为行为人发表了不利于他人名誉,但毫无事实含义的观点。所以如果某记者平白无故地指控某一作家抄袭他人之作品,则可能要承担诽谤的责任,但如果记者发表了关于前述作家文风的观点,则不会承担诽谤的责任。①

在 Jefferson County School District No. R − 1 v. Moody's Investors Services 一案中②,被告穆迪要求法院以简易判决形式驳回原告的诉讼请求,理由是受到指控的陈述属于受到美国宪法第一修正案保护的观点之陈述。法院认为,由于穆迪对原告的债券评级并不含有"可被证伪的事实性含义",所以穆迪的评级是一种观点的陈述,而不是一种事实的陈述,因此根据宪法第一修正案对观点陈述的保护原则,对穆迪的诽谤之诉不成立。

三、切实恶意原则

1964 年的 New York Times v. Sullivan 一案确立了以下原则:"政府要员"(public officials)不得对媒体就与其职务行为有关的、有损于该政府要员名誉的错误报道提起索赔,除非能证实错误报道是在媒体"切实恶意(actual malice)"的情形下作出的。③ 所谓切实恶意,是指媒体是在明知陈述内容错误或对陈述内容的正误全然不顾的情况下作出虚假陈述的主观心理状态。在 1967 年 Curtis v. Butts 一案中④,美国最高法院将切实恶意原则的适用范围由"政府要员"扩大到"公共人士"(public figure),此后,在 Gertz v. Bobert Welch 一案中,⑤美国最高法院再次将切实恶意原则的适用范围扩大到"公众关注事项"(the public concern),即除非能够证明媒体具有切实恶意,否则不得对媒体就与职务行为有关

---

① 盛世平. 美国证券评级机构的法律责任[M]. 南京:南京大学出版社,2005. 95.

② Jefferson County School Dist. No. R − 1 v. *Moody's Investors Services*, 988 F. Supp. 1341 (D. Cclo. 1997).

③ New York Times Co. v. Sullivan, 376 U. S. 254. (Supreme Court of the United States, 1964).

④ Curtis Pub. Co. v. Butts, 388 U. S. 130. (Supreme Court of the United States, 1967).

⑤ Gertz v. Robert Welch, 418 U. S. 323. (Supreme Court of the United States, 1974).

的、有损于政府要员、公共人士和公共关注事项的错误报道提起索赔。上述三个判例阐述了这样一种观念：宪法第一修正案下的权利和价值观，即言论自由与出版自由，不仅是广大民众的基本权利，而且是民主政治的基石，因此，在这种权利与个人的名誉权发生冲突时，与其让宪法第一修正案所保护的言论与出版自由权利受到伤害，还不如让因非恶意报道而名誉受到损害的政府要员、知名人士以及与公众关注事项有关的自然人和法人的名誉受一些伤害。①

信用评级机构一贯主张其评级报告的发布是针对公共人士或者属于公共关注事项，应受宪法第一修正案的保护，只有在本身存在切实恶意的情况下才被追究责任。如果信用评级机构主动发布的信用评级是针对公众公司或者公开发行的证券进行评级，则信用评级机构一般能得到宪法第一修正案关于切实恶意原则的保护。

例如在 Compuware Corp. v. Moody's Investors Services, Inc. 一案中，②原告 Compuware Corp. 认为穆迪发布的评级报告构成了对原告的诽谤，法院认为，原告是公众持股公司（the publicly-held corporation），属于宪法第一修正案所规定的公共人士（a public figure），依据切实恶意原则，原告应证明穆迪是在明知陈述内容的错误或对陈述内容的正误全然不顾的情况下作出虚假陈述，否则针对穆迪的指控不能成立。

四、诽谤行为司法规制的有效性分析

未经被评级方请求而主动发布评级报告是信用评级机构的一贯做法，其目的或者为了提高影响力以扩大市场，或者为了胁迫被评级方接受其服务，如果发行人没有聘请其从事评级业务，信用评级机构可能针对发行人主动发布较低的信用评级，这是由于信用评级机构追求自身利益的诱因产生的利益冲突行为。当信用评级机构未经聘请主动发布的评级报告未能真实反映被评级对象的信用状况，而是低估被评级对象的信用状况时，被评级证券的发行人或者被评级的债务人开展的融资业务将因此受到重大影响，融资成本可能因此上升，或者融资不能顺利进行。由于不正确的信用评级报告，特别是严重低估证券发行人信用状况的报告一旦在社会上广为流传，就会损害发行人的信誉，诽谤侵权之诉是受害方可以援引的一种法律救济方式。但是由于美国对言论自由的保护，即宪法第一修正案对信用评级机构的主动评级行为的保护，使被评级方在诽谤诉讼中的主张难以得到法院的支持。

---

① 盛世平. 美国证券评级机构的法律责任[M]. 南京：南京大学出版社，2005. 45.
② Compuware Corp. v. Moody's Investors Services, Inc., 499 F. 3d 525 (6th Cir. 2007).

首先,法院对信用评级机构是否属于媒体地位的认定主要依据下列几种情况:信用评级是为了投资公众针对不特定证券发行的评级、被评级证券是公开发行的、信用评级机构并没有参与交易安排、信用评级是面对公众发布等情况,而信用评级机构发布主动评级的过程符合这些条件。信用评级机构未经聘请主动评级行为的特点就是没有收取评级费用,没有参与被评级证券的交易过程,并且主动评级是面向社会公众的,这些特点符合上述宪法第一修正案对信用评级机构保护的规定。

其次,从观点保护和切实恶意原则两方面分析。如果信用评级机构被法院认定为是观点之陈述,则信用评级机构可以免于承担诽谤的侵权责任,被评级方所提起的诽谤之诉不可能得到法院的支持。如果信用评级报告作为观点之陈述时涉及错误的事实因素,信用评级机构同样可以引用切实恶意原则免于承担诽谤侵权责任,即对于公众人物或公共关注事项的报道,除非能证实错误报道是在媒体"切实恶意"的情形下作出的,否则不承担诽谤侵权责任。切实恶意包括明知陈述内容错误或对陈述内容的正误全然不顾两种情况下的主观心理状态。[①] 对于被评级方来说,证明信用评级机构存在切实恶意是非常困难的,因此实际上信用评级机构免于承担诽谤之诉的侵权责任。

所以,由于诽谤法律宪法化,尽管存在信用评级机构为了胁迫发行人支付信用评级费用以主动发布较低的评级为威胁的情况,但是被评级方通过诽谤之诉追究信用评级机构的侵权责任较为困难。

诽谤之诉的私人诉讼没有对信用评级利益冲突产生规制作用,由此也说明了引入行政监管的必要性,所以 SEC 规定 NRSRO 不得从事下列行为:以被评级方(或其关联方)是否购买 NRSRO(或其关联方)的评级或者其他服务、产品为条件,不按照既定的评级程序和技术发布评级或者威胁发布这种评级;以被评级方(或其关联方)是否购买 NRSRO(或其关联方)的评级或者其他服务、产品为条件,不按既定的评级调整程序对评级进行调整。[②]

第二节　欺诈行为的规制

美国对金融市场欺诈行为进行规制的法律主要是侵权法和证券法。发行人付费模式等产生的利益冲突使信用评级机构存在因自身利益而发布不实评

---

① PINTO, ARTHUR R. Control and Responsibility of Credit Rating Agencies in the United States[EB/OL]. http://ssrn.com/abstract = 277406, 2011 − 07 − 14.

② 17 C. F. R. § 240.17g − 6(a)(2010).

级的动机,如果信用评级机构在不实评级过程中存在故意或者严重不负责任,则不实评级可能构成欺诈,美国侵权法和证券法的反欺诈条款是对信用评级机构欺诈行为进行司法规制的重要依据。

一、一般欺诈行为的规制

依据侵权法,欺诈作为故意或者严重不负责任的虚假陈述的诉因,通常包括:(1)实质性的虚假陈述,通常是关于某一事实的虚假陈述,但有时误导性的意见陈述也属于实质性的虚假陈述;(2)恶意,即对陈述不实性的明知或者严重不负责任;(3)引诱原告上当的故意,或至少在某些情况下希望原告对其产生信赖;(4)原告合理的信赖;(5)损害。① 从现有的信用评级欺诈诉讼案例分析,对于上述内容,原告获得胜诉的困难主要有两个方面:一是不实信用评级是否属于可诉的虚假陈述,如果信用评级不属于可诉的虚假陈述,则法院无须进行其他审查就可以驳回原告的诉讼请求;二是如何证明信用评级机构存在恶意和引诱原告上当的故意。

(一)信用评级的可诉性

在英美法中,虚假陈述指某人对另一人通过语言或行为作出的表示,该表示在相关环境中构成一项与事实不符的判断;是对事实的一项非正确声明;是一项不正确或者错误的陈述。② 依美国侵权法,可诉的虚假陈述的内容必须是一项事实,而不能仅是一个观点或仅是一个预见③,预见性的陈述或者是对未来事件的预测陈述都不产生过失虚假陈述或者欺诈的责任④,但是如果观点陈述者知悉所陈述的内容是错误的,或者在作出陈述时并不认为该陈述是正确的,则这样的观点是可诉的。⑤ 同样,美国最高法院认为,如果陈述方并没有相信所陈述的观点,且观点没有事实基础,则包含这种观点的事实可以依据证券交易法 10(b)条提起证券欺诈诉讼。⑥

信用评级机构通常主张信用评级是有关信用的预测性观点,并不是对事实

---

① [美] Wincent R. Johnson(文森特·R. 约翰逊). 美国侵权法[M]. 赵秀文等译,北京:人民大学出版社,2004. 269.

② *Black's Law Dictionary*, 5th ed., West Publishing Co., 1979. 903.

③ 同本页注②,第 272 – 273 页。

④ In re Merrill Lynch Auction Rate Secs. Litig., 2011 U. S. Dist. LEXIS 14053, * 33. (S. D. N. Y. 2011).

⑤ In re Merrill Lynch Auction Rate Secs. Litig., 2011 U. S. Dist. LEXIS 14053, * 37. (S. D. N. Y. 2011).

⑥ In re Nat'l Century Fin. Enters., 580 F. Supp. 2d 630, 639. (S. D. Ohio 2008).

的陈述,所以不应承担侵权责任。① 从现有案例分析,法院一般认为信用评级属于观点,是关于实体或者证券信用质量的评价观点。② 例如在 Compuware Corp. v. Moody's Investors Services, Inc. 一案中,法院认为穆迪的评级是对被评级公司未来信用的预测性观点,为形成该预测性观点,穆迪考察了各种客观因素,在对这些因素的分析后通过主观判断形成了信用评级的观点。③

但是观点在特定情况下是可诉的,依美国侵权法,如果观点陈述者知悉所陈述的内容是错误的,或者在作出陈述时并不认为该陈述是正确的,则这样的观点是可诉的。因此,当信用评级机构并不相信其所做出的信用评级时,信用评级是可诉的。如在 In re Lehman Bros. Sec. & ERISA Litig. 一案中,法院认为,尽管评级是信用评级机构的观点陈述,但只要原告能证明陈述人在发布陈述内容时并不是真正相信其陈述的观点,则这种观点是可诉的。④ 又如在 Abu Dhabi Commercial Bank v. Morgan Stanley & Co. 一案中,法院认为,如果陈述者并没有真诚地、合理地相信其所作出的陈述,或者其陈述并没有基于事实,则这样的观点陈述仍然是可诉的,在该案中原告已经充分地证明了信用评级机构并没有合理地相信其作出的评级的准确性,也充分地证明了信用评级机构本身不相信其评级是基于事实,因此该案中穆迪和标准普尔发布的信用评级是可诉的虚假陈述。⑤

同时,信用评级机构往往主张其属于宪法第一修正案所保护的媒体,信用评级是不可诉。但是法院对信用评级机构是否属于媒体的考量因素包括:信用评级是否为了投资公众针对不特定证券的发行、被评级证券是否公开发行的、信用评级机构是否参与交易安排、信用评级是否向公众发布等内容。法院总是基于上述因素的分析,对信用评级机构是否享有宪法保护的特权进行逐案分析,法院甚至拒绝对信用评级机构是否享有宪法保护特权进行一般性的认定。

在诽谤诉讼中,信用评级机构主动发布评级的行为因为符合上述条件而受到宪法第一修正案的保护,在因虚假陈述引发的侵权诉讼中,当信用评级机构提出受宪法保护主张时,法院也是根据上述因素进行认定,如果信用评级行为

---

① 　Id.

② 　在 Compuware Corp. v. Moody's Investors Services, Inc. ,In re Nat'l Century Fin. Enters 和 In re Lehman Bros. Sec. & ERISA Litig. ,PAUL RICE and JOSEPH RICE, Plaintiffs, vs. CHARLES SCHWAB, MOODY'S INVESTORS SERVICE, STANDARD & POOR'S, and DOES 1 – 50, Defendants (2010 U. S. Dist. LEXIS 135852)等多起诉讼中,法院都认定信用评级属于观点。

③ 　Compuware Corp. v. Moody's Investors Services, Inc., 499 F. 3d 520, 522 (6th Cir. 2007).

④ 　In re Lehman Bros. Sec. & ERISA Litig., 684 F. Supp. 2d 485, 494. (S. D. N. Y. 2010).

⑤ 　Abu Dhabi Commercial Bank v. Morgan Stanley & Co., 651 F. Supp. 2d 155, (S. D. N. Y. 2009).

符合上述要求,则法院一般认定信用评级机构受宪法特权保护。但是在因利益冲突引起评级失实而产生的欺诈诉讼和过失虚假陈述诉讼中,信用评级机构的主张不一定能得到法院的肯定。例如信用评级机构同时提供评级服务和附属服务情况下,如果信用评级机构参与被评级证券的交易设计过程,提供评级建议,法院认为对客户业务积极参与的行为不同于媒体与其报道对象之间的关系,因此拒绝给予宪法的保护。在 In re Fitch, Inc. 一案中①,法院认为惠誉公司在其评级对象的交易设计中起了重要的作用,而这一角色不同于传统新闻媒体的角色。法院通过审查惠誉的员工与该案被告 PaineWebber 的员工之间的电子邮件和传真后认为,惠誉的员工提出了相关的交易安排的建议,以使被评级的证券符合所希望的信用级别,惠誉在交易中发挥了重要的作用。法院认为他们之间的这种交流并非是不合适的,但是却说明了惠誉对于客户的业务的积极参与,而这不同于媒体与其报道对象之间的关系,因此不支持惠誉提出的媒体保护特权的主张。

(二)恶意(knowledge of the falsity)

恶意指对陈述不实性的明知或者严重不负责任②,在评级过程中,如果信用评级机构未能保持客观中立地位,在提供评级建议的同时又开展了评级业务,则实际上是对自身工作的评级,在这种利益冲突情况下,原告比较容易举证信用评级机构对不实评级的事先知悉或者严重不负责任。在其他情况下,原告应从信用评级过程来寻求证明信用评级机构存在恶意情况的证据。各种利益冲突本身并不能说明信用评级机构已经知悉评级存在错误,但却是促使评级机构发布不公正评级的原因,这成为法院认定信用评级机构存在恶意的考量因素。

在 Abu Dhabi Commercial Bank v. Morgan Stanley & Co. 一案中③,为了证明信用评级机构对评级报告的错误行为事先知悉,原告从下面几个方面进行论证:第一,根据销售文件(selling document)对证券化各参与方职责的表述,信用评级机构负责的事项包括:在证券化存续期间,每周对资产管理部门提交的报告进行审查和分析,监控该证券化的抵押资产的情况,同时,应确保该证券化资产组合的住房抵押贷款(RMBS)不得超过 55%。而本案中证券化资产组合中的住房抵押贷款超过了 55%。原告认为,信用评级机构已经知悉了该资产组合

---

① Am. Sav. Bank, FSB v. UBS PaineWebber, Inc. (In re Fitch, Inc.), 330 F. 3d 104. (U. S. App. 2003).

② [美] Wincent R. Johnson(文森特·R. 约翰逊). 美国侵权法[M]. 赵秀文等译,北京:人民大学出版社,2004. 269.

③ Abu Dhabi Commercial Bank v. Morgan Stanley & Co. 651 F. Supp. 2d 155 (S. D. N. Y. 2009).

超出了预先规定的 55% 界限,该证券化产品已经是一个有风险的投资,不应得到如此高的评级;第二,信用评级机构的前职员已经在公开场合宣称,信用评级机构在该证券化产品发行期间已经知悉该证券化产品的评级过程存在重大瑕疵和不可靠的(deeply flawed and unreliable)的情况;第三,该项收费是信用评级机构的重要收费来源,证券发行人支付评级费用的收费模式在信用评级机构和证券发行人之间产生了利益冲突,影响了评级过程的公正性,信用评级机构早已知悉这种利益冲突。

法院认为:其一,信用评级机构已经事先知悉评级过程存在瑕疵;其二,信用评级机构已经知悉该证券化产品的资产组合并非安全稳定的投资;其三,尽管利益冲突本身并不能说明信用评级机构已经知悉评级存在错误,但是信用评级机构早已清楚评级对其收入可能产生的重要影响,因此利益冲突仍然促使评级机构发布不公正的评级。所以法院认为,信用评级机构已经事先知悉了其评级存在错误。

(三)故意(scienter)

故意指引诱原告上当的故意,或至少在某些情况下希望原告对其产生信赖。在侵权法欺诈诉讼中,为证明被告存在故意,原告应证明被告存在欺诈行为的动机和机会(motive and opportunity to commit fraud),或者提出被告存在有意识的不法行为或重大过失的强烈旁证(strong circumstantial evidence)。原告的证明应能产生合理的和有说服力(cogent)的推断,至少能够产生非欺诈意图的相反推断。[1] 作为发布信用评级的主体,信用评级机构具有发布不实评级的机会,而信用评级过程中的利益冲突情况是信用评级机构存在欺诈动机一个很好证明。在发行人付费模式下,信用评级收费标准高,收费额度受证券发行情况的影响较大,而证券的发行情况又受到评级结果的影响,因此有助于证明信用评级机构存在虚假陈述的动机。

在 Abu Dhabi Commercial Bank v. Morgan Stanley & Co. 一案中,[2]法院从动机和机会两个方面说明了原告举证的事实产生了合理的推断(the plausible inference),证明了作为被告的信用评级机构具有动机和机会(the motive and opportunity)将不实评级向原告发布。第一,信用评级机构事先已经意识到,如果不能提供发行人所需要的评级,则可能失去这项业务。在该案的评级业务中,信用评级机构以通常收费标准的三倍进行收费,这样的收费是以不合理的较高

---

① Id. , p. 171.

② Abu Dhabi Commercial Bank v. Morgan Stanley & Co. 651 F. Supp. 2d 155 (S. D. N. Y. 2009).

评级进行交换的。而信用评级机构更清楚地意识到,其报酬的获得依赖于证券的成功发行,只有给出较高的评级,该证券才能成功发售,因此,信用评级机构具备了虚假陈述的动机;第二,信用评级机构决定了证券化产品的信用等级,产生不合理的评级结果的评估模型是信用评级机构设计的,因此信用评级机构具备进行虚假陈述的机会。原告的这两项主张得到法院的支持,法院认为原告已充分的证明了被告存在欺诈故意(Plaintiffs have thus sufficiently pled scienter as to the Rating Agencies.)。①

二、证券欺诈行为的规制

《1934 年证券交易法》第 10 条 b 款是个纲领性的反欺诈条款,规定凡直接或间接利用州际贸易的任何手段或工具,利用邮寄或全国证券交易所的任何设备的个人,在下述情况下均属违法:对于购买或者出售在全国证券交易所登记注册的证券和没有登记注册的证券,使用操纵和误导的手段和方法,违反 SEC 为公共利益或者保护投资者利益而制定的规则和规章。② 根据该规定,SEC 制定了 10b – 5 规则,禁止买卖证券过程中的重大错误陈述、隐瞒重大事实以及采用欺诈手段等违法行为。根据美国司法判例,依据《1934 年证券交易法》10(b)条提起的证券欺诈诉讼应具备以下要件:(1)存在虚假陈述或遗漏披露的事实;(2)虚假陈述或者遗漏披露的信息是重大的;(3)侵害人具有欺诈故意或者严重不负责任的态度;(4)受害人合理地依赖于该误述或隐瞒;(5)受害人因该欺诈行为而遭受损失。③ 证券欺诈诉讼与侵权法欺诈诉讼在构成要件方面存在极大的相似性,因此在同样的案件中,原告通常基于某一事实主张被告存在证券欺诈行为和侵权欺诈行为,而法院通常认为两者的构成要件相同,所以进行相同的分析。④ 但是在证券欺诈诉讼中,国会的专门立法要求原告对于被告欺诈故意的心理要素应承担更高的证明要求,证明信用评级机构在评级过程中存在发布不实评级的欺诈故意的心理因素成为原告胜诉的关键。

(一)《私人证券诉讼改革法案》规定的证明标准

对于证券欺诈诉讼中欺诈故意的心理要素,美国 1995 年发布的《私人证券诉讼改革法案》提出了比侵权法欺诈诉讼更高的证明要求。根据《私人证券诉

① Id. , p. 179.

② 15 U. S. C. § 77j(b)(2006).

③ WEMPLE, PETER H. Rule 10b – 5 Securities Fraud: Regulating the Application of the Fraud-on-the-Market Theory of Liability [J]. *John Marshall Law Review*, 1985, 18 (3): 734 – 736.

④ Abu Dhabi Commercial Bank v. Morgan Stanley & Co. , 651 F. Supp. 2d 155 (S. D. N. Y. 2009).

讼改革法案》的规定，《1934 年证券交易法》增加了第 21D（b）（2）条：需要根据被告在特定心理状态下行事这方面的证据来确定其责任时，起诉状中应当就每项被指控的违法行为，载明能够据此有力地推断出（strong inference）被告怀有法定心理状态的特定事实。即原告所主张的事实能够推断出被告存在故意，而且这种推断是有力的。①

美国最高法院对《私人证券诉讼改革法案》所要求的证明标准进行了解释，认为在认定一项主张是否充分地证明被告存在故意，应符合下面的要求：法院应全面考察原告的请求，将原告所有主张的事实全面的考察，从而认定是否产生对故意的心理状态的强烈推断，不应对事实进行分开考察；确定所主张的事实是否产生故意的心理状态的强烈推断时，法院应考察合理的相反推断。②

根据《私人证券诉讼改革法案》所规定的证明标准，以《1934 年证券交易法》10（b）条为由起诉信用评级机构时，原告所提出的事实应产生强有力的推断（a strong inference），以证明被告知悉或者重大过失（knowingly or recklessly）地进行重大错误陈述或者遗漏的虚假陈述。在信用评级证券欺诈诉讼中，法院要求原告所提出的事应产生强有力的推断，证明信用评级机构并没有真正相信信用评级质量或者证明信用评级缺乏事实基础。（[T]he rating agency did not genuinely believe its opinions regarding credit quality or that the opinions lacked basis in fact.）但是在诉讼中原告难以达到这样的证明要求。③

例如在 In re National Century Financial Enterprise, Inc. 一案中，④原告 Lloyds 为证明被告穆迪存在虚假陈述的故意，提出了三点理由，但是法院仍然认为原告的主张不足以产生强烈的推断，不认为穆迪存在故意。

第一，Lloyds 认为穆迪获得被评级方的财务和业务信息资料，但是在评级过程中却没有发现或者重大过失未能发现被评级方违反契约的情况。法院认为，获得被评级方的财务和业务信息资料并不足以满足证明故意的要求。原告只是列举了被告获得的资料的种类，即根据管理合同要求 Bank One 和 NPFS 向穆迪提供的资料。原告的主张并没有说明该资料向被告提示了哪些信息，使得穆迪能够依据该资料而作出有利的评级。例如原告并没有主张穆迪收到特定的文件表明证券发行人正在购买无价值的账款或者证券发行人的准备金不足。

---

① In re Nat'l Century Fin. Enters., 580 F. Supp. 2d 630, 637. (S. D. Ohio 2008).

② Id., pp. 641 – 642.

③ SKADDEN. Credit Rating Agencies [EB/OL]. http://www.skadden.com/newsletters/FSR_Credit_Rating_Agencies.pdf, 2011 – 07 – 20.

④ In re Nat'l Century Fin. Enters., 580 F. Supp. 2d 630. (S. D. Ohio 2008).

第二,Lloyds 主张穆迪在证券化结构设计过程中发挥了重要的作用,穆迪拥有被评级方的财务和业务信息资料以及在证券化过程中的作用说明了穆迪存在故意。法院认为,原告除了说明穆迪在证券化过程中发布信用评级的作用外,并没有说明穆迪还承担其他的作用。穆迪的作用就是发布信用评级,穆迪并不是发行人内部人,并没有在发行人承担重要角色以使其能够知悉发行人的欺诈行为。

第三,Lloyds 认为穆迪希望维持其与 NCFE 之间的"有利可图的业务关系(its lucrative relationship)",所以发布较高的信用评级。然而法院认为,为证明动机的存在,原告应说明错误陈述所希望实现的具体利益,但是本案中原告并没有说明这些情况,努力维持客户关系以获得评级费用这一情况并不足以认定穆迪存在故意。

(二)《多德—弗兰克法》对信用评级欺诈诉讼证明标准的修改

鉴于在证券欺诈诉讼中不实评级的受害方难以满足这样的证明要求:原告所提出的事实应产生强有力的推断,以证明信用评级机构并没有真正相信信用评级质量或者证明信用评级缺乏事实基础。2010 年《多德—弗兰克法》进行了重大修改,在针对信用评级机构提起的金钱损失诉讼(an action for money damages)中,只要原告主张的事实能够产生下列情况之一的强烈推断,则足以证明被告信用评级机构的心理状态:(1)信用评级机构不能对所评级证券的有关评价信用风险的技术所依赖的事实因素进行合理调查;(2)对于信用评级机构认为具备证明能力且独立于发行人或者承销商的事实因素不能获得合理的证明(这种证明可能基于并不符合审计要求的抽样技术)。[①]

根据《多德—弗兰克法》规定,当原告所主张的事实能够强有力地推断出信用评级机构知悉或者存在重大过失以致对信用评级所依赖的事实因素不能进行合理的调查(reasonable investigation),则原告的举证将满足诉讼的心理要求(the state-of-mind requirement)。是否构成一项合理的调查,将由法院根据具体的事实和环境进行分析和认定,但《多德—弗兰克法》对于证明标准的规定将有利于证券购买方对于信用评级机构欺诈故意心理因素的证明,加强了司法规制的效果。

三、欺诈行为司法规制作用小结

信用评级欺诈之诉本质是由信用评级利益冲突引起的,信用评级机构基于

---

① Dodd-Frank Wall Street Reform and Consumer Protection Act, Pub. L. No. 111 - 203, §933(b), (amending 15 U. S. C. §78u - 4(b)(2).

本身的经济利益追求而存在发布不实评级的动机和机会,因此欺诈之诉实际上是针对信用评级利益冲突的诉讼。在依据侵权法提起的诉讼中,信用评级机构在发行人付费模式下高额的收费标准被认为存在发布不实评级的动机,信用评级机构参与被评级对象的交易设计被认为存在发布不实评级的机会及知悉评级的错误,这种情况使信用评级机构不得不在诉讼失败成本与不实评级带来的收益两者之间进行考量,如果不实评级行为被法院认定为欺诈的可能性较大,诉讼失败的成本大于其不实评级产生的收益,则信用评级机构发布不实评级的动机将会受到遏制,由此对信用评级机构产生规制作用。

证券欺诈诉讼中,证明信用评级机构在评级过程中存在发布不实评级欺诈故意的心理因素成为原告胜诉的关键。《多德—弗兰克法》规定当原告所主张的事实能够产生强有力的推断,推断出信用评级机构知悉或者存在重大过失以致对信用评级所依赖的事实因素不能进行合理的调查,则原告的举证将满足诉讼的心理要求。为避免在诉讼中处于不利地位,信用评级机构在评级过程中应尽力做到审慎调查,避免对发行人有利的事实因素疏于调查,并采取措施对信用评级机构内部评级人员的评级过程进行监督,《多德—弗兰克法》对信用评级机构行为的导向作用对信用评级利益冲突产生了重要的规制作用。

第三节　过失虚假陈述行为的规制

信用评级机构因利益冲突发布不实评级的行为从心理因素分析可以分为故意、严重不负责任和疏忽大意,故意和严重不负责任的不实评级构成欺诈,因疏忽大意而发布不实评级行为构成过失虚假陈述,侵权法和证券法对过失虚假陈述的规定在一定范围内发挥了规制作用。

一、一般过失虚假陈述行为的规制及其局限性

过失虚假陈述之诉与前述欺诈侵权之诉的区别主要有两点:第一,被告行为的可责性不同。过失虚假陈述行为既不要求被告明知陈述的不实性,也不要求被告对陈述的不实性严重不负责任,而仅仅要求被告的行为使他人承担了遭受损害的不合理风险——过失;第二,谁可以提起诉讼,即过失侵权责任的第三人范围。[①] 如果被告在过失情况下作出的虚假陈述是导致原告有形伤害(physical harm)的近因(proximate cause),那么通常认为原告在证明侵权法过失责任

---

① ［美］Wincent R. Johnson(文森特·R. 约翰逊). 美国侵权法[M]. 赵秀文等译,北京:人民大学出版社,2004. 280.

的相关要件后可以获得赔偿。但是如果原告遭受的只是货币损失(pecuniary loss),则被告只是在符合一定条件下才承担责任,即原告应属于过失虚假陈述责任的第三人范围。这两点关系到对信用评级机构过失虚假陈述行为进行司法规制的效果。

在诉讼中,信用评级机构过失行为的认定和第三人责任范围的确定是原告取得胜诉的关键。由于信用评级行为与审计不同,后者有官方公布的审计准则,而评级行为所依据的模型、技术等是信用评级机构自身研究建立的,有些评级技术甚至是信用评级机构自身的商业秘密,因此对于一项评级来说,如何判断信用评级机构在评级过程中是否存在过失就显得重要;而第三人责任范围的认定是信用评级机构是否向原告承担过失侵权的关键因素,因此下文对这两个问题展开讨论。

(一)信用评级机构过失行为的认定

对于行为人是否存在过失的判断,法官考虑的是与案件相同的条件下,"一般合理审慎人(the ordinary reasonable prudent man)"将会如何行为,然后将这种行为与被告的行为进行比较。① 法官适用的是理性人标准,即法官并非以法官本人为合理人参照标准,也不完全以被告为考察标准,被法官用来作为参照对象的人被称为理性人,这种理性人所进行的行为被称之为理性人的行为标准,因此法官是通过虚构的实体(fictitious entity)来判断。理性人的判断标准就是将被告的行为同理性人的行为进行比较,判断被告在行为时是否达到了该种理性人的行为标准,从而决定被告的行为是否存在过失。这种方法已成为英美法确定被告行为是否存在过失的重要标准。

在专业领域,理性人的判断标准有较高的要求,主要包括两个方面:(1)专业人士提供专业服务时,应具有相应的技能和技术,只要该人士将自己置于某一种类专业人士位置上;(2)应将共同平均水平的专业合理行为作为客观标准。②

在某些领域形成一整套特殊知识和公认行为标准的情况下,如果行为人的行为不符合其所属职业中通常专业人员所具有的知识和技能水平,该行为人就会被认定为具有过失。这一客观标准是建立在这样的观念之上,作为专业人士

---

① CURRAN, WILLIAM J. Professional Negligence-Some General Comments[J]. *Vandebilt Law Review*, 1959, 12: 536.

② SHIN, HYEON TAK. Legal Liabilities of Credit Rating Agencies in Structured Finance: Based upon the Business Ethics for Investor Protection[EB/OL]. p52. http://papers.ssrn.com/sol3/papers.cfm? abstract_id=1549225, 2011-06-22.

的行为人不应该浪费那些轻易就可被避免损坏的资源。这一行为标准也是基于这样的事实,即要求公众在寻求专业服务时查明每一专业人士的特定资格是不切实际的,客户对于那些具有专业知识人员的表现应有一定程度的预期。① 所以只要提供服务的一方将自己置于某一种类专业人士位置上,就应具有该服务领域相应的技能和技术。信用评级机构同样应具有信用评级所需的知识和技能水平,正如《多德——弗兰克法》所认为的:"信用评级机构在债券市场中发挥了看门人的作用,其功能类似于审计师事务所,这样的角色说明了对其进行监管和要求其承担责任的合理性。信用评级机构的行为与其他市场看门人一样具有商业性质,应与审计师事务所、投资银行承担同样标准水平的义务和监管责任。"②信用评级机构与审计师事务所、投资银行都属于金融市场的专业人士,信用评级机构应体现出评级方面专业人士的水平。尽管信用评级机构认为其评级是预测性的,并不能百分百准确,在发布评级的同时经常声明信用评级并非向客户提供买卖证券的建议,企图逃避法律责任,但是信用评级机构作为评级领域的专业人士,市场已然对其形成信赖,信用评级机构应体现出评级方面专业人士的水平,一旦开展信用评级业务,即将本身置于信用评级领域的专业人士,应具有该领域相应的技能和技术。

专业人员的行为标准是以特定职业中"普通的"(ordinary)职业人员的行为来确定的,而不是以该职业中的"平均"(average)行为标准来界定的。③ 所以作为专业人士被告的行为是否存在过失,其判断标准应当是其他同类专业人士通常应尽到的注意程度和技能运用程度。在 1957 年的 Greaves v. Boynham Meikle 一案中,④McNair 法官认为,"如果专业人士尽到了从事同类专业服务的专业人士尽到的通常技能程度,其行为即不构成过失。"但是如果某种专业领域的专业人士在某些专业服务领域整体上采取相当宽松的行为标准,则法官不会适用这些标准,不会仅仅因为被告已经遵守了此种行为标准而认为被告的行为不构成过失。⑤ 因为法官适用的是理性人的行为标准,而此种标准实际上并非具体的、真实的人,他们实际上是法官拟制的人、抽象出来的人,不能同化为任何普通的

① [美] Wincent R. Johnson(文森特·R. 约翰逊). 美国侵权法[M]. 赵秀文等译,北京:人民大学出版社,2004. 82.

② Dodd-Frank Wall Street Reform and Consumer Protection Act, Pub. L. No. 111 – 203, §931.

③ [美] Wincent R. Johnson(文森特·R. 约翰逊). 美国侵权法[M]. 赵秀文等译,北京:人民大学出版社,2004. 82.

④ Greaves v. Boynham Meikle, 1 W. L. R. 1095.

⑤ JACKSON, RUPERT M. & POWELL, JOHN L. *Jackson & Powell on Professional Negligence*[M]. London: Sweet & Maxwell, 1997, 52.

个人。所以重要的不是目前专业团体的执业标准,而是合理的专业行为。特别是团体的业务实践在团体中被人为操纵的情况下,陪审团则要求更高的商业实践等级。

对于信用评级来说,认定信用评级机构在评级过程中是否存在过失,应以信用评级行业总体的专业水平来判断,对于不同的信用评级机构,其评级能力可能有所差别,所以应以行业的整体水平来衡量,以通常情况下信用评级行业的普通水平所表现出的评级行为和所得出的评级结果为判断依据,判断被告的评级行为与同行业的合理评级行为是否有差别,从而判断被告信用评级机构的行为是否存在过失。而由于各种专业实践的错综复杂超出了普通陪审员的知识范围,在判断某一具体行为是否构成过失时,陪审团通常需要听取专家证言。①

(二)信用评级机构过失侵权的第三人责任范围

侵权法是州法的范畴,美国各州法院采用准契约标准(approaching privity)、已知或已预见第三人标准(又称侵权法重述标准,the restatement rule)、合理预见标准(the reasonable foreseeability rule)等三种标准确定过失侵权责任的第三人范围。美国法院认为,这些确定第三人责任范围的标准同样适用于确定信用评级机构的第三人责任范围。例如在 LaSalle Nat'l Bank v. Duff & Phelps Credit Rating Co. 一案中,法院认为,Credit Alliance 所确立的三点检验标准不仅适用于会计师、律师、地产评估师等专业领域,也可以适用于信用评级领域。②

1. 已知或已预见第三人标准(侵权法重述标准)

美国侵权法重述(Ⅱ)第 552 条规定了过失虚假陈述责任的第三人范围,即遭受损失的人属于信息提供者打算为其利益或引导其行动而提供信息的人,或者知道信息接受方将信息传递给他们的某个人或者某个范围有限的团体中的人。根据美国学者于 2000 年的统计,共有 20 个州采用侵权法重述标准或者其变体。③

在有关信用评级机构过失虚假陈述侵权责任案件中,采用侵权法重述标准的法院针对信用评级影响的范围进行分析,明确了已知或已预见第三人标准在信用评级诉讼中的适用。在 In re National Century Financial Enterprises, Inc.,

---

① JACKSON, RUPERT M. & POWELL, JOHN L *Jackson & Powell on Professional Negligence*[N]. London: Sweet & Maxwell, 1997, 52.

② LaSalle Nat'l Bank v. Duff & Phelps Credit Rating Co., 951 F. Supp. 1071, 1093. (S. D. N. Y. 1996).

③ PACINI, CARL & MARTIN, MARY JILL & HAMILTON, LYNDA. At the Interface of Law and Accounting: An Examination of a Trend Toward a Reduction in the Scope of Auditor Liability to Third Parties in the Common Law Countries[J]. *American Business Law Journal*, 2000, 37: 179.

Investment Litigation 一案中，①法院采用侵权法重述标准认定被告穆迪应对原告 Lloyds 承担注意义务。法院认为侵权法重述标准明确地说明，只要信息的发布者意图将信息提供给特定人员或者有限群体，则该信息发布者将为其过失虚假陈述承担责任。法院进一步认为，Ohio 最高法院已经划出了一条界线，即向公众的错误陈述是不可诉的，但是，对于某个人或陈述人所意图影响的某类人员的错误陈述是可诉的。如华尔街日报的读者、电台的一般听众、投资者大众等不是有限群体，是不可诉的。法院认为在该案中，穆迪进行评级的同时，已知悉其评级将公布于销售文件，这些文件将提供给有选择性的合格投资者，而 Lloyds 是该合格投资者的一员。尽管穆迪一再强调，向投资者公众发布金融信息的出版者在没有切实恶意（actual malice）情况下是不承担责任的。然而法院认为，该案中被评级证券的销售面向有选择的投资者群体，而不是投资者公众，Lloyds 充分地证明了其是有限投资者群体中的一员，该投资者群体对穆迪评级的依赖是已经被预见的，因此被告应向原告承担注意义务。

所以，依照侵权法重述标准，如果一项评级是向公众投资者公布的，则信用评级机构并不承担不特定投资者依赖评级所产生的经济损失，但是如果一项评级是为某一特定对象或特定群体所使用的，则信用评级机构应对该特定对象或特定群体依赖该评级所产生的经济损失承担过失虚假陈述侵权责任。

2. 准契约标准

在 1931 年的 Ultramares Corporation v. Touche & Co. 一案中，法院首次使用准契约标准确定会计师对委托人以外的第三人的过失责任。② 该案的原告厄特马斯公司（Ultramares Corporation）是一家主要从事应收账款融资业务的金融机构。1924 年 S 公司向厄特马斯公司申请贷款，厄特马斯公司要求其出具一份经过审计的资产负债表。道奇与尼文会计师行刚完成了对该公司 1923 年度财务报表的审计，出具了无保留意见的审计报告。S 公司获得贷款几个月后就宣告破产，厄特马斯公司因未能收回贷款遂起诉会计师行。③ 卡多佐法官在对该案件的再审中判定被告会计师行对原告厄特马斯公司不负过失虚假陈述责任。

卡多佐法官对厄特马斯公司一案的判决是结合对 Glanzer v. Shepard 一案的分析作出的，在 1922 年的 Glanzer v. Shepard 一案中，被告受某商人聘请，对其

---

① In re Nat'l Century Fin. Enters., 580 F. Supp. 2d 630. (S. D. Ohio 2008).

② PACINI, CARL& MARTIN, MARY JILL & HAMILTON, LYNDA. At the Interface of Law and Accounting: An Examination of a Trend Toward a Reduction in the Scope of Auditor Liability to Third Parties in the Common Law Countries[J]. *American Business Law Journal*, 2000, 37: 176.

③ Ultramares Corp. v. Touche, 255 N. Y. 170. (N. Y. 1931).

拟出售的一船豆子重量过磅,过磅单成为买卖双方计价的数量基础。买主后来发现,豆子的实际重量比被告确认的重量少 1 万多磅。卡多佐法官判决因过失而对商品的重量作出不实陈述的过磅员对买主承担责任。① 在这两个案件中,卡多佐法官作出不同的判决结果。他认为,在 Glanzer 一案中,第三人(买方)对于过磅员的依赖是交易的目的(the end and aim of the transaction),过磅员的服务是为了交易的需要向买方提供信息,这种服务是确定的、直接的、特意的(certain and immediate and deliberately willed)。因此,Glanzer 一案存在着近似于合同关系的紧密关系(The bond was so close as to approach that of privity)。② 但是,在 Ultramares 一案中,会计师行的服务主要是提供给其客户,客户将报告提供给他人使用是偶然的,原、被告之间不具有合同关系或近似于合同关系的紧密关系,对投资者和债权人,被告仅负有不得欺诈的义务,而没有避免过失的义务。③由此卡多佐法官确立了会计师第三人责任的准契约规则。

在 1985 年的 Credit Alliance v. Arthur Andersen & Co. 一案中,④纽约州最高法院认为,会计师若对第三人因依赖其有瑕疵的财务报告而遭受损失承担过失侵权责任时,需要满足以下条件:第一,会计师必须已经知道财务报告将用于一个特定目的;第二,会计师明确知道且愿意特定的第三人依赖他的报告;第三,会计师应当有一些与第三人联系的举动,以证明会计师确实理解了第三人对报告的依赖。⑤ 该案所提出的三个条件被称为三点检验标准法。

在 LaSalle Nat'l Bank v. Duff & Phelps Credit Rating Co. 一案中,⑥法院适用 Credit Alliance v. Arthur Andersen & Co. 一案的三点检验标准法进行分析,认定信用评级机构应承担过失虚假陈述责任。本案中,从事收购保健应收款(healthcare receivables)业务的 Towers 公司在收购保健应收款后通过子公司发行债券,Duff & Phelps 是一家信用评级机构,于 1990 年 7 月至 1992 年 7 月对 Towers 的子公司发行的五期债券进行评级,分别给予了"AA"和"AA +"级别,26 个机构投资者购买了约 2 亿美元的债券。事后证明,Duff & Phelps 作出的"AA"和"AA +"级别虚夸了这些债券的信用状况,由此,26 个机构投资者认为 Duff & Phelps 在评级过程中存在过失虚假陈述(negligent misrepresentation)。法

---

① Glanzer v. Shepard, 233 N. Y. 236(N. Y. 1922).

② Ultramares Corp. v. Touche. 255 N. Y. 170(N. Y. 1931). 第 182 - 183 页。

③ 同上。

④ Credit Alliance v. Arthur Andersen & Co., 483 N. E. 2d 110 (N. Y. 1985).

⑤ 刘燕. 会计师民事责任研究:公众利益与职业利益的平衡[M]. 北京:北京大学出版社,2004. 108.

⑥ LaSalle Nat'l Bank v. Duff & Phelps Credit Rating Co., 951 F. Supp. 1071 (S. D. N. Y. 1996).

院引用了 Credit Alliance Corp. v. Arthur Andersen & Co. 一案的三点检验标准法分析了 26 个机构投资者和 Duff & Phelps 的关系,认为 26 个机构投资者属于信用评级机构应承担的第三人责任范围。

关于第一个条件:"会计师已经知道财务报告将用于一个特定目的。"法院认为,Duff & Phelps 评级的主要(并非唯一)目的在于确保 AA 评级,以便债券能销售给投资者。因为发行备忘录规定债券发行的一个前提就是 Duff & Phelps 将给予债券 AA 级别,Duff & Phelps 也同意在发行人的披露文件、广告和说明书中使用其名称和作出的评级。

关于第二个条件:"会计师明确知道且愿意特定的第三人依赖他的报告。"法院认为,第二个条件的目的是使被告免于在不确定的时间、不确定的人提起的诉讼中承担责任,但是对每一个原告的身份的认识并不是必要的。而 Duff & Phelps 知晓其虚假陈述通过私人发行备忘录在一个有选择的潜在投资者群体中传播,Duff & Phelps 明确同意在发行备忘录中使用债券评级,所以符合第二个条件。

关于第三个条件:"会计师应当有一些与第三人联系的举动,以证明会计师确实理解了第三人对报告的依赖。"该案中,Duff & Phelps 在讨论评级过程中与 26 个原告中的 6 个有联系,这证明了信用评级机构行为的目的在于:使原告确信评级的效力以影响原告购买债券。另外,由于部分购买者已经购买了早期发行的债券,Duff & Phelps 已经知晓评级将用于劝导这些合格投资者购买债券。因此法院裁定,Duff & Phelps 的知晓和行为使其与原告的关系足以接近契约关系。

从上述分析可以看出,依照准契约标准所确定的第三人责任范围是有限的投资者群体,并应符合 credit Alliance v. Arthur Andersen & Co. 一案的三点检验标准内容,所以对于面向不特定群体的证券公开发行,尽管信用评级机构作出了浮夸评级,公众投资者仍不能主张信用评级机构的过失虚假陈述责任,但是对于面向特定群体的证券发行,有限的投资者群体属于信用评级机构应承担的第三人责任范围。

3. 合理预见标准

合理预见性标准的核心在于,被告不仅应对已知的第三人负过失侵权责任,还应当对可以合理预见的、将信赖其所提供信息的第三人负过失侵权责任,就好像缺陷产品的生产者需要对所有可以合理预见的使用其缺陷产品的人负责一样。由于"可预见"的第三人的范围无法界定,特别是对于会计师的审计报告而言,它几乎可以为任何一个进行商业交易的人信赖并使用,该标准实际上将专家的第三人责任扩展到了极致。①

1983 年的 Rosenblum v. Adler② 一案是合理预见性标准的典型案件。该案中,新泽西最高法院(New Jersey Supreme Court)认为会计师应该对合理预见到的将获得并信赖审计报告的第三人承担责任。然而,责任的范围仅延至那些出于正当商业目的而从会计师那里获得审计报告、并受到该审计报告影响而作出决定的人。法院的裁决表明,对所有从会计师直接获得公司财务报告的人,会计师负有过失侵权责任,但是对从图书馆或者政府文件的年度报告中获得财务报告的人则不负有过失侵权责任。Rosenblum v. Adler 一案扩大了会计师在某些情况下对合理的可预见的第三人承担过失侵权责任,从而改变了会计师的责任范围。然而,现在只有密西西比州和威斯康星州沿用合理预见性标准。③

信用评级报告可以为任何一个进行交易的人信赖并使用,如果适用该标准,则信用评级机构将对可预见到的任何第三人负过失侵权责任。然而在信用评级领域适用合理预见性规则存在一定的困难。因为根据 Rodenblum 一案确立的规则,会计师的第三人责任止于实际上从会计师处收到报告的第三人(accountant liability was cut-off to only those third parties who actually received statements from the auditor.)。④ 如果第三方通过其他市场资源获得该报告或者通过因特网、图书馆等途径获得报告,则不属于第三人责任范围。如果投资者对评级报告的获取不是直接从信用评级机构获取,而是从因特网等其他途径获得的,合理预见性规则仍不能适用。现实中,投资者对评级报告的获得一般都不是直接来源于信用评级机构,而是来源于发行人、因特网等方式,所以对信用评级机构适用合理预见性标准确定第三人责任范围存在一定的困难。

(三)过失虚假陈述侵权行为司法规制的局限性分析

在讨论专业人士是否就其过失虚假行为对委托人以外的第三人承担法律责任时,法院面临的难题是:如果法院不责令专业人士对委托人以外的第三人承担法律责任,专业人士有时根本就不用对自己的过失行为承担责任。在信用评级利益冲突过程中,这种情况将助长信用评级机构对个人利益的追求而倾向

---

① 田韶华,杨清. 专家民事责任制度研究[M]. 北京:中国检察出版社,2005. 94 – 95.

② Rosenblum v. Adler, 461 A. 2d 138 (N. J. 1983).

③ PACINI, CARL& MARTIN, MARY JILL & HAMILTON, LYNDA. At the Interface of Law and Accounting: An Examination of a Trend Toward a Reduction in the Scope of Auditor Liability to Third Parties in the Common Law Countries[J]. *American Business Law Journal*, 2000, 37: 179.

④ Rosenblum v. Adler, 461 A. 2d 138, 153. (N. J. 1983).

评级费用支付方的利益，损害公众投资者的利益。

但是如果法院责令专业人士对委托人以外的第三人承担法律责任，法律又担心专业人士承担的责任过重过大，影响专业人士的积极性，使专业人士面临在不确定的时期内对不确定的人承担不确定的法律责任的风险。卡多佐法官在 Ultramares 一案中反映了对专业人士责任无限扩展的担忧，在一段广泛被引用的司法建议中，卡多佐法官认为"如果界定如此（宽）的过失责任，任何一个无意识的疏忽或者大意，或者未能发现被欺骗性的会计分录所掩盖的偷窃或者捏造行为，都会将会计师推到一个（极端）的境地：在无法确定的时限内，对无以计数的第三人承担无法预知的责任。"①

从司法管理因素考量，法官在审判民事侵权案件时，时常担心自己的判决会导致更多的人向法院起诉，使侵权诉讼案件如潮水般泛滥起来，导致法院面临的案件大量积压，影响侵权案件的有效审判和快速审判。② 在 In re Enron Corp. Secs., Derivative & ERISA Litig. 一案中，三大评级机构提出，如果让其对不特定公众承担过失侵权责任，则将开启失意投资者和债权人对信用评级机构的诉讼大门。③ 法院甚至还提出了法院审理困难问题，认为信用评级专业性强，法官对该领域不熟悉，因此难以对评级过程中的各种因素进行主次之间的区分，所以存在着对过失虚假陈述行为识别的困难，导致对非过失行为追究责任，而对真正过失行为却不追究责任，从而实际的过失情况与被发现并承担责任的情况不符合，使得信用评级机构缺少提高准确性的动机（there will be little incentive to improve accuracy）。④

从行业利益考量，近年来，诸如财务等专业服务领域已经成为高风险的领域，如果强加专业人士更重的法律责任，专业人士可能选择退出其从事的专业服务领域，如果专业人士拒绝为高风险的企业提供专业服务，其直接后果是减少了社会必要的信息流（flow of information）。如果信用评级机构为了避免承担责任而拒绝对较大风险的业务进行评级，反而不利于投资者保护。

因此，要求信用评级机构在有限的第三人责任范围内承担过失责任成为一个比较切合实际的选择，既避免了信用评级机构对不特定人承担不特定的责任，也避免了信用评级机构因不用承担任何责任而为所欲为。从目前的判例分

---

① Ultramares Corp. v. Touche, 255 N. Y. 170, 179－780. (N. Y. 1931).

② 张民安. 专业人士对其委托人承担的法律责任[A]. 张民安主编. 民商法学家(第1卷)[C]. 广州：中山大学出版社, 2005, 序言.

③ In re Enron Corp. Secs., Derivative & ERISA Litig., 511 F. Supp. 2d 742, 815 (S. D. Tex. 2005).

④ HUSISIAN, GREGORY. What Standard of Care Should Govern the World's Shortest Editorials?: An Analysis of Bond Rating Agency Liability[J]. *Cornell Law Review*, 1990, 75: 443.

析,美国法院根据信用评级的具体业务情况进行分析以决定第三人责任范围,如果遭受过失行为损害的原告人数不多,通常会责令其承担过失侵权责任;如果遭受过失行为损害的第三人人数众多,通常不会责令其对第三人承担过失侵权责任,而这也使司法裁判方式只能在一定限度内对信用评级机构产生规制作用。

二、证券过失虚假陈述行为的规制及其有效性

《1933 年证券法》第 7 条规定,证券注册登记人在提交注册说明书的同时应提交协助起草和提供证明的专业人士的书面同意。① 同时该法第 11 条规定了注册文件中存在不实陈述或重大遗漏的民事责任问题,其中规定任何参与准备注册文件、准备或核实被用于注册文件的报告或评价书、对注册文件的一部分予以认证的,并且同意将自己的名字列入注册文件的会计师、工程师、评估人员或者其他专业人员,有关内容必须经过他们的签字认证或者评估后才能上报备案,而且他们就自己负责的相关部分承担责任。② 因此,当信用评级机构同意其评级作为注册文件的一部分,并将其名字列入注册文件时,信用评级机构应承担《1933 年证券法》第 11 条规定的民事责任。

(一) 436(g)规则对 NRSRO 证券过失虚假陈述责任的豁免

长期以来具有 NRSRO 资格的信用评级机构并不承担《1933 年证券法》第 11 条规定的虚假陈述责任。1977 年 SEC 在发布的概念公告(concept release)中考虑允许提交给 SEC 的正式文件(official document)中包括对信用评级的披露。③ 由于《1933 年证券法》第 11 条规定当专业人士同意其报告作为注册文件的一部分提交时,应就其负责的相关部分承担责任,所以信用评级机构纷纷提出,由于面临承担不确定的民事责任,他们不会同意作出的信用评级被列入注册文件。④ 因此 SEC 在 1981 年发布的概念公告中规定发行人注册文件中包括信用评级披露内容的同时,提出了 436(g)规则,规定尽管 NRSRO 发布的信用评级作为注册文件的一部分提交给 SEC,但 NRSRO 并不承担《1933 年证券法》第 11 条规定的民事责任,因此减轻了 NRSRO 对所承担的民事责任不确定性的

---

① 15 U. S. C. §77g (2006).

② 15 U. S. C. §77k (2006).

③ Disclosure of Security Ratings, 42 Fed. Reg. 58414, 58414 (proposed Nov. 9, 1977) (to be codified at 17 C. F. R. § 239 & 249).

④ SEC. Concept Release on Possible Rescission of Rule 436(g) Under The Securities Act of 1933, 74 Fed. Reg. 53115 (2009).

担忧。①

　　SEC 认为信用评级机构已经受到证券法反欺诈规定的约束,因此才提出了免除 NRSRO 过失虚假陈述民事责任。② 436(g)规则于 1982 年正式执行,由此,不具有 NRSRO 资格的信用评级机构是《1933 年证券法》第 11 条规定的民事责任主体,具有 NRSRO 资格的信用评级机构不是《1933 年证券法》第 11 条规定的民事责任主体。

(二) 436(g)规则的废除及 NRSRO 证券过失虚假陈述责任的承担

　　次贷危机后信用评级机构成为舆论的焦点,NRSRO 不必承担证券虚假陈述责任被认为是 NRSRO 对评级准确性漠视的重要原因。在此背景下,SEC 对436(g)规则重新进行考察后,于 2009 年发布概念公告广泛征求意见,SEC 提出了废止 436(g)规则的四个理由:(1)436(g)规则的社会背景发生了重大变化;(2)投资者对 NRSRO 所发布的评级具有重大的依赖;(3)为了促进投资者保护和加强 NRSRO 的责任;(4)消除 NRSRO 和非 NRSRO 之间责任承担的区别。

　　2009 年概念公告发布后,SEC 收到了不同的反馈意见,支持废除 436(g)规则者认为,信用评级机构属于与审计机构同样性质的专业人士,436(g)规则使NRSRO 免于承担不准确评级的法律责任具有不合理性,NRSRO 应承担与审计机构一样标准的法律责任。信用评级机构明确反对废除 436(g)规则,穆迪认为信用评级机构与其他专家的工作不同,评级机构并没有参与注册文件的准备,也没有对发行人的陈述进行证明。穆迪特别强调,提高民事责任将使穆迪专注于信誉卓著的发行人的评级,而放弃对小规模或中等规模发行人的评级,由此将影响小发行人的融资能力。③

　　《多德—弗兰克法》立法过程中,国会对是否废除 436(g)规则进行了讨论,支持废止 436(g)规则的参议员认为,NRSRO 法律责任的承担将会增强评级的责任和提高评级过程中的审慎。Mary Jo Kilroy 参议员甚至以 2007 年被评为AAA 级别的证券在次贷危机期间大量成为垃圾债券的事实,说明提高信用评级机构责任的重要性。反对废止 436(g)规则的参议员认为,NRSRO 将会拒绝发行人在注册文件中使用信用评级,由此将会导致投资者信息的减少,与《多德—

---

　　① Disclosure of Security Ratings in Registration Statements, 46 Fed. Reg. 42024, 42024 (proposed Aug. 18, 1981) (to be codified at 17 C. F. R. § 230).

　　② Id.

　　③ BROWNLOW, BENJAMIN H. The Dodd-Frank Wall Street Reform and Consumer Protection Act: Rating Agency Reform: Presenting the Registered Market for Asset-Backed Securities[J]. North Carolina Banking Institute, 2011, 15: 127.

弗兰克法》保护投资者的目标相悖。①

尽管受到 NRSRO 的强烈反对,《多德—弗兰克法》仍然废止了 436(g)规则。《多德—弗兰克法》明确指出,信用评级机构的商业本质使其应承担与审计机构、证券分析机构同样的义务标准。② 《多德—弗兰克法》公布后,多家 NRSRO 拒绝同意注册文件中披露其发布的信用评级。2010 年 7 月 22 日,福特汽车信贷公司(Ford Motor Credit Company LLC)向 SEC 发信,说明由于担心承担《1933 年证券法》第 11 条的虚假陈述责任,信用评级机构拒绝同意在其注册文件中披露信用评级,使其不能执行 AB 规则(Items 1103(a)(9) and 1120 of Regulation AB)的披露要求③,即任何资产支持证券(any class of offered asset-backed securities)的发行或销售应有至少一家信用评级机构的评级并披露评级。④ 因此 SEC 在 2010 年 7 月发布了无异议函(a no-action letter),说明如果 AB 规则 1101 条款定义下的发行人(an asset-backed issuer as defined in Item 1101 of Regulation AB),在资产支持证券发行注册说明书的章程中没有披露信用评级,则公司金融部将不向 SEC 提出执行行动,2010 年 11 月 23 日 SEC 发布决定继续延长这种不行动状态(no-action position)。⑤ 这说明监管层对 NRSRO 应承担证券虚假陈述责任的肯定,对于 NRSRO 拒绝在注册文件中披露信用评级的情况,监管层力图在明确 NRSRO 法律责任的前提下寻求其他解决方式。

(三)证券过失虚假陈述行为的规制效果分析

面临《1933 年证券法》第 11 条的过失虚假陈述民事责任指控时,作为专业人士的信用评级机构可以提出适当勤勉(due diligence)的抗辩理由,即作为被告的专业人士对经过专业处理的材料,如能证明是经过了合理的调查;在文件生效时,专业人士有合理的理由相信,并且确实相信这部分文件是真实而完整的;或者被告能够证明注册文件中与自己有关的部分,并没有适当地(fairly)代表他作为专业人士的意见;或者注册文件中的内容并不是他的专业人士意见的适当的复本或者摘要,等等。⑥ 这些理由成为信用评级机构证券虚假陈述责任的抗辩理由,因此也成为信用评级机构在评级过程中尽到适当勤勉的行为参

---

① Id., p. 129.

② Dodd-Frank *Wall Street Reform and Consumer Protection Act*, Pub. L. No. 111 – 203, § 931.

③ 同本页注①,第 111 页。

④ SEC. Response of the Office of Chief Counsel Division of Corporation Finance (November 23, 2010). http://www. sec. gov/divisions/corpfin/cf-noaction/2010/ford072210 – 1120. htm, 2011 – 08 – 05.

⑤ Id.

⑥ 王勇华. 登记文件出现不实陈述或重大遗漏的民事责任——美国《1933 年证券法》第 11 条评析[J]. 证券市场导报,2002,(5):24.

照。为避免承担证券过失虚假陈述民事责任,信用评级机构在评级过程中不得不努力做到尽职调查,从而也避免受到各种利益冲突的影响,这就是司法体系对利益冲突规制作用的体现。但是实际的规制效果仍然有限,因为只有信用评级机构同意评级报告作为注册文件的一部分情况下,信用评级机构才承担所规定的专业人士虚假陈述民事责任,但是到目前为止,大多数的信用评级机构拒绝同意注册文件中包括评级报告。

第四章　信用评级利益冲突的行政监管

由于市场自律和司法规制的局限性,单纯依靠自律组织或司法程序不足以有效控制信用评级利益冲突,因此引入行政监管成为必要。本章第一节为信用评级利益冲突行政监管制度的概述部分,首先论述行政监管在利益冲突规制结构中的地位,说明由于行政监管所具有的较强监管能力、事先防止损害行为发生等特征,行政监管方式在信用评级利益冲突规制中发挥核心的作用,接着分析信用评级利益冲突行政监管的基本制度,说明内部控制制度监管、信息披露监管和禁止性规定是利益冲突行政监管的三种基本制度。信用评级利益冲突来源情况较为复杂,针对不同的利益冲突来源可以采取不同的规制措施。本章以美国法为中心,对各种利益冲突情况的具体监管制度进行分析,并讨论美国现有立法的不足和完善建议。针对利益冲突本身的行政监管措施存在一定的缺陷,本书提出了信用评级质量监管措施,以加强对信用评级利益冲突的规制。

第一节　信用评级利益冲突行政监管制度概述

一、行政监管方式在信用评级利益冲突规制结构中的地位

由于市场自律和司法规制的局限性,单纯依靠市场自律或司法程序不足以有效控制信用评级利益冲突,使得引入行政监管成为必要。与其他规制方式相比较,行政监管的作用主要体现在以下几个方面:

第一,行政监管机构往往配置有精通法律、财务、投资理财和调查执行等业务的工作人员,与法院相比,能以较高水平的专业知识对市场可能发生的损害行为(损害他人利益或损害市场机制)的方式和后果作出预测和判断,处理、调查起来更为得心应手,这种作用可以弥补司法机关专业知识不足和对市场变化反映迟滞的缺点。如在有关信用评级案件的审理中,法院提出了审理困难问题,认为信用评级专业性强,法官对该领域不熟悉,难以对评级过程中的各种因素进行主次之间的区分,存在着对过失虚假陈述行为识别的困难,可能导致对

非过失行为追究责任,而对真正过失行为却不追究责任。① 因此在对信用评级利益冲突的规制中,行政监管方式体现出专业化规制水平的优势。

第二,行政监管机构能以法律授予的主动调查权力和对各种市场活动进行监督的权力,主动发起调查活动,对违法行为采取提起诉讼、实施行政处罚等行动,增加对信用评级机构违法违规行为的威慑能力,减少违法违规行为的发生,对已经发生的违法违规行为进行处罚,从而弥补法院执法被动性造成的种种不足,进而保障市场整体的执法效率。对于法规已经禁止的损害行为,法院执法具有被动性,受害人只有经过旷日持久的司法程序才能得到终审判决,使损害行为得不到有效的处罚和制止,从而损害投资者信心,所以一个强有力、专业化水平较高的行政监管机构对信用评级市场的发展至关重要。

第三,不实评级造成的较大预期损害客观上要求采取主动监管,事先防止损害行为的发生。在违法行为预期损害程度较低情况下,受害人可能遭受的损害较小,对社会的危害程度较低,由法院对损害行为进行事后的裁判和由市场进行自发的调节是合理的。但是如果预期损害的程度相当大,比如核电站所造成的巨大损失,司法规制便失效,原因在于司法规制是事后规制方式,在损害发生之后才启动诉讼。但是具有主动式执法特征的行政监管可以通过设置准入壁垒、持续监督和调查等方式来预防损害的发生,因此行政监管方式的优越性便体现出来。由于信用评级具有信息中介、监管许可和私人交易参照标准等作用,因此对于金融市场的作用日益重要,其不实评级的危害性也日益显著,在监管规则援引信用评级作为监管依据的情况下,如果不实评级大量出现,可能造成政府监管的失灵,甚至引起系统性风险,次贷危机就是不实评级危害性的一个表现,因此,对信用评级利益冲突采取事先的行政监管手段是必要的。

第四,市场自律和司法规制的局限性凸显了行政监管的核心地位。市场自律是市场的自发行为,信用评级机构采取自律措施本质上是在符合自身利益基础上的行为,其本身存在局限性,可能产生规制失灵。为纠正市场自律的局限性,可以针对市场自律局限性的原因采取相关规制措施。但是信用评级行业垄断状态的改变需要一定的过程、监管许可权力难以移除、信用评级机构追求自身利益最大化的动机始终存在,这些因素使得针对市场自律本身的改革措施只能在一定程度上纠正市场自律失灵,信用评级利益冲突的规制客观上需要具有更大约束力的规制方式。

在司法规制方面,为了避免扼杀市场,法院必须在为投资者提供有效的法

---

① HUSISIAN, GREGORY. What Standard of Care Should Govern the World's Shortest Editorials?: An Analysis of Bond Rating Agency Liability[J]. *Cornell Law Review*, 1990, 75: 443.

律保护和限制责任范围的需要之间进行平衡。在信用评级机构不实评级引起的过失虚假陈述诉讼中,法院为了避免信用评级机构承担对于不特定对象的不特定法律责任,以先例判决所确定的已知或已预见第三人标准、准契约标准、合理预见标准等规则确定信用评级机构的第三人责任范围。司法规制总是在维护信用评级行业利益和投资者保护两者利益之间进行平衡,在规制信用评级利益冲突方面表现出局限性。而行政监管机构可以在对信用评级利益冲突行为进行调查研究基础上,以投资者保护为目标,对信用评级机构的某些行为采取禁止性规定。

因此,行政监管所具有的较强监管能力、事先防止损害行为发生等特征,使其在信用评级利益冲突规制中发挥核心的规制作用。行政监管机关可以针对各种利益冲突来源制定相应的监管措施,可以事先采取措施防止损坏行为的发生,也可以通过对信用评级质量进行监控,从而促使信用评级机构发布客观公正的评级。

二、信用评级利益冲突行政监管的基本制度

信用评级利益冲突行政监管的基本制度包括内部控制制度的监管、信息披露的监管、禁止性规定的监管,本节从理论上对基本制度进行分析,为各种利益冲突的具体规制制度提供理论的铺垫。

(一)内部控制制度监管

内部控制制度(the internal control system)是 20 世纪 40 年代开始出现的概念,[①]最初的含义指企业会计控制,随着西方国家资本与市场的国际化,企业规模不断扩大,业务日益复杂,职能管理部门随之增多,子公司、分公司、派出机构大量出现,企业不得不采取各种措施加强对内部各职能部门的控制,使内部机构和人员能够尽职尽责,提高工作效率和工作质量,因此内部控制的内容、范围不断扩大,控制方法逐渐增多,建立一套完整、严密、有效的内部控制系统已成为现代企业科学管理的重要内容。[②] 在这种背景下,内部控制的内涵和外延也发生变化。1992 年 COSO 委员会(Committee of Sponsoring Organization of the Treadway Commission)发布了著名的《内部控制整体框架》(*Internal control Integrated Framework*)的报告(简称 COSO 报告),指出内部控制是由企业董事会、经理当局以及其他为达到财务报告的可靠性、经营活动的效率和效果、相关法律

---

① 许传华. 21 世纪区域金融安全问题研究[M].北京:中国财政经济出版社,2004. 93.
② 同上。

法规的遵循等三个目标而提供合理保证的过程。① 这个概念将内部控制的范围定义得相当宽泛，也是迄今为止最权威的概念。

美国《2006 年信用评级机构改革法》和《多德——弗兰克法》对信用评级机构内部控制制度进行了规定，主要内容包括独立董事、合规审查、防火墙等内容，这些规定反映了美国对信用评级机构监管的强化。

1. 内部控制制度监管的法理分析

次贷危机前，信用评级机构基于市场压力，通过内部行为规范、评级操作规程和中国墙制度等自律措施以控制利益冲突，但是这些措施只是内部管理规范，属于自律性措施。次贷危机后，美国加强了信用评级内部控制制度监管的立法，通过立法所规定的各项内部控制制度要求是行政监管的内容，具有法律约束力。

在政府监管层面，监管层日益依赖内部控制以实现监管目标，内部控制制度不仅是企业的自我约束规则，而且成为行政监管制度的重要内容，被认为是"干涉性的内部治理"（intrusive internal government）。特别在金融业，代表国家的监管机构与被监管方的金融机构之间日益形成了一种相互依赖的关系，监管各方相互"借力"以提高其自身的监管能力，金融企业的内部控制制度成为金融监管的重要内容。金融企业的内部控制制度不仅是企业的内部管理问题，而且是政府金融监管的重要内容，监管部门不仅要求金融企业应建立内部控制制度，而且通过发布内部控制指引等方式指导金融企业建立必要的内部控制制度。

从内部控制制度本身来讲，金融市场各种主体的内部管理规范对其自身业务乃至整个金融体系的影响越来越大。特别是随着金融创新的发展，现代金融业务日益综合化、国际化和复杂化，加强内部控制制度建设尤其具有重要意义。因此各国金融监管当局不断向金融市场主体施加压力，促使其改进和加强内部管理，尤其强调金融机构对风险或潜在风险较大的业务领域加强管理和监控。金融机构是否具有完善的内部管理制度已成为监管当局核准金融业市场准入的重要考量因素，也是监管当局对金融机构进行检查的重要内容。② 可以说，内部控制制度已成为金融监管立法的一个重要内容。对于信用评级机构来说，由于声誉机制未能在结构化金融产品等新产品的评级中发挥制约作用，内部控制制度的自律规制机制未能真正发挥作用。次贷危机中，大量获得的 AAA 级别的债券一夜之间沦为垃圾债券。由此，信用评级机构内部控制制度也成为监管

---

① 陈秉正，编著. 公司整体化风险管理［M］. 北京：清华大学出版社，2003. 195.
② 张忠军. 金融监管法论：以银行法为中心的研究［M］. 北京：法律出版社，1998. 137－139.

立法的重要内容。是否具有完善的内部控制制度成为信用评级机构市场准入的一个重要标准。

内部控制制度可以分为共性内部控制制度和特性内部控制制度。共性内部控制制度指所有机构都适用的一般性内部控制原则、措施、程序等。特性内部控制制度指适合个别企业的特有内部控制制度。共性内部控制制度和特性内部控制制度共同组成了内部控制制度总体。从经济学角度分析,共性内部控制制度具有提供及消费的不可分割性和非排他性,具有一定的公共产品性质。因个体企业生产(制订)共性内部控制制度的动力不足,导致共性内部控制制度生产很难满足企业内部控制制度的公共需要,因此共性内部控制制度应由公共部门提供。① 监管机关对内部控制制度的监管主要针对共性内部控制制度部分。

美国信用评级机构监管制度规定了所有信用评级机构都适用的独立董事、合规审查、防火墙等一般性内部控制制度,这些规定属于金融监管立法内容,具有法律约束力。在内部控制制度的监管立法之外,信用评级机构往往制订了适合自身的内部控制制度,即特性内部控制制度。这种特性内部控制制度是企业内部管理规定,信用评级机构可以执行,也可以视情况随时修改、废止,特性内部控制制度是自律性措施,无法律约束力。

2. 独立董事制度

《多德—弗兰克法》规定 NRSRO 董事会应建立、维持和执行政策、程序以处理、控制和披露任何利益冲突,董事会至少 1/2 且不少于二名成员为独立董事。② 该法案特别规定了独立董事任职资格、独立性保障等方面内容,由此引入了规制利益冲突的独立董事制度。

(1)独立董事制度内容

独立董事制度的核心内容是董事任职的独立性保障,《多德—弗兰克法》从独立董事工作开展、薪酬、任期等方面进行了规定。

独立董事的职责主要是对公司经营进行监督,而不是参与公司的日常经营,因此不宜赋予独立董事过多的工作职责。《多德—弗兰克法》规定的独立董事责任包括:监督建立、维持和执行确定信用评级的各种政策和程序;监督建立、维持和执行控制和披露利益冲突的各种政策和程序;监督有关确定信用评级的各种政策和程序的内部控制制度的有效性;监督各项报酬和激励政策和实践。从《多德—弗兰克法》规定的内容看,独立董事履行工作职责的方式主要是

---

① 罗绍德,唐群力. 企业内部控制的新制度经济学解释[J]. 审计与经济研究,2003,(6):59.

② Dodd-Frank *Wall Street Reform and Consumer Protection Act*, Pub. L. No. 111 – 203, §932.

监督,其中有关利益冲突规定的执行是独立董事的重要监督内容。为保障独立董事在履行工作中的独立性,《多德—弗兰克法》同时规定独立董事不能与信用评级机构或其附属企业有关联关系,独立董事不得参与和其有经济利益关系的信用评级的审议,并规定独立董事任期应通过事先协议规定固定任期,每届任期不得超过 5 年,不得连任。法案从固定任期和不得连任两方面的规定保障其独立性。

美国独立董事一般以年薪和会议费的方式获得常规董事会工作的现金报酬,同时也会得到委员会成员费、委员会会议费或两者皆得。[1]《多德—弗兰克法》要求信用评级机构应合理安排独立董事的报酬以确保其能独立判断,明确规定独立董事报酬不得与信用评级机构经营业绩相挂钩,独立董事不得接受来自于信用评级机构的咨询、顾问或其他补偿费用(compensatory fee)。[2]

(2)独立董事规制的法理分析

尽管信用评级机构是私人营利机构,但是信用评级具有公共产品特征,信用评级的利益相关方不仅包括被评级对象,而且包括公众投资者等信用评级报告使用者,独立董事是信用评级相关利益者的代表。利益相关者(Stake holder)指,凡能够影响企业活动或被企业活动所影响的人或团体。股东、债权人、雇员、供应商、消费者、政府部门、相关的社会组织和社会团体、周边的社会成员等都属于利益相关者。[3]

利益相关者理论认为公司利益既包含股东利益,也包含股东之外的其他利害关系人的利益,如消费者利益、职工利益、债权人利益、供应商利益、环境利益、公司所在社区利益等。相关利益者理论要求对股东之外的相关利益者提供保护。因此公司董事会做出公司决策时,既要增进股东利益,也要考虑其他利害关系人的利益。因此企业的经营目标是多元的,既有经济性的,也有社会性和政治性的,企业是一个具有多重目标的组织。

信用评级机构的利益相关者不仅包括公司股东,而且包括被评级对象、信用评级订阅人、公众投资者等,他们的利益直接受信用评级报告的影响。信用评级机构股东可以通过行使所有权对公司的经营进行监督,信用评级申请人可以通过评级合同等关系影响信用评级机构,但是对于与评级机构不存在合同关系的评级使用者来说,尽管其属于相关利益者,但是不能参与公司管理,因此应

---

① 刘晓青. 独立董事制度研究[M]. 南昌:江西人民出版社,2007. 105.

② Dodd-Frank *Wall Street Reform and Consumer Protection Act*, Pub. L. No. 111 – 203, §932(a)(8),(amending 15 U. S. C. §78o – 7(t))

③ 同本页注①,第 84 – 88 页。

有相关的制度保护其利益。

信用评级利益冲突所影响的利益主体是多元的,对于与信用评级机构不存在合同关系的评级使用者,尽管是信用评级的相关利益者,其对信用评级机构的制约主要通过"用脚投票",没有其他方式可以介入信用评级机构内部管理以维护本身利益,而采用独立董事制度是维护信用评级使用人利益的有效方式。《多德—弗兰克法》规定信用评级机构应有来自于评级使用者的独立董事,是评级相关利益者参与评级机构治理的一种重要方式。

3. 合规审查制度

合规审查是金融行业的重要内部控制制度,其职能在于确保金融机构内部各部门能严格执行立法和监管部门制定的法律、法规以及金融机构自身制定的各项内部规定。20 世纪 30 年代美国就将合规监管作为商业银行监管的核心内容,以监管商业银行忠实执行立法和监管部门制定的法律、法规,从而在大萧条之后有效地维护了商业银行的稳定。① 巴塞尔委员会(The Basel Committee on Banking Supervision)将合规审查称作银行内部的核心风险管理活动。② 同样,《2006 年信用评级机构改革法》和《多德—弗兰克法》规定信用评级机构应建立合格审查制度以加强对利益冲突的控制。

合规指经营管理活动应合乎规范,应遵守国家和监管部门发布的法律法规、行业协会制定的自律规范以及企业内部制定的各项具体制度等。为确保信用评级机构严格执行证券法律和评级机构内部规程,《2006 年信用评级机构改革法》明确规定信用评级机构应任命合规审查主管(compliance officer),负责监督执行信用评级机构根据证券法的要求所建立的控制利益冲突的各项内部政策和程序,并确保信用评级机构能够严格执行证券法律法规。

《2006 年信用评级机构改革法》生效前,有些信用评级机构已经建立了合规审查的自律措施。但是在次贷危机爆发后,SEC 的调查人员发现,尽管信用评级机构建立了合规审查自律措施,但是合规审查人员缺乏履行职务的保障,如合规人员的谨慎合规审查行为与公司经营目标相悖时,则有可能被调整岗位甚至被解雇。例如在次级评级业务高速发展时期,穆迪公司的收入急剧膨胀,2007 年穆迪不仅把提示评级风险的分析人员辞退,而且辞退了合规部门的员工,将对次级抵押债券做出较高评级的业务人员安排到合规部门。③

① 刘红林. 商业银行合规风险管理实践[M]. 北京:经济科学出版社,2008.39.
② 黄毅,编著. 合规管理原理与实务[M]. 北京:法律出版社,2009.225.
③ HALL, KEVIN G. How Moody's Sold its Ratings-and Sold Out Investors [EB/OL]. http://www.mcclatchydc.com/2009/10/18/77244/how-moodys-sold-its-ratings-and.html#, 2011 - 03 - 20.

因此有必要建立对于合规审查的监管制度,保障合规审查人员的独立性,保障合规人员履行职务不受外在因素影响,克服信用评级机构自身合规审查制度的局限性。

(1)合格审查人员独立性。《2006年信用评级机构改革法》要求信用评级机构应任命利益冲突合规审核人员,但是在合规人员的独立性方面缺乏保障性规定。《多德—弗兰克法》为此作了进一步的规定:(1)合规审查人员的禁止行为。合规审查人员不得参与信用评级,不得参与评级技术或模型的研究开发,不得参与市场或者销售,不得参与决定报酬水平。(2)合规审查人员的薪酬保障。合规人员的薪酬水平应确保其能够独立进行判断,其薪酬不得与信用评级机构的盈利情况相挂钩。

(2)合规审查人员履职的监督。为加强对合规人员履职的监管,《多德——弗兰克法》规定了合规报告制度和合规资料保存制度。①合规审查人员报告制度。为监督合规审查人员是否严格履行控制利益冲突职责,《多德——弗兰克法》规定合规人员每年应提交年度报告,说明信用评级机构执行控制利益冲突的各项政策以及各项证券法律的情况,该报告应与年度财务报告一起提交给SEC。②合规审查资料的保存。为了便于监督信用评级机构合规部门是否尽到合规审查责任,SEC同时要求信用评级机构应做好合规审查资料的保存,以便利SEC的监督检查工作。

但是《多德—弗兰克法》的规定仍有不足之处,在独立性方面应规定进一步的保障制度。可以比照独立董事制度,规定合规人员实行固定任期制,任期届满之前不得随意被解雇,为合规人员履行职务提供进一步保障。

4. 防火墙制度

防火墙监管制度包括业务防火墙和法人防火墙,业务防火墙指建立公司内部不同业务部门的防火墙,由不同的业务部门分工负责有利益冲突的业务,限制不同业务部门人员工作上的交流;法人防火墙指将有利益冲突的业务从公司内部剥离,由独立运作的附属公司经营,并限制不同法人之间的交流。

对于信用评级业务和营销业务之间产生的利益冲突,采用防火墙是一种有效的规制方式。评级机构的市场营销人员主要关注于产生最大的业务收入,评级人员主要关注于作出准确的评级,如果信用评级机构的员工同时从事这两种业务将会产生利益冲突:负责评级或者评级技术的分析人员在商谈评级费用的同时,商业上的考虑将会破坏评级过程的公正性;如果调整为更稳健的评级模式将使与发行人费用的谈判更困难的话,参与批准评级技术和评级程序的人员将不情愿调整评级模式。因此,应该有一个在分析人员和营销人员之间的防火墙设置,避免为了增加收入而妥协于客户提高信用等级的要求。

防火墙制度与中国墙制度尽管在内容上有共同之处,但两者性质不同。防火墙属于法定风险隔离措施的一部分,强调对风险因素的他律规范,拒不设置防火墙或违规设置防火墙属于违法行为,会受到法律制裁;中国墙是由企业自身设置的自律性机制,对中国墙要求的违反可能被视为管理混乱,职业道德低下,但并不认为是违法行为。从功能上分析,防火墙制度只有防范效用,并不具备免责功能,给投资者或债权人造成损失时,企业不能援引已设立防火墙制度为由,要求免除自己的赔偿责任;而中国墙制度在许多国家(如美国、英国)则是一项法定的抗辩事由,在企业遭受内幕交易或违反对客户诚信义务指控时,可以以已设立完备的中国墙隔离制度为由,要求免除自己的责任。①

(二)信息披露监管

1. 信息披露监管的法理基础

信息披露制度是美国证券监管的基本立法原则,是证券市场有效运行与发展的基础和证券监管制度的基石。从美国信用评级监管立法内容来看,信用评级信息披露制度贯穿于监管立法的各个方面。从法理上分析,信息披露制度的理论基础在于有效市场假定,而信用评级的产品特征是信用披露制度的重要现实基础。

首先,信用评级信息披露监管源于有效市场假定。有效市场假定理论认为在有效市场中,证券价格能反映所有公开的信息,而且市场存在着大量的成熟投资者,这些投资者能对信息及时作出反馈,因此并不需要所有的投资者都能理解披露的信息,只要有足够数量的投资者在市场上就足以对披露的信息作出反馈。

对于信用评级产品来说,只要信息能做到充分的披露,投资者本身就能根据信息的充分披露来衡量信用评级产品的价值。例如 SEC 认为,只要信用评级机构能够充分地披露利益冲突、控制利益冲突的程序和评级技术等信息,投资者就能够充分估计某一评级所受到的利益冲突的影响,投资者将会根据利益冲突的影响来对评级产品进行评价。

其次,信用评级的产品特征要求加强信息披露监管。信用评级与其他产品的一个重要区别在于,信用评级的准确与否应根据被评级对象在信用期间的实际信用情况或违约情况来评价,信用评级产品的质量难以事先确认。通过规定信息披露要求,强制要求信用评级机构披露评级历史、评级技术、评级程序等信

---

① 陈振福. 论对金融混业经营中利益冲突的法律规制(博士学位论文)[D]. 北京:对外经济贸易大学, 2005. 72.

息,使市场主体能够根据所披露的信息衡量不同信用评级机构之间的评级水平,特别是对新进入市场的信用评级机构,通过公开披露的评级技术、评级程序,增强市场对于新设立的信用评级机构的了解。因此,信息披露影响了投资者对信用评级产品质量的判断和信用评级机构之间的竞争。

2. 信息披露监管的主要内容

信用评级行业本身对于评级方法没有一个固定的模式和规定,所以对于信用评级机构的监管而言,披露显得尤为重要。事实上,信息披露的相关规定和信用评级机构的独立性关系密切,信息披露本身就是保持信用评级机构独立性的一个重要措施。从信用评级利益冲突规制的角度分析,信用评级机构信息披露的内容主要有两个方面:一是信用评级利益冲突来源的披露,二是能够对信用评级机构产生约束作用,对信用评级利益冲突起间接规制作用的信息披露。

SEC 规定信用评级机构应在 NRSRO 的注册文件或者以后的年度报告中披露信用评级过程所存在的各种利益冲突,SEC 具体规定了应披露的各种利益冲突,包括:(1)发行人付费的利益冲突,即由发行人或承销商向信用评级机构支付评级费用以确定他们发行或承销的证券或者货币市场工具的信用评级;(2)债权人付费的利益冲突,即由债权人向信用评级机构支付对该债权人信用评级的评级费用;(3)附属服务的利益冲突,发行人、承销商和债权人除了支付信用评级费用外,还支付其他服务的费用;(4)订阅人付费模式的利益冲突,某主体向信用评级机构支付信用评级订阅费用或者其他服务费用的情况下,使用其订阅的信用评级以遵守监管规则或者减少守法成本,或者所进行的投资或交易将由于信用评级机构发布的信用评级而受到有利或者不利影响;(5)信用评级机构内部人员持有被评级方权益或者证券的利益冲突,即信用评级机构内部人员直接拥有受信用评级影响的债务人或者发行人的证券或货币市场工具,或者内部人员在该债权人、发行人处直接拥有其他的所有者权益(ownership interests);(6)非正常商业关系的利益冲突,即信用评级机构内部人员与被评级的债务人或者发行人有超出正常的商业关系;(7)关联关系的利益冲突,信用评级机构关联人是从事承销证券或者货币市场工具的经纪人或自营商(a broker or dealer)而产生的利益冲突。①

SEC 规定信用评级机构披露各种利益冲突的目的是让市场能够知悉信用评级过程中所存在的各种利益冲突,评价信用评级的客观中立性,从而对信用评级行为产生约束作用。但是笔者认为,信用评级行业所存在的利益冲突及其

① SEC. Form NRSRO[EB/OL]. http://www.sec.gov/about/forms/formnrsro.pdf. 2011-06-28.

危害,市场已然熟悉,美国法院在判决中特别说明,信用评级利益冲突是公众知晓的客观存在的事实。① 既然信用评级过程中所存在的利益冲突关系已为市场所知悉,即使信用评级机构对上述利益冲突不作披露,市场仍然知悉信用评级过程中所存在的这些利益冲突,因此 SEC 规定的上述披露要求缺乏有力的规制效果。

所以应通过信息披露使市场能够判断某一机构的评级行为是否实际上受到利益冲突的影响。美国监管规则在要求信用评级机构披露利益冲突关系的同时,要求信用评级机构应进行收费来源披露、业绩披露、评级过程披露,通过这些披露使市场判断信用评级结果是否实际受到各种利益冲突关系的影响,评价信用评级结果的客观中立性,从而约束信用评级机构的评级行为。具体内容包括:(1)收费来源披露,订阅人付费模式和发行人付费模式下,信用评级机构最大的客户名单;(2)业绩披露,帮助投资者、发行人和监管者更好地判断评级质量的信息,具体包括说明评级准确性的短期、中期和长期的历史数据;(3)评级过程披露,通过评级程序、评级方法等内容的披露,使市场知悉信用评级过程中的利益冲突规制情况,对信用评级的客观中立性进行评价。

(三)禁止性规定

限制市场主体的行为是行政监管机关的通常监管手段,禁止性规定对信用评级利益冲突产生重要的规制作用。

第一,在采用内部控制制度监管等其他监管制度不能控制信用评级利益冲突影响的领域,可以采用禁止性规定。例如信用评级与附属业务的利益冲突,尽管信用评级机构建立了中国墙隔离制度,但是信用评级机构仍然处于对自身业务进行自我评级的情境之下,即使监管层通过防火墙制度要求信用评级机构严格执行评级业务与附属业务的隔离,但是其效果仍然与中国墙制度一样,信用评级机构仍然是对自身业务的评级。所以只有采取禁止性规定的方式限制信用评级机构的行为,要求信用评级机构不得对同一对象同时开展评级业务和提供评级建议,以此来控制利益冲突。

第二,禁止性规定和其他监管制度的协调配合能取得更好的规制效果。对于同样的利益冲突来源,如果产生的后果较为严重,可以采用禁止性规定,如果没有严重的后果,则可以采用信息披露或其他监管制度。例如对于发行人付费模式利益冲突的监管,如果主要客户在信用评级机构收入中所占的比重较大,将对信用评级机构的行为产生较大的影响,采用禁止性规定能取得较好的监管

① In re Lehman Bros. Sec. & ERISA Litig., 684 F. Supp. 2d 485, 492, (U. S. D. C. 2010).

效果,可以规定当某一发行人在信用评级机构收入中所占的比例达到一定幅度时,禁止信用评级机构继续发布该发行人请求的评级。而对于一般业务关系的发行人,如果在信用评级机构业务收入中所占的比重不显著,这种情况下发行人对信用评级机构行为的影响力较小,则可以采用信息披露监管的规制方式。

行政监管机构能以法律授予的主动调查权力和对各种市场活动进行监督的权力,主动发起调查活动,对产生利益冲突的某些情况采取禁止性的规定,限制信用评级机构的行为,从而防止危害后果的发生,这种功能是市场自律和司法规制所无法实现,从而也说明了行政监管在信用评级利益冲突规制结构中应处于核心地位。

第二节　评级机构层面结构性利益冲突的行政监管

结构性利益冲突是信用评级机构经营模式所固有的利益冲突,包括发行人付费模式和订阅人付费模式产生的利益冲突,行政监管制度主要采取信息披露监管的规制方式,辅之以禁止性规制方式。

一、结构性利益冲突的特点

有的学者提议废除发行人付费的经营模式,要求信用评级机构回归到早期的订阅人付费模式,以消除发行人付费模式产生的利益冲突,但是目前仍不具备废除发行人付费模式的条件。

首先,改变向发行人收取费用这种方式存在着诸多困难:第一是"搭便车"的问题,非付费的投资者可用较小的代价复制评级报告;第二是集体行动困境问题(the collective action problem),由于无法事先了解哪些投资者将购买某一特定的证券,即使事先已经确定证券的购买者,也不可能说服所有的投资者按比例支付评级费用,这样就形成了潜在投资者的集体行动困境;①第三,建议禁止发行人付费模式的主张是基于这样一种假定,即信用评级机构能够通过向订阅人收费而维持经营,但是发行人付费收入占信用评级机构收入比重大,如穆迪达到其收入的 60% ,②禁止发行人付费方式将对信用评级机构经营造成较大影响。

---

① SCHWARE, STEVEN L. Private Ordering of Public Markets: the Rating Agency Paradox[J]. *University of Illinois Law Review*, 2002: 17.

② Moody's Corp., Annual Report (Form 10 - K), 92 - 93 (Mar. 2, 2009). http://ir. moodys. com/sec. cfm? DocType = Annual&Year = 2009&FormatFilter = , 2011 - 08 - 15.

其次,即使废止发行人付费模式而采取订阅人付费模式,同样存在着利益冲突。许多监管规则对机构投资者所能投资的证券级别有特殊的规定,当机构投资者希望投资于某种证券时,仍然希望被评级的证券达到某一信用级别,因此存在以支付订阅费用换取较高评级的可能性。相反,某些投资者可能为了获取较高的投资收益,却希望所投资的证券获得较低的评级。当来源于订阅人的收费达到较大比例时,同样对信用评级机构产生评级压力。因此两种业务模式都存在利益冲突,不可能禁止其中一种业务模式而推崇另一种业务模式。

发行人付费模式产生的利益冲突和订阅人付费模式产生的利益冲突是信用评级机构业务模式所固有的利益冲突,在没有其他经营模式可以替代情况下,不可能采取完全禁止的行政监管措施,而是在对大客户进行业务限制基础上,采取信息披露的规制方式,以约束信用评级机构的行为。

二、对大客户评级的限制

不管是发行人付费模式还是订阅人付费模式,只要信用评级机构来源于某一客户的评级收入达到了较大数额,则信用评级机构为了维系该客户关系,可能会产生以该客户的需求为导向的行为,从而影响了信用评级机构所应具有的客观中立地位。

根据 SEC 的规定,请求评级者在最近结束的会计年度内(in the most recently ended fiscal year)向 NRSRO 提供的净收入达到或超过该会计年度内全部净收入的 10% 时,禁止 NRSRO 发布或维持该请求评级方主动请求的评级。① 如果某一方所提供的收入占 NRSRO 年度净收入的 10% 或以上时,已经对 NRSRO 的收入产生了重大的影响。一旦这样的客户转向其他信用评级机构,将对原先信用评级机构的收入产生重大影响。所以对于这样的客户,NRSRO 往往存在评级压力,出于经营的需要难以保持公正的立场。

从评级市场的情况来看,在 NRSRO 主要从事公司债券评级情况下,由于公司债券评级市场较分散,单一客户所提供的评级费用占 NRSRO 总收入的比例较低。但是在结构金融产品评级市场,这一规定有重大的意义,因为一个大的发起人所提供的收入可以达到 NRSRO 收入的 10%。在 SEC 收到的意见函中,有些信用评级机构提出,大的发起人所提供的收入可能超过 NRSRO 年收入的 10%,要求在特殊情况下免除这个限制,希望能够通过个案审查而豁免。但是 SEC 认为 10% 已经是一个较高的界限,因此拒绝超过该界限时进行个案审查豁

---

① 17 C. F. R. § 240. 17g – 5(c)(1) (2010).

免的提议。[①]

三、客户情况披露

收费来源利益冲突是基于付费人支付费用对于信用评级机构的评级压力所产生的利益冲突,尽管 SEC 规定了对占 10% 收入的大客户进行评级的限制措施,但是在发行人的付费没有达到 10% 界限的情况下,一项较高的收入仍然对信用评级机构产生压力。无论是发行人、订阅人、债务人还是承销商,只要产生的收费数额较大都可能对信用评级机构产生不当的影响。而这种利益冲突无法完全禁止,通过信息披露规定可以由信用评级使用者对利益冲突的风险进行评价,发挥市场监督的作用。

(一)美国现行客户情况披露的规定

根据 SEC 于 2007 年发布的规则,NRSRO 应披露发行人、订阅人、债务人和承销商在接受信用评级服务中支付费用较大的名单,其中发行人和订阅人应披露支付费用前 20 名的名单。如果债务人和承销商支付的费用达到发行人和订阅人支付费用的第 20 名费用数额时,债务人和承销商的名单也应披露。其中信用评级服务包括对债务人评级、对证券或者货币市场工具评级和其他的评级,以及向订阅人提供的各种信用评级数据和信用评级分析。[②]

从美国目前的规定来看,客户情况信息披露规定实际上没有对信用评级机构起到应有的规制作用。首先,根据 2007 年 SEC 规则的规定,尽管 NRSRO 应披露收费来源最大的 20 名发行人、订阅人或者承销商,但是 NRSRO 可以选择公开披露或者秘密披露两种形式,秘密披露指的是向 SEC 单独披露而不将信息公开。目前所有注册为 NRSRO 的信用评级机构都选择了秘密披露,评级报告使用者未能通过公开的方式获得 NRSRO 的收费来源情况,也无法对付费模式的利益冲突风险进行判断。

其次,在发布的评级报告中,信用评级机构也都没有披露付费方是否为其主要客户,客户的付费情况是否对信用评级造成利益冲突的风险。尽管 NRSRO 在每项评级报告中都说明了其信用评级可能存在的利益冲突,但是这种披露是一种模板陈述(boilerplate statements),不产生实质性的披露信息。例如穆迪的披露内容是:“穆迪所评级的债券和优先股发行人,在评级发布前同意向穆迪支

---

① SEC. *Oversight of Credit Rating Agencies Registered as Nationally Recognized Statistical Rating Organizations. Exchange Act Release No.* 54–55857, 72 Fed. Reg. 33,598 (2007).

② SEC. *Final Rule Oversight of Credit Rating Agencies Registered as Nationally Recognized Statistical Rating Organizations* (June 5, 2007), 72 Fed. Reg. 33580 (2007).

付评级费用,费用幅度从 1500 美元到约 240 万美元,穆迪集团公司和全资子公司穆迪投资服务公司将做好评级和评级过程的独立性。"标准普尔披露的内容是:"信用评级是有收费的,费用一般由证券发行人或者参与证券发行的第三方支付。"①这些披露内容都是一种模板披露,并没有披露被评级方是否为信用评级机构的主要客户,也没有披露信用评级机构最大的发行人和订阅人客户的身份。从这些披露中并不能判断评级是否受到利益冲突的实际影响。

(二)美国客户情况披露监管的改革

发行人付费和订阅人付费产生的利益冲突是基于业务模式所固有的利益冲突,这种冲突的存在已为公众所熟知。因此信息披露要求并不在于披露是否存在利益冲突,而在于披露各种收入来源的具体情况,使评级报告使用人能具体评价每一评级的费用收入比例是否能促发评级机构产生评级偏见,这样的信息披露才有规制效果。

SEC 于 2009 年发布了征求意见稿,拟改革客户情况披露要求,即 NRSRO 应公开披露来源于发布和维持评级收费、订阅人收费、许可发布评级收费、其他服务或产品收费这四类收入中,来源于收入前 20 位的发行人、订阅人、债务人和承销商的全部净收入的比例。②

与上述 2007 年发布的规则相比,2009 年公布的改革措施有较强的约束作用。2007 年发布的规则规定信用评级机构可以选择秘密披露方式,只是向 SEC 披露收入情况,不向公众投资者公开。NRSRO 都选择了秘密方式进行披露。这种秘密披露的方式主要是有利于 SEC 开展对 NRSRO 的监管,判断是否存在大规模的费用支付影响信用评级机构的中立地位。然而在秘密披露情况下,对 NRSRO 的规制效果有限,评级报告使用者对 NRSRO 作出该报告的收费情况不了解,不能判断 NRSRO 是否受利益冲突的影响。而只有市场能够知悉信用评级机构从某一费用支付方所获得的收费占评级机构全部收费的比例,从而判断某一评级收费对评级机构业务收入的影响,进而判断这样的收费是否足以引起信用评级机构产生评级偏见,才能发挥市场对信用评级机构的约束作用。

2009 年改革方案所要求的披露改变了先前可以选择秘密披露的规定,而是要求信用评级机构在公司网站上公开披露。对于公开披露的一个重要考虑是付费人情况是否为信用评级机构的专有信息(proprietary information)而应受保

---

① BAI, LYNN. On Regulating Conflict of Interests in the Credit Rating Industry[J]. *New York University Journal of Legislation and Public Policy*, 2010, 13(1): 297 −298.

② SEC. *Proposed Rules for Nationally Recognized Statistical Rating Organizations.* 74 Fed. Reg. 63903 (2009).

护。对于付费人的资料，信用评级机构认为是不宜公开的专有信息，但是有的学者认为，信用评级机构披露前 20 名发行人和订阅人的身份和收费是对于过去情况的披露，并没有破不信用评级机构及其客户的专有信息。[①] SEC 进行了折中的处理，从比例方面进行了披露方面的要求，没有要求信用评级机构披露从其客户收取的具体收费数额。这种收费比例的披露使得评级报告使用人能够对所存在的收费来源利益冲突的风险进行衡量，也避免对信用评级机构的经营造成影响。

四、业绩披露

信用评级机构发布的评级报告是否准确应通过后续的信用变化情况和违约情况进行评价。而对一定期间内信用评级机构发布的评级准确性进行统计，能使社会公众对信用评级机构的评级情况进行分析评价，并在不同信用评级机构之间进行比较。好的评级历史使信用评级机构获得较好的声誉，较差的评级历史影响评级机构的声誉，从而对信用评级利益冲突产生规制作用。

（一）信用评级业绩披露的内容

注册为 NRSRO 的信用评级机构应在提交给 SEC 的 NRSRO 表格（Form NRSRO）中披露业绩评价数据（performance measurement statistics），SEC 详细说明了业绩评价数据的披露要求，即 NRSRO 披露的业绩评价数据至少应包括披露日期前的一年期、三年期、十年期的每一评级类别、评级级别的评级转换比率（ratings transition rates）和违约比率（default rates），评级违约比率主要指相对于原始评级的违约比率，[②]业绩评价数据应向社会公开披露。

目前所有的 NRSRO 都在网站公开公布了业绩评价数据，从这些信息披露中，我们可以比较他们在一年、三年、十年三种期间内的评级业绩情况。以 DBRS Ltd. 的披露为例，从其披露的 2009 年一年期评级转换统计比率和违约比率可以分析其评级业绩情况。表 4－1 和表 4－2 来源于 DBRS Ltd. 所披露的文件，表 4－1 说明了 DBRS Ltd. 于 2009 年发布的公司信用评级在一年后的评级转换情况，其中被评为 AAA 信用级别的公司，一年后有 91.3% 仍为 AAA 级，8.47% 为转变为 AA 级，0.23% 转变为 A 级；被评为 AA 信用级别的公司，一年后有 0.50% 转为 AAA 级，93.11% 仍为 AA 级，6.04% 转变为 A 级，0.25% 转为

---

① BAI, LYNN. *On Regulating Conflict of Interests in the Credit Rating Industry*[J]. New York University Journal of Legislation and Public Policy, 2010, 13 (1): 300－301.

② SEC. Form NRSRO. Application for Registration as a Nationally Recognized Statistical Rating Organization (NRSRO)[EB/OL]. http://www.sec.gov/about/forms/formnrsro.pdf. 2010－01－24.

表 4 - 1

评级转换统计

Global Corporate Aggregate Transition by Whole Rating Categories

Rating at Period End(Percentage)

One-Year	AAA	AA	A	BBB	BB	B	CCC	CC	C	D
AAA	91.30%	8.48%	0.23%	0.00%	0.00%	0.00%	0.00%	0.00%	0.00%	0.00%
AA	0.50%	93.11%	6.04%	0.25%	0.00%	0.00%	0.00%	0.00%	0.00%	0.10%
A	0.05%	1.55%	93.40%	4.69%	0.10%	0.02%	0.00%	0.00%	0.00%	0.19%
BBB	0.04%	0.18%	4.03%	91.76%	3.01%	0.44%	0.18%	0.00%	0.00%	0.36%
BB	0.00%	0.00%	0.16%	8.41%	85.28%	3.72%	1.62%	0.00%	0.00%	0.81%
B	0.00%	0.00%	1.13%	0.00%	7.91%	78.53%	5.65%	0.56%	1.69%	4.52%
CCC	0.00%	0.00%	0.00%	0.00%	0.00%	7.32%	58.54%	2.44%	4.88%	26.83%
CC	0.00%	0.00%	0.00%	0.00%	0.00%	0.00%	25.00%	25.00%	0.00%	50.00%
C	0.00%	0.00%	0.00%	0.00%	0.00%	0.00%	0.00%	0.00%	62.50%	37.50%
D	0.00%	0.00%	0.00%	0.00%	0.00%	0.00%	0.00%	0.00%	0.00%	0.00%

资料来源：DBRS Ltd.：DBRS FORM NRSRO ANNUAL CERTIFICATION EXHIBIT 1, 011. 03. ①

① DBRS LTD. DBRS Ltd. Form NRSRO exhibit – 1[EB/OL]. http://dbrs. com/research/215034/exhibit – 1. pdf, 2010 – 01 – 24.

BBB 级,0.10%转为 D 级,依此类推。从这些数据我们可以知道,DBRS L-d. 所作出的 AAA 评级在一年为有91.3%仍保留原来的信用级别,准确率为91.3%,尽管有 8.7% 降级,但主要将为 AA 级,信用级别仍然较高,所以 DBRS L-d. 的评级在一年之内较为可靠。

表4-2 说明在 1976 年至 2009 年作出的全部公司信用评级中,被评为 AAA 级的公司没有出现违约情况,被评为 AA 级别的公司一年后出现 0.09% 违约,二年后出现 0.28% 违约,三年后出现 0.51% 违约,四年后出现 0.69% 违约,五年后出现 0.83% 违约,六年后出现 0.93% 违约,七年后出现 0.97% 违约,八年后出现 1.02% 违约,九年后出现 1.02% 违约,十年后出现 1.02% 违约,依比类推。由此说明,被 DBRS Ltd. 评为 AAA 级别的公司在 10 年期间内都没有出现违约,DBRS Ltd. 所发方的 AAA 评级的可信度非常高,被评为 AA 级别的公司在 10 年期间内的违约率在 1% 左右,说明 DBRS Ltd. 所发布的 AA 评级仍然有较高的可信度。

(二)业绩披露规则评析

评级转换数据和违约率是信用评级机构评级业绩的重要反映。首先,它说明了每一评级种类的违约率,较高的违约率说明了原始评级准确性较低,特别是如果原始评级被评为投资级别以上的发行人出现了较高的违约率,说明了这种信用评级的可信度较低;其次,从评级转换数据可以看出由投资级别降为投机级别的信用评级比列,投资级别降为投机级别是一种较为严重的信用评级失信情况,如果投资级别降为投机级别的比例较高,则说明评级失信情况较为严重。

从信用评级利益冲突规制角度分析,业绩披露应使评级使用人能够对评级机构的评级准确性进行评价,在不同评级机构之间进行比较,从而对信用评级机构的声誉产生影响,但是业绩披露需要发挥有力的规制作用仍需要进一步完善。

第一,业绩披露内容的缺陷。每一评级类别、评级级别的评级转换情况和评级违约情况统计数据表现为绝对数统计和相对数统计两种情况,这种统计方式不能说明收入来源较大的客户对信用评级机构产生的影响。例如表4-1 显示,DBRS Ltd. 2009 年作出的 AAA 评级中,一年后有 91.3% 仍为 AAA 级,8.47% 为转变为 AA 级,0.23% 转变为 A 级。表4-2 显示,在 1976 年至 2009 年作出的全部评级中,被评为 AAA 级证券没有出现违约情况,被评为 AA 级别的证券一年后出现 0.09% 违约,两年后出现 0.28% 违约,三年后出现 0.51% 违约。尽管这种数据可以看出 DBRS Ltd. 所作出评级的准确性,但是不能反映信

表 4 - 2

违约率数据

Global Corporate Average Cumulative Default Rates (1976 -2009) by Whole Rating Categories

	Year 1	Year 2	Year 3	Year 4	Year 5	Year 6	Year 7	Year 8	Year 9	Year 10
AAA	0.00%	0.00%	0.00%	0.00%	0.00%	0.00%	0.00%	0.00%	0.00%	0.00%
AA	0.09%	0.28%	0.51%	0.69%	0.83%	0.93%	0.97%	1.02%	1.02%	1.02%
A	0.17%	0.35%	0.56%	0.80%	0.97%	1.10%	1.23%	1.36%	1.49%	1.65%
BBB	0.32%	0.74%	1.02%	1.22%	1.50%	1.73%	1.98%	2.18%	2.34%	2.43%
BB	0.68%	2.05%	3.42%	4.79%	6.02%	7.11%	7.80%	8.48%	8.89%	9.30%
B	3.81%	8.10%	12.86%	15H24%	16.19%	17.14%	17.62%	17.62%	17.62%	17.62%
CCC/CC/C	24.24%	30.30%	31.82%	31.82%	31.82%	31.82%	31.82%	31.82%	31.82%	

资料来源:DBRS Ltd.:DBRS FORM NRSRO ANNUAL CERTIFICATION EXHIBIT 1, 2011.03.①

① DBRS LTD. DBRS Ltd. Form NRSRO exhibit - 1[EB/OL]. http://dbrs.com/research/215034/exhibit - 1.pdf, 2010 - 01 - 24.

用评级机构对收入来源较多的客户的评级是否出现违约情况及评级变化情况。如果评级机构对少数几家大的客户发布虚夸评级,在信用评级机构发布评级数量众多的情况下,这种评级转换数据和违约率的变化并不明显。所以,为反映大客户对评级机构的影响,应对较大客户的评级准确性情况进行单独披露。

第二,业绩披露内容缺乏标准化,难以在不同信用评级机构之间进行比较。例如标准普尔将评级分为公司发行人、金融机构、保险公司、资产支持证券发行人、政府证券发行人五类,[1] Rating & Investment Information, Inc. 将评级分为公司发行人、政府证券发行人、市政证券、外国政府证券四类(公司发行人类别包括金融机构),[2] A. M. Best Company 将评级分为保险公司和公司发行人。[3] 各个信用评级机构对其评级部门规定了不同的划分标准,这种划分标准的不一致使得同一公司在不同的信用评级机构评级中分处于不同的类别,例如 Unum Group, Inc. 公司在 A. M. Best Company 评级中被列入公司发行人,而在标准普尔评级中被列入保险公司一类。[4] 由于各种数据构成标准的不一致,评级使用人需要经过繁琐的数据处理才能够对不同信用评级机构的评级准确性进行比较,因此,业绩披露所产生的声誉约束效果大打折扣。

信用评级业绩披露目的在于使信用评级使用者能够在不同的信用评级机构之间对评级准确性进行比较,从而对信用评级机构形成有效的声誉约束,促使其免受利益冲突的影响。为了能在不同的信用评级机构之间进行评级准确性的比较,各种披露数据之间应能够便于比较,各种数据的主要构成应有相当程度的一致性(consistency),因此,应在这方面进一步完善披露要求。

五、评级过程披露

信用评级过程(processes)包括评级程序(procedures)和评级方法(methodologies)。评级程序包括启动评级、与被评级方的交流、评级所需信息的调查、评级发布前的通知、评级发布等程序。评级方法包括数量、质量模型和衡量指标(metrics)、外部评级的采用方法等。通过评级过程的披露,能够使公

① S & P. Standard & Poor's Rating History Information[EB/OL]. http://www. standardandpoors. com/prot/ratings/history-samples/en/us/, 2010 – 08 – 05.

② Rating and Investment Information, Inc. NRSRO[EB/OL]. http://www. ri. co. jp/eng/regulatory_affair/nrsro. html, 2010 – 08 – 05.

③ A. M. BEST. Form NRSRO Exhibit 1[EB/OL]. http://www. ambest. com/nrsro/NrsroExhibit1. html, 2010 – 08 – 05.

④ BAI, LYNN. The Performance Disclosures of Credit Rating Agencies: Are They Effective Reputational Sanctions? [EB/OL]. http://ssrn. com/abstract = 1758946, 2011 – 07 – 13.

众知悉并判断信用评级机构在评级过程中是否存在产生评级偏见的因素,进而对信用评级和信用评级机构产生适当的评价,从而制约信用评级机构的经营。

(一)评级过程披露的内容

《2006 年信用评级机构改革法》明确规定不得对信用评级的方法和实质问题进行监管,同时建立了信息披露的间接监管法律制度,要求 NRSRO 应披露所采用的评级方法和政策。《多德—弗兰克法》规定 NRSRO 在发布评级的同时应披露两个方面的信息:一是评级程序和技术的信息、决定信用评级的数据的信息等情况;二是投资者和其他评级报告使用者所需要的以更好的理解每一评级的相关信息。同时应以 SEC 规定的电子或书面形式进行披露,让使用人能便利获得且有利于理解。[①]

SEC 在 2007 年 6 月发布的 NRSRO 监管规则(Oversight of Credit Rating Agencies Registered as Nationally Recognized Statistical Rating Organizations)对披露要求作了详细的规定,规定 NRSRO 应在 NRSRO 表格(Form NRSRO)中对所使用的程序和技术进行总体阐述(a general description of the procedures and methodologies),总体阐述应足够详细以使评级报告使用者能够理解评级的过程(processes),阐述的内容应包括:决定是否开展一项评级的政策描述;评级所用的公开和非公开信息来源的描述;评级的数量、质量模型和衡量指标(metrics);在结构化产品评级中,使用其他信用评级机构评级作为决定结构化产品信用级别的方法说明;与被评级债务人的管理人员和被评级证券或货币市场工具发行人的管理人员交流的程序;复核或批准评级委员会的构成和表决程序;通知被评级债务人和被评级证券、货币市场工具发行人有关评级决定、接受其请求评级复查的程序;监督、复核和更新评级的程序;撤销、暂停或维持一项评级的程序。[②] 上述 SEC 规则是对《2006 年信用评级机构改革法》的细化,规定了评级过程的披露应包括评级程序和评级方法的披露,规定了披露应足够详细使得评级报告使用者能够评价评级过程,而且规定了评级过程中应披露的具体方面。

为提高 NRSRO 评级过程的披露要求,2009 年 2 月 SEC 发布 NRSRO 监管规则修正案(Amendments to Rules for Nationally Recognized Statistical Rating Or-

---

① Dodd-Frank *Wall Street Reform and Consumer Protection Act*, Pub. L. No. 111 – 203, §932(a)(8), (amending 15 U. S. C. §78o – 7(s)).

② SEC. *Oversight of Credit Rating Agencies Registered as Nationally Recognized Statistical Rating Organizations* (June 5, 2007), 72 Fed. Reg. 33634 (2007).

ganizations)，要求 NRSRO 提高评级监督（monitoring）、复核（reviewing）、更新（updating）的信息披露，包括评级复核的频率、在评级复核中是否使用了不同于原始评级所用的模型或标准、原始评级所用模型的变化是否追溯适用于已作出的评级，评级监督所用的模型和标准的变化是否融入原始评级所用的模型和标准。① 这些修订的意义在于，随着被评级对象信用状况的变化和评级方法的改变，原始评级的准确性发生变化，有必要对原始评级进行复核，评级报告使用者应充分了解复核所用的程序和方法及其是否对原始评级的追溯调整，才能对评级复核情况有准确的理解。

（二）美国信用评级过程披露制度评析

从金融监管角度分析，监管层难以对评级过程进行直接的监管。首先，信用评级是一种科学预测，是基于假设、利用模型以及职业判断对被评级方未来的偿付情况进行的评级，监管机关难以对信用评级技术直接做出评价；其次，政府对评级技术的直接监管将引起市场对评级独立性遭受破坏的担忧；再次，政府是全球最大的债务发行人，对评级结果有较大的敏感度，在政府作为被评级者的情况下，一方面对评级技术进行监管，一方面成为被评级者，存在破坏市场公正的可能性。因此美国并没有对信用评级方法、评级技术进行直接的监管，而是制定了信用评级过程的信息披露要求，评级过程信息披露的目的在于增加评级过程中的透明度，使投资者对评级的公正有独立的判断，从而对评级利益冲突产生规制作用。

评级过程披露监管存在两个难点：一是信用评级机构守法成本问题，对每一评级进行大量的披露将产生较大的守法成本；二是应解决好既让市场充分理解评级过程，又要保护信用评级机构私有的评级方法。SEC 规定的信息披露要求是对评级过程和技术的描述性（description）要求，并非对于每一信用评级的具体评级过程和评级技术的说明，如此规定解决了上述监管难点：第一，信用评级机构每年发布大量的评级，不同的评级对象有具体的评级技术和评级程序，发布如此大量的评级技术性信息对信用评级机构是较大的监管负担，如此大量的技术性信息未必能为评级报告使用者所使用。② 第二，评级过程中使用了一些秘密的评级技术，这是评级机构的私有技术，不宜进行公开，所以用描述性语言便于信用评级机构对关键技术的保密。

---

① SEC. *Amendments to Rules for Nationally Recognized Statistical Rating Organizations*（*February* 9，2009），74 Fed. Reg. 6459（2009）.

② SEC. *Final Rule Oversight of Credit Rating Agencies Registered as Nationally Recognized Statistical Rating Organizations*（June 5，2007）72 Fed. Reg. 33575（2007）.

第三节　评级机构层面业务性利益冲突的行政监管

在日常经营过程中,信用评级机构商业上的考虑将会影响到信用过程,同时,由于信用评级机构兼营附属服务、未经聘请主动发布评级、与被评级方存在关联关系等情况也可能影响到信用评级机构的客观中立地位,产生了信用评级机构利益与客观公正评级利益之间的利益冲突,这些利益冲突是信用评级机构在经营过程中产生的业务性利益冲突。

一、评级业务与营销业务的防火墙隔离

信用评级机构的营销人员主要关注于产生最大的业务收入,评级人员主要关注于作出准确的评级,如果同一员工同时从事这两种业务将会产生利益冲突:负责发展评级技术或者开展评级的人员在评级费用商谈时,商业上的考虑将会破坏评级应有的客观公正。而发行人总是关注于是否获得满意的评级结果,如果使用某种稳健的评级要求是客观公正评级的需要,但是却不利于发行人期望的满足,无疑将造成与发行人业务谈判的困难。评级人员在商业谈判中知悉发行人的要求,如果为了获得业务而对发行人进行承诺的话,在之后的评级中将面临发行人的需要与评级客观公正需求之间的取舍压力。因此,应该有一个在分析人员和营销人员之间进行隔离的防火墙,避免营销方面的考虑而影响评级公正性。

评级业务与营销业务的隔离应从机构隔离和人员隔离两个方面进行保障。首先是机构的隔离。应严格规定信用评级机构单独设立营销业务部门,如果信用评级机构没有单独设立营销部门,而是由各个评级部门分别从事本部门评级业务的招揽,则即使在部门内部将评级业务与营销业务赋予不同的人员,但是作为一个共同的部门,基于部门内的联系和共同的部门利益,营销工作同样会影响到评级工作。其次是人员的隔离。应严格限制评级人员与营销人员之间的交流,所有参与决定评级或负责建立、批准评级程序、技术的人员都不得参与评级费用的协商、讨论或安排。

SEC 早已关注到评级与营销的利益冲突问题,并制定相应的规制措施。2008 年 6 月 16 日 SEC 发布的 NRSRO 监管建议(Proposed Rules for Nationally Recognized Statistical Rating Organizations)中就提出相应的规制措施,并向公众征求意见。在 SEC 收到全部 19 份意见函中,都对 SEC 所提出的规制措施表示

赞同。① 在征求意见的基础上，SEC 在 2009 年 2 月 2 日发布的 NRSRO 规则修正案（Amendments to Rules for Nationally Recognized Statistical Rating Organizations）中，规定当 NRSRO 内部负责参与决定评级或负责建立、批准评级程序、技术的人员进行评级费用的协商、讨论或安排时，NRSRO 不得发布或维持该评级。② 这项规定的目的在于禁止直接参与评级的人员进行评级费用的协商，使评级人员受到隔离，不至于因为客户的倾向而影响到评级。SEC 的上述规定主要针对人员隔离，对于部门的隔离尚未作出规定。

评级业务和营销业务的防火墙隔离应有一定限度，不能禁止信用评级机构内部的正常业务交流。比如信用评级机构的高层管理人员有必要参与内部交流讨论，以确定收费是否与信用评级机构的评级成本相一致，或者，某些收费标准仍需要经过高层管理人员的批准，而如果这种情况被禁止的话，将不利于信用评级机构经营的开展。又如，评级分析人员可以向收费协商人员提供关于评级所需要投入的人力和物力成本，使评级费用商谈人员在商谈过程中能够考虑这些因素。但是，什么样的交流属于正常的业务交流，这是一个实践性很强的问题，行政监管措施难以作出具体的规定。笔者认为可以通过合规审查进行监控，由合规审查人员定期对评级人员和营销人员的交流情况进行评价，通过这种方式进一步控制利益冲突。

二、评级机构从事附属业务的限制

信用评级机构除提供信用评级服务外，往往利用自身的优势提供咨询、预评级、风险管理等非评级业务。咨询业务指信用评级机构向发起人、承销商提供为获得某种评级的相关建议，包括证券化交易安排、公司结构安排等建议。预评级服务指发行人将预设的方案提供给信用评级机构，事先了解一项特定的交易对评级将会产生的影响。风险管理咨询包括信用评分模型、内部评级系统等服务。信用评级机构所从事的信用评级业务被称为核心评级业务（core rating business），非评级服务被称为附属业务（ancillary businesses）。

一般来说，信用评级机构所提供的咨询等非评级业务都属于附属业务。但是由于信用评级机构在结构金融产品评级中提供的咨询业务所表现出来的明显利益冲突和所造成的重大危害，咨询业务引起监管层更大的注意，所以在许多文件中都将咨询业务单独说明，而将咨询业务之外的其他非评级业务称之为

① SEC. *Amendments to Rules for Nationally Recognized Statistical Rating Organizations*, 74 *Fed. Reg.* 6467 (2009).

② 17 C. F. R. § 240.17g－5(c)(6)(2010).

附属业务。例如,欧盟认为附属业务就是信用评级机构提供的除了信用评级业务以外的其他业务,同时明确说明附属业务不包括咨询业务(consultancy or advisory services)。如此定义的目的在于严格禁止咨询业务,对于咨询业务以外的非评级业务并不采取禁止性措施。但是 SEC 发布的信用评级机构报告则将核心评级业务以外的其他业务称为附属业务,认为附属业务包括咨询服务(consulting services)、风险管理等非评级业务。[①] 本书所述的附属业务指信用评级业务以外的包括咨询服务在内的所有非评级业务。

信用评级机构同时开展评级业务和附属业务所产生的利益冲突非常明显。例如,信用评级机构向债务人或债券发行人、发起人、承销商提供建议,为其获得所希望的信用评级而进行相关的交易安排,之后对所提供建议的债务人或发行人、发起人、承销商发行的债券进行评级。在这种情况下,信用评级机构实际上是对自身开展的业务进行评级,无异于身兼运动员和裁判员于一身,破坏了信用评级机构所应有的客观中立地位。特别是在结构金融产品评级中,评级与咨询业务产生的利益冲突更为明显。信用评级机构通常与承销商共同设计债券,对次级债券的分层、信用增级等提出建议,使结构产品符合所期望的评级要求。这种利益冲突类似于独立审计中的自我评价,影响信用评级机构独立公正的评级立场,信用评级机构易低估次贷产品风险,给出偏高的信用级别,从而助长市场对该类产品的乐观预期和非理性追捧,埋下风险隐患。SEC 调查发现,这种利益冲突难以有效控制,因为对于信用评级机构来说,对于信用评级机构本身及其关联人已提出建议的评级对象,信用评级机构实际上是对自己的工作进行评级,难以对被评级对象的信用状况作出准确的评价。[②]

对于信用评级与附属业务利益冲突的监管,欧盟首先定义附属业务这个概念,认为附属业务就是信用评级机构提供的除了信用评级业务以外的其他业务,然后明确规定信用评级机构不能提供咨询业务,对于咨询业务以外的附属业务,欧盟只要求评级机构应该对附属业务进行定义说明,并且确保附属业务不会导致信用评级机构在评级过程中陷入利益冲突。欧盟禁止咨询业务的原因在于次贷危机暴露了咨询业务的潜在危险。欧盟立法并没有考虑到除了咨询业务之外,来自其他业务的利益冲突同样可能影响评级机构的独立性,这种针对一场危机而作出的特别处理,并不适合作为一个法律规定长期保存下去。

[①] SEC. Report on the Role and Function of Credit Rating Agencies in the Operation of the Securities Markets, p. 42. http://www. treasurers. org/system/files/credratingreport0103. pdf, 2011 – 07 – 14.

[②] SEC. *Amendments to Rules for Nationally Recognized Statistical Rating Organizations*, 74 *Fed. Reg.* 6466 (2009).

比较而言,美国的做法更为实际,也更有针对性。①

美国监管规则并没有对附属业务的含义进行说明,其关注的并非是提供服务的方式,而是直接从产生利益冲突的内容入手,规定 NRSRO 或其关联人不能在对同一对象提供评级服务的同时,提供"关于债务人或者证券发行的公司或法律结构、资产、义务或业务的建议(recommendation)",不管以什么方式提供,不管是咨询、交流、顾问,不管是收费还是不收费方式,只要提供的是"关于债务人或者证券发行的公司或法律结构、资产、义务或业务的建议(recommendation)",就是被禁止的。

(一) NRSRO 提供评级建议(ratings recommendations)的禁止

SEC 并没有对附属业务进行明确的界定,或者列举附属业务的具体类别,尽管在 2008 年 6 月 16 日发布的 NRSRO 监管建议(Proposed Rules for Nationally Recognized Statistical Rating Organizations)和 2009 年 2 月 2 日发布的 NRSRO 规则修正案(Amendments to Rules for Nationally Recognized Statistical Rating Organizations)中,SEC 都说明了在 NRSRO 关联人向被评级对象提供咨询(consulting services)②或者建议(advice)③的情况下,NRSRO 不得开展对该对象的信用评级,然而,在最后发布的文件中,SEC 所使用的是"recommendation"这个词,说明 SEC 所关注的并非是提供服务的方式,不管 NRSRO 或关联人以什么方式提供建议,不管是咨询、交流、顾问还是其他收费或者不收费方式,只要提供的是"关于债务人或者证券发行的公司或法律结构、资产、义务或业务的建议(recommendation)",就不能与信用评级同时提供。SEC 的规定直接从附属业务的内容入手,说明了其所禁止的是评级建议,不管这种建议是以咨询或者顾问服务或者其他方式提供的,如此规定抓住了附属服务与评级业务利益冲突的本质特征。

对于评级建议的理解应合理区分正常的评级交流与评级建议。作为信用评级过程的透明度要求,信用评级机构应披露评级过程和评级技术,说明决定信用评级的数量或质量指标,这种评级过程中的信息交流使被评级方根据所提供的信息进行相应的调整,从而获得希望的评级。NRSRO 一般还向被评级方

---

① 普丽芬. 欧美评级机构监管制度改革及对我国的借鉴[A]. 张育军,徐明. 证券法苑(1)[C]. 北京:法律出版社,2009. 158.

② SEC. *Proposed Rules for Nationally Recognized Statistical Rating Organizations*, 73 Fed. Reg. 36226 (2008).

③ SEC. *Amendments to Rules for Nationally Recognized Statistical Rating Organizations*, 74 Fed. Reg. 6467 (2009).

披露各种模型,结构金融产品发起人能在请求评级之前,将潜在的资产池通过披露的模型进行预估,预测 NRSRO 可能做出的评级。这些交流是信用评级过程中的正常业务交流。信用评级机构与市场各种主体之间的评级交流是必要的,可以使各种市场主体对评级技术有更充分的理解。而如果限制这种信息流动将使评级过程更不透明。[①]

正常的评级交流与评级建议存在相似之处,但是前者是一种正常的业务交流,两者应有合理的区分。信用评级机构对于评级过程的解释及评级决定的说明应认为是正常的业务交流。如果信用评级机构提出为获得所期望的评级和应采取的措施,则应属于评级建议。例如在结构金融产品评级中,信用评级机构向结构产品安排人交流其作出评级所依据的各种基础、模型或者原理是正常的交流。安排人可以据此重新进行交易的安排,信用评级机构可以重新进行评级,但是信用评级机构不可以向安排人提出为了达到某一评级水平应进行哪些交易安排,如果信用评级机构提出这种交易安排,则是 SEC 所禁止提供的建议。[②]

SEC 的立法原意也不是禁止评级过程中 NRSRO 与债务人、发行人、承销商、发起人之间的正常评级信息交流,[③]所要求的是信用评级机构不得在建议被评级对象进行业务安排以达到所期望的评级后同时又开展评级。但是在两者之间划一条清晰的界限以将所有的评级交流和评级建议进行区分仍然存在困难。信用评级机构曾向 SEC 提出建议,希望在信息的合法交流和非法交流之间划一条界线。然而行政监管措施不可能进行如此具体的规定,所以 SEC 对此所作的反馈仅仅是说明。NRSRO 在向市场披露评级技术时,如果提供的越透明越详细,则在评级过程中的解释可以做到越简单。NRSRO 可以通过这种方式减小风险,即通过提高评级技术的披露,包括详细披露其考察的质量因素和使用的数量模型,来减少正常业务交流被认定为建议的风险。[④]

(二)关联方提供评级建议的禁止

不仅信用评级机构本身从事附属服务产生利益冲突,信用评级机构的关联方从事附属服务同样产生利益冲突。与 NRSRO 存在关联关系的一方包括

---

① SEC. *Amendments to Rules for Nationally Recognized Statistical Rating Organizations*, 74 *Fed. Reg.* 6466 (2009).

② SEC. *Proposed Rules for Nationally Recognized Statistical Rating Organizations*, 73 *Fed. Reg.* 36226 (2008).

③ SEC. *Amendments to Rules for Nationally Recognized Statistical Rating Organizations*, 74 *Fed. Reg.* 6466 (2009).

④ Id.

NRSRO 的股东、高级职员、董事、分支机构经理及类似职务的人员,或者 NRSRO 的内部员工,还包括与 NRSRO 存在直接或者间接的控制、被控制和共同被控制关系的一方。① SEC 规定,不仅信用评级机构本身不能同时对被评级对象开展评级业务和提供评级建议,而且信用评级机构及其关联人也不能同时对被评级对象开展评级业务和提供评级建议。

一些评论认为,信用评级机构与关联人之间可以采取信息隔断(information barriers)的防火墙措施来解决这种利益冲突。尽管可以在信用评级机构和其关联人之间进行隔离,使信用评级机构和关联人在开展对被评级方的建议提供和评级行为时不能进行交流,但是利益冲突仍然存在。当 NRSRO 的关联人向债务人、发行人、发起人提供如何获得所期望的评级的建议时,这种建议是否能产生之后的评级效果对关联方的经营有重要影响。这种情况将使 NRSRO 的分析人员产生评级压力,NRSRO 开展评级难以保持中立,分析人员可能作出有利于关联方的评级。

(三)评级建议禁止措施评析

由于集合了信用评级方面的专家,拥有科学的定性和定量分析手段,信用评级机构开展信用评级业务外,提供附属业务有利于满足市场需求。因此美国监管层并没有完全禁止信用评级机构从事附属业务。对此理论界和实务界有过激烈的讨论,有的认为应全面禁止信用评级机构开展附属业务,才能控制利益冲突。然而,评级业务与附属业务所产生的利益冲突在于信用评级机构身兼运动员和裁判员于一身而无法保持客观中立地位。在信用评级机构开展了附属业务情况下,如果没有对同一对象进行信用评级,则不存在利益冲突。因此,从这个角度分析,不应全面禁止信用评级机构开展附属业务,而是应采取限制措施,规定信用评级机构不得对同一对象同时开展评级和有"建议"内容的附属服务。

对于应隔离的"建议",SEC 详细规定了建议的内容包括"关于债务人或者证券发行的公司或法律结构、资产、义务或业务的建议"。从立法原意看,SEC 所要求隔离的是 NRSRO 或其关联方所提供的使被评级对象获得预期评级的各种建议。② 尽管说,该条规定所列举的建议涵盖的范围较广,但是金融市场的重要特征和生命力在于创新,附属业务的开展将随着市场的发展而不断出现新形式,因此该条所规定的建议内容未必能涵盖应被禁止的所有建议内容。所以从

---

① Section 3(a)(63) of the Exchange Act (15 U.S.C. 78c(a)(63)).

② SEC. *Amendments to Rules for Nationally Recognized Statistical Rating Organizations*, 74 *Fed. Reg.* 6465 (2009).

立法本意出发,笔者认为该条规定所阐述的"关于债务人或者证券发行的公司或法律结构、资产、义务或业务的建议"可以修改为"关于获得债务人或者证券发行人、发起人、承销商预期评级的各种建议,包括但不限于关于债务人或者证券发行的公司或法律结构、资产、义务或业务的建议"。

三、评级机构未经聘请主动评级行为的限制

信用评级机构未经聘请主动发布的评级,有利于公众投资者在不同信用评级机构之间进行评级准确性的比较,对信用评级机构形成制约作用。但是,信用评级机构可能以发布较低的主动评级为威胁,胁迫被评级方支付费用聘请其评级,或者胁迫被评级方购买咨询等非评级业务。当信用评级机构发布不实的主动评级时,不仅被评级方的利益受到损害,而且公共利益也受到损害。

杰斐逊县学区案是信用评级机构发布主动评级胁迫被评级方的典型案例。1993 年杰斐逊县学区决定通过发行再融资债券(refunding bonds)的方式来偿还部分债券融资债务,再融资债券的发行量为 110 325 000 份。尽管在 1985 年的债券发行中杰斐逊县学区聘请了穆迪提供评级服务,但 1993 年度发行再融资债券时,杰斐逊县学区没有聘穆迪提供评级服务,而是聘请了标准普尔和惠誉。1993 年 10 月 20 日,再融资债券开始投入市场,一开始债券销售十分顺利。但是,申购开始不到两小时,穆迪就在其"评级新闻"(rating news)栏目中发布报道,指出尽管穆迪没有被邀请参加评级,但它有意在买卖开始后对此次发行的再融资债券的信用等级进行评定。接着,穆迪对学区的财务状况进行分析、评论,指出杰斐逊县学区的债务前景不容乐观。穆迪发布上述信息不到几分钟,《道·琼斯资本市场报告》进行了转载,于是一些人取消了原先的订购要约。为保证债券顺利发行,杰斐逊县学区不得不提高再融资债券的利息,因此增加了发行成本。①

尽管一些受不实评级影响的公司对信用评级机构提起了诽谤诉讼,但是由于宪法第一修正案的保护,至今没有出现信用评级机构因发布主动评级而承担诽谤侵权责任的案例。在司法规制方式不能产生有效规制的情况下,采取行政监管方式是必要的,因此 SEC 发布了禁止性规定,要求 NRSRO 不得从事下列行为:以被评级方(或其关联方)是否购买 NRSRO(或其关联方)的评级或者其他服务、产品为条件,不按照既定的评级程序和技术发布评级或者威胁发布这种评级;以被评级方(或其关联方)是否购买 NRSRO(或其关联方)的评级或者其

---

① Jefferson County School Dist. No. R – 1 v. *Moody's Investor's Services*, 988 F. Supp. 1341 (D. Colo. 1997).

他服务、产品为条件，不按既定的评级调整程序对评级进行调整。①

四、评级机构与被评级方非正常关系的监管

当信用评级机构与被评级对象存在关联关系或者重大业务关系等非正常关系时，评级结果不仅对被评级对象产生影响，而且对信用评级机构的利益构成重大影响，由此产生的利益冲突影响了评级的客观公正。

对于非正常关系产生的利益冲突，采取禁止性规定是有效的规制方式，SEC规定当存在被评级方是信用评级机构的股东、管理人员或其他内部职员，或者被评级方与信用评级机构存在直接或者间接的控制、被控制和共同被控制关系，或者信用评级机构拥有被评级证券的权益等情况时，NRSRO 不得从事信用评级。②

但是鉴于资本市场投资关系的复杂化，并不是 NRSRO 拥有任何被评级对象的权益都会对评级产生影响，因此，SEC 允许两个例外情况：第一，对于间接拥有的权益，比如通过共同基金（mutual funds）或者保密信托（blind trusts）这种方式间接拥有权益的情况，并不属于被禁止的范围。③ 因为这些被评级证券由共同基金、保密信托等机构投资者持有，通过机构投资者间接拥有权益意味着投资者并不能控制被评级证券的购买或者销售决定，所以信用评级机构难以通过信用评级影响证券的价格。④ 第二，对于主权国家或主权国家机构发行的证券，其市场价格受评级的影响较小，并且信用评级机构的证券持有量占主权国家证券发行量较小，所以 SEC 并不禁止 NRSRO 直接拥有这种证券。⑤ 这种情况仍然存在利益冲突，只是相比于一般市场上的证券，这种利益冲突情况较不严重，SEC 并没有作出禁止性规定，但是这种情况下仍然存在利益冲突，SEC 要求信用评级机构应对其进行披露并采取有效的内部管理手段进行管理。⑥ 也就是说，对于这种较不严重的利益冲突行为，以信息披露和内部控制方式进行规制。

---

① 17 C. F. R. § 240.17g-6(a) (2010).
② 17 C. F. R. § 240.17g-5(c)(3) (2010).
③ SEC. *Oversight of Credit Rating Agencies Registered as Nationally Recognized Statistical Rating Organizations. Exchange Act Release No. 34 - 55857, 72 Fed. Reg. 33598 (2007).*
④ BAI, LYNN. *On Regulating Conflict of Interests in the Credit Rating Industry*[J]. *New York University Journal of Legislation and Public Policy*, 2010, 13: 272.
⑤ 同本页注②。
⑥ 17 C. F. R. § 240.17g-5(b)(6) (2010).

第四节　信用评级人员层面利益冲突的行政监管

由于评级人员是评级过程的主要操作者,所以评级人员的客观中立地位与评级结果有直接的关系,因此防止对评级人员中立地位的各种干扰因素,保持评级人员的客观中立地位至关重要。

一、评级人员与被评级方非正常商业关系的限制

信用评级机构内部人员与被评级方的关系超出正常商业关系的情况下,将可能影响评级结果的准确性。SEC 在发布的 17g – 5(b)规则中明确说明,NRSRO 内部人与接受评级的发行人或者债务人有超出正常范围的商业关系是一种利益冲突行为。SEC 要求信用评级机构应建立政策和程序控制这种利益冲突,并在向 SEC 提交的注册文件上进行披露。所以 SEC 只是通过内部控制和信息披露的方式对分析人员与被评级方的商业关系进行监管,并没有对超出正常商业关系的行为采取禁止性规定。

超出正常商业关系的行为难以通过禁止性规定进行监管的原因在于:正常商业关系是一种较为抽象的概念,难以事先进行具体的界定。某种商业关系是否属于正常的商业关系往往需要个案分析,一种情况下的正常商业关系在另一种情况下并非属于正常的商业关系,所以商业关系对信用评级利益冲突的影响是行政监管的难点。

在 SEC 规则的要求下,NRSROs 都建立了针对超出正常商业关系行为的内部行为规范。例如标准普尔规定,在评级委员会会议日期前六个月内,与被评级方存在商业关系且可能导致利益冲突的人员,不得参与评级或者影响评级决定;①标准普尔的员工不得与被评级方有超出正常商业领域的借贷关系。②

二、评级人员薪酬的限制

在评级人员的薪酬与公司业绩相挂钩的情况下,产生了评级人员个人利益

---

① S & P. Standard & Poor's Ratings Services Code of Conduct § 2.13（2008）[EB/OL]. http://www2. standardandpoors. com/spf/pdf/fixedincome/Ratings_Services_Code_of_Conduct_December_2008. pdf, 2011 – 07 – 14.

② S & P. Standard & Poor's Code of Ethics for Credit Market Services and Segment § § B.3（2007）[EB/OL], http://www2. standardandpoors. com/spf/pdf/fixedincome/1.% 20Standard% 20&% 20Poors% 20Code% 20of% 20Ethics% 20for% 20Credit% 20Market% 20Services% 20and% 20Segment% 20. ... pdf, 2011 – 07 – 14.

与客观公正评级的利益冲突。一方面,在评级人员的薪酬与评级收入相挂钩的情况下,评级人员为了获得更高的收入,努力维持与发行人的业务关系,因此在评级中可能偏向于发行人。另一方面,信用评级的结果对债券发行影响甚大,较高的评级有利于扩大融资规模,发行人的融资额越高,信用评级机构收费也越高,评级人员的收入也越高,所以评级人员为了增加个人收益可能会发布有利于发行人的评级。

为控制评级人员个人薪酬对信用评级的影响,信用评级机构在支付评级人员薪酬时,不应以评级人员所评级的业务收入为依据,评级人员的薪资待遇只应与评级准确度相关。这样一方面既能排除评级人员个人经济利益对评级结果的干扰,另一方面也能激励评级人员提供准确可靠的评级。同时,评级人员的基本工资、奖金等各项福利或者收入都必须与评级收入相脱离,才能严格控制由于薪酬与业绩挂钩产生的利益冲突。

目前美国监管规则尚没有关于薪酬方面的监管规定,但是 SEC 已经意识到薪酬结构对信用评级的影响。例如 SEC 在调查报告中提出,尽管三大信用评级机构分析人员的薪酬主要以职位和工作经历为基础,但是分析人员的奖金以个人业绩和公司整体盈利为基础。[①] 发行人的发行规模越大,则评级收费越高,评级人员的薪酬也就越高。三大信用评级机构的分析人员薪酬制度实际上对评级准确性造成了重大的影响。所以,评级人员薪酬结构的监管是 SEC 今后应完善的监管内容。

三、评级人员在被评级方任职的限制

在其他公司或机构兼职的人员参与对该公司或机构的评级时,评级人员难以保持客观中立地位,不可避免地产生利益冲突,具体来说产生了两种利益冲突来源,即评级人员兼职产生的利益冲突和旋转门现象产生的利益冲突,这两种利益冲突有不同的规制措施。

第一,信用评级人员兼职的限制,如果评级人员在评级期间担任被评级方管理职务,则被评级方所获得的评级影响到管理人员的个人利益,因此产生了利益冲突。但如果评级人员在被评级方所兼职的是一般性工作,被评级方所获得的评级不会影响到该兼职人员的个人利益,则不会产生利益冲突。因此 SEC 规定,在参与决定信用评级的人员或者批准信用评级的人员是接受评级一方的

---

① SEC. Summary Report of Issues Identified in the Commission Staff's Examinations of Select Credit Rating Agencies (2008). 27. http://www. sec. gov/news/studies/2008/craexamination070808. pdf, 2010 – 04 – 11.

高级职员或董事的情况下,禁止 NRSRO 发布或维持信用评级。该条规定所禁止的是在其他公司或机构担任管理职位的人员直接作为该公司或机构的评级人员的情况,如果在其他公司或机构担任管理职位的评级机构内部人员没有参与评级过程,则不属于该条规则的禁止范围。

第二,"旋转门(revolving door)"现象的规制,旋转门现象指信用评级机构雇员与客户之间流动的现象,被认为是导致信用评级机构缺乏独立性的因素之一。曾经在被评级方任职的分析人员参与评级,或者分析人员参与评级后到被评级方任职,都有可能产生利益冲突,被评级方甚至可能以提供工作为由诱导评级人员作出有利的评级,在评级结束后为该评级人员提供所希望的工作岗位。但是这种情况下的利益冲突较为隐蔽,在评级过程中是难以发现的,只能是事后监控。因此,《多德—弗兰克法》规定,如果某一评级人员之前在被评级方任职,在离开被评级方后一年内被 NRSRO 聘请且参与了评级,则 NRSRO 应开展复核程序,以确定该评级人员的利益冲突是否影响到评级。① 同时,在最近五年内如果出现下述情况的,NRSRO 应向 SEC 报告:NRSRO 发布某一评级后一年内,NRSRO 的评级人员就业于被评级的债务人或者被评级证券的发行人、承销商或发起人。②

笔者认为,对于"旋转门"现象可以采取更为直接和严格的规制措施,要求评级人员在离职后一年内不得到被评级方任职,或者离开被评级方后一年内到信用评级机构任职的,不得参与原任职公司的评级。

四、评级人员持有被评级方证券的限制

如果评级人员拥有被评级的证券,或者拥有被评级债务人的所有者权益,则评级人员与评级结果存在利益关系,评级过程中难以保持客观公正地位,这种情况下的评级可能没有反应出实际信用情况。

对于评级人员持有被评级方证券情况下的利益冲突,SEC 采取了禁止性的规定,即参与决定信用评级的人员和负责批准信用评级的人员直接拥有接受评级方的证券或者拥有任何其他直接的所有者权益的情况下,禁止 NRSRO 发布或维持信用评级。③ 这条禁止性规定有两种例外情况,第一,对于间接的持有,例如通过共同基金持有是不受禁止的,因为在间接持有的情况下,投资者无法

---

① Dodd-Frank *Wall Street Reform and Consumer Protection Act*, Pub. L. No. 111 – 203, §932(a)(4),(amending 15 U. S. C. §78o – 7(h)).

② Id.

③ 17 C. F. R. §240. 17g – 5(c)(2)(2010).

参与决定对被评级方证券的买卖,因此评级分析人员难以通过信用评级影响被评级方的证券价格,从而实现分析人员的个人利益。[1] 第二,对于主权国家或主权国家机构发行的证券,其市场价格受评级的影响较小,并且评级人员的证券持有量占证券发行量的比例较小,所以,对于评级人员和批准评级人员直接拥有这种证券的情况,SEC 并不禁止。[2]

信用评级机构制定的内部行为规范比上述 SEC 的规定更为严格,SEC 规则禁止参与评级人员直接持有被评级的证券,对于没有参与评级的人员直接持有被评级证券的情形则没有做出规定。但有些信用评级机构甚至禁止评级人员的家庭成员持有被评级方的证券。监管规则的限制性规定与自律措施在性质和法律效力方面是不同的。

信用评级机构所执行的更为严格的自律措施反映了市场自律对信用评级利益冲突的规制效果。这种自律措施与监管规则在法律后果上是不一样的,监管规则对于评级人员的禁止性规定具有法律效力,信用评级机构没有执行监管规则将产生不利的法律后果。但是信用评级机构对于内部行为规范的执行不力则不会产生不利的法律后果。

五、评级人员收取被评级方礼物的限制

在被评级方向评级人员提供礼物的情况下,如果是较大的礼物,将可能对分析人员产生明显的影响。对于一些小的礼物,如果是重复性的赠送,也同样产生累积效应的影响。这种礼物赠送对分析员是一种直接的利益关系,对分析人员的立场不可避免地产生影响。因此 SEC 明确禁止分析人员或负责批准信用评级的人员向被评级方收取一定数额以上的礼物,即当参与决定或控制信用评级的分析员,或负责批准信用评级的人员,从被评级的债务人或被评级证券的发行人、承销商、发起人处收取礼物(包括娱乐)时,NRSRO 不得发布或维持信用评级,但是正常商业活动的小礼品除外,例如会议所提供的总价值不超过 25 美元的物品除外。

该条规定尽管将礼物限制于 25 美元以下,但并不是说明 SEC 允许分析人员可以收取小的礼物,其规定的目的在于兼顾商业实践。SEC 明确说明,25 美元的限制并不是允许收取礼物的例外,而是允许正常的商务交往。例如分析员与发行人开会讨论时,发行人可以提供便笺纸、笔、茶点等,只要总数不得超过

---

[1] SEC. *Oversight of Credit Rating Agencies Registered as Nationally Recognized Statistical Rating Organizations. Exchange Act Release No.* 34 - 55857, 72 Fed. Reg. 33563, 33598 - 33599 (2007).

[2] Id.

25 美元,而且 25 美元的限制针对的是某一分析员和每一交易。①

六、评级人员轮换制度

当评级人员与被评级对象之间的关系过于紧密时,即使评级人员不存在产生不当评级的经济动机,评级人员的行为仍然可能偏向于密切联系的一方。评级人员或者对发行人提供的资料缺乏审慎调查,或者在评级结果方面向有利于发行人的方向微调,而评级微调却不易被市场发现。

因此,为防止评级人员与被评级实体之间过于紧密关系所产生的利益冲突,评级人员轮换制度是一种有效的规制方式。目前美国尚未建立评级人员轮换制度,但是欧盟 2008 年年底发布的信用评级机构监管建议(Proposal for a Regulation of the European Parliament and of the Council on Credit Rating Agencies)中已经意识到评级人员轮换的重要性,要求信用评级人员和批准信用评级的人员对同一被评级对象或者有关第三方的评级服务不得超过四年。②

理论和实务界对于评级人员轮换制度同样存在不同的见解。反对评级人员轮换规定者认为,信用评级机构内部的评级委员会制度可以防止这种利益冲突。从信用评级程序看,评级决定最后是由评级委员会作出的,不是由评级人员单独作出,而评级委员会由信用评级机构内部各个部门的人员构成,评级委员会与被评级方并没有直接的接触,因此评级人员进行轮换没有必要。③

有的学者从评级质量的角度反对评级轮换制度,认为评级人员与被评级方的深入了解有利于评级质量的保障。为获得对被评级对象的足够了解,评级人员应与被评级对象有充分的接触,同时只有经过多次评级经历后,评级人员对被评级对象的了解才更为深入,评级经验更为丰富,但是评级人员轮换要求限制了评级人员和客户交流的深入。反对评级人员轮换者同样认识到紧密关系产生的利益冲突损害了信用评级的客观公正,但是认为不能对评级人员轮换采取一刀切(one-size-fits-all)的方式,应有针对性的对主要评级人员(lead analyst)进行轮换,这样才不至于对信用评级的质量产生不利影响。④

---

① SEC. *Amendments to Rules for Nationally Recognized Statistical Rating Organizations*, 74 Fed. Reg. 6469 (2009).

② COMMISSION OF THE EUROPEAN COMMUNITIES. Proposal for a Regulation of the European Parliament and of the Council on Credit Rating Agencies(12. 11. 2008). Article 6(4).

③ CHARLES, KRISTINA ST. Regulatory Imperialism: The Worldwide Export of European Regulatory Principles on Credit Rating Agencies[J]. *Minnesota Journal of Int'l Law*, 2010, 19(2): 430 –431.

④ THOMAS M. J. M? LLERS. Regulating Credit Rating Agencies: the New US and EU Law—Important Steps or Much Ado about Nothing? [J]. *Capital Markets Law Journal*, 2009, 4(4): 486.

　　笔者认为,利益冲突的影响是对信用评级质量最大的破坏。如果评级人员陷于利益冲突关系中,对客户了解的深入反而为不当评级创造条件。防止利益冲突是从源头上保障信用评级的客观性。对于评级质量的保障,应从加大人力物力的投入,加大评级人员的培训等方面来解决,而不是以同一评级人员与被评级对象的长期评级经验积累来解决。同时,评级人员的评级经验在其他评级对象中同样有利于评级质量的保障。所以评级人员轮换制度是防止利益冲突的一项重要制度。

第五节　完善信用评级利益冲突行政监管制度的构想:评级质量监管

　　由于信用评级利益冲突所造成的不利影响最终都体现为评级质量的低下,对产生评级质量低下的信用评级机构采取处罚措施,可以使信用评级机构采取措施避免利益冲突的影响,从而控制利益冲突,因此采取对评级质量的监管不失为一个较好的解决方式。为了强化对信用评级利益冲突的规制,应建立评级质量监管制度。

一、评级质量监管的提出

　　目前的行政监管制度主要是针对利益冲突来源制定监管措施。各项监管措施有针对性,但是与之相配套的执法手段主要是审查信用评级机构提交的报告和开展现场检查,缺乏硬性评价指标,相配套的处罚方式缺乏经济处罚内容。

　　SEC 采取的监管手段主要是审查信用评级机构提交的报告和开展现场检查。例如信用评级机构应向 SEC 提交年度内部控制报告,报告内容包括管理层对于建立和维持有效内部控制结构的责任陈述、内部控制有效性的评价、首席执行官或相同职位人员的证词;[1]合规人员应向 SEC 提交年度报告,报告内容应包括信用评级机构内部行为规范和利益冲突政策的重大变化。[2] 根据《多德—弗兰克法》所设立的信用评级办公室(office of credit ratings)应对信用评级机构开展年度检查。检查的内容包括:信用评级机构是否按照其所制定的政策、程序和评级技术开展业务,信用评级机构对利益冲突的管理情况,对道德政

---

　　[1]　Dodd-Frank *Wall Street Reform and Consumer Protection Act*, Pub. L. No. 111 - 203, §932(a)(2), (amending 15 U. S. C. §78o - 7(j)).

　　[2]　Dodd-Frank *Wall Street Reform and Consumer Protection Act*, Pub. L. No. 111 - 203, §932(a)(5), (amending 15 U. S. C. §78o - 7(c)).

策的执行情况和内部控制情况等方面的内容。①

信用评级机构违反规则的法律后果主要是被拒绝注册为 NRSRO,被暂停或者撤销已注册的 NRSRO 资格。根据《2006 年信用评级机构改革法》规定,NRSRO 的注册材料应包括信用评级机构所制定的内部行为规范(a code of ethics)或者没有制定内部行为规范的原因、有关信用评级的各种利益冲突,该内容作为 SEC 决定信用评级机构是否注册为 NRSRO 的条件。如果 SEC 认为信用评级机构不具备充分的财政或者管理资源以发布公正的信用评级以及执行 SEC 所要求制定的内部政策和程序,则 SEC 将拒绝其注册为 NRSRO 的申请。②《多德—弗兰克法》规定,如果 SEC 发现 NRSRO 不具备继续发布公正评级的充分财政或者管理条件,则可以暂停或者撤销 NRSRO 有关特定种类证券评级认可资格的注册。③

因此,监管部门对信用评级机构守法行为的评价缺乏硬性指标。监管机构主要通过审查信用评级机构提交的报告和开展现场检查来评价信用评级机构利益冲突防控情况,评价内容存在较大的弹性;信用评级机构违反监管规则的法律后果缺乏经济处罚内容,惩罚力度不够。

而利益冲突对信用评级的影响最后都体现在对信用评级质量的影响,因此可以通过信用评级质量的监控来规制信用评级利益冲突。评级质量监管措施通过监控信用评级利益冲突所产生的不利后果,对产生评级质量低下的信用评级机构采取处罚措施,从而使信用评级机构不得不避免利益冲突的影响。评级质量是一个可以客观评价的指标,因此通过评级质量监管可以克服目前美国监管制度缺乏硬性评价指标的缺陷,同时,硬性的监管指标为采取经济处罚提供了依据,提高了行政执法能力和约束力。

二、评级质量监管的内容

信用评级利益冲突的不利影响最终都反映在对评级质量的影响。评级质量监管就是对评级产品的质量进行评价。当信用评级质量达不到监管层所规定的评级质量要求时,信用评级机构应承担相应的法律责任。评级质量监管的内容首先涉及到评级质量监管指标的确定,在此基础上才能对评级质量进行合

---

① Dodd-Frank *Wall Street Reform and Consumer Protection Act*, Pub. L. No. 111 – 203, §932(a)(8), (amending 15 U. S. C. §78o – 7(p)).

② *Credit Rating Agency Reform Act of* 2006, Pub. L. No. 109 – 291, §4(a), 120 Stat. 1327 (amending 15 U. S. C. §78o – 6).

③ Dodd-Frank *Wall Street Reform and Consumer Protection Act*, Pub. L. No. 111 – 203, §932(a)(3), (amending 15 U. S. C. §78o – 7(d)).

理的判断并采取监管措施。

(一)评级质量监管指标的确定

一般认为,较高的评级质量指评级达到准确、具有信息价值和真实(accurate, informative and honest)的要求;较低的评级质量指评级受到发行人等方面的影响,使得出现评级有利于发行人、缺乏信息价值等情况。① 这种判断标准不利于监管机关对评级质量的标准化判断。行政监管机关介入商业活动的一个前提就是行政监管机关应具备标准化能力,有能力以合理行政成本对损害行为及结果进行描述。因此,监管机关应从更具体的角度对评级质量进行考察,以提出衡量评级质量的具体标准,从而有利于监管工作的开展。

信用评级作为一种信息产品,衡量其评级质量应从信用评级的内容和作用入手。作为一种金融信息服务,信用评级指对债务人信用(credit worthiness)、债券和其他货币市场工具信用的评价。② 信用评级的对象是作为债务人的企业、机构或其他实体和债券型证券的信用风险。信用风险包括两个方面的内容,违约可能性(probability of default)和预期损失(expected loss in the event of default)。③ 目前信用评级机构所发布的信用评级都对被评级方的违约可能性进行评价,但在不同的评级产品中也同时对预期损失进行分析。例如穆迪对传统产品的评级只是反映违约可能性的内容,并不反映预期损失的内容,但是对于结构金融产品的评级同时反映了违约可能性和预期损失的内容;惠誉的情况与穆迪相反,对于传统评级产品,惠誉的评级反映了违约可能性和预期损失的内容,对于结构金融产品的评级只是反映了违约可能性的内容;在传统评级和结构金融产品评级中,标准普尔都只是反映被评级方的违约可能性,并不包括对预期损失的分析。④

从信用评级的内容和作用分析,信用评级机构主要针对被评级方的违约可能性进行评价。在对被评级方预期损失的评价内容方面,在不同的信用评级机构之间和不同的评级对象上存在较大的差别。因此应将信用评级所反映的被

---

① BECKER, BO & MILBOURN, TODD. Reputation and Competition: Evidence from the Credit Rating Industry[EB/OL]. http://apps. olin. wustl. edu/faculty/milbourn/BeckerMilbournFeb122009. pdf, 2011 - 05 - 22.

② *Credit Rating Agency Reform Act of* 2006, Pub. L. No. 109 - 291, § 3, 120 Stat. 1327 (amending 15 U. S. C. § 78c(a)(60)).

③ HUNT, JOHN PATRICK. Credit Rating Agencies and the "Worldwide Credit Crisis": The Limits of Reputation the Insufficiency of Reform, and a Proposal for Improvement[J]. *Columbia Business Law Review*, 2009, 1: 157.

④ Id., pp. 157 - 158.

评级方违约可能性的准确情况作为衡量信用评级质量的指标。

对于信用评级所反映的被评级方违约可能性的判断,是可以通过对一定期间内的数据统计获得的客观判断,可以为监管机关采取监管措施提供有效的依据。目前,信用评级机构所披露的评级业绩数据就包含了这方面的内容。根据SEC 的规定,注册为 NRSRO 的信用评级机构应在提交给 SEC 的 NRSRO 表格(Form NRSRO)中披露长期、中期、短期的信用评级违约比率(default rates)。[①]以 DBRS Ltd. 的披露为例,如表 4 - 3 所示,在 DBRS Ltd. 于 1976 年至 2009 年所发布的全部公司信用评级中,在十年期内,被评为 AAA 级的公司没有出现违约情况,被评为 AA 级别的公司有 1.02% 出现违约,被评为 A 级别的公司有1.65% 出现违约,被评为 BBB 级别的公司有 2.43% 出现违约,被评为 AA 级别的公司有 1.02% 出现违约,被评为 BB 级别的公司有 9.30% 出现违约,被评为B 级别的公司有 17.62% 出现违约,被评为 CCC/CC/C 级别的公司有 31.82%出现违约。通过这样的统计,可以评价评级产品的准确程度。

(二)确定评级质量监控线应考量的因素

在对评级质量监控指标确定后,监管部门可以对信用评级违约率规定一定的标准,即规定信用评级机构的某种产品的信用评级违约率在一定期间不得超过某一比率,即确定评级质量监控线。如果某个信用评级产品不符合评级质量监控线的要求,信用评级机构则应承担相应的法律后果。

评级质量监控线的确定应考量多方面的因素,因为监控线是否适当关系到监管的效果并影响到信用评级的信息价值。如果评级质量监控线的要求偏高,信用评级机构为了避免承担法律责任,将会倾向于发布较为保守的评级,从而影响了信用评级本身所应具有的信息价值功能。评级质量监控线的要求偏低,则不仅不能控制信用评级利益冲突,反而将助长信用评级机构发布有利于发行人的评级。在确定评级质量监控线时,监管机关应考量的因素主要有以下几个方面:

首先,应考虑到信用评级有出现不准确的可能性。信用评级所反映的是被评级方违约可能性的比较情况,而不是绝对情况,即信用评级是一种相比较的评价(ordinal assessments)。不同的评级符号代表不同程度的信用状况,较高级别的评级被认为比较不可能违约,较低级别的评级被认为比较可能违约,但并不是说较高的评级就一定不会出现违约。同时,信用评级是一种预测性工作,

---

① SEC. Form NRSRO: Application for Registration as a Nationally Recognized Statistical Rating Organization (NRSRO)[EB/OL]. http://www.sec.gov/about/forms/formnrsro.pdf. 2010 - 01 - 24.

表 4 - 3

DBRS Ltd. 违约率数据

Global Corporate Average Cumulative Default Rates (1976 –2009) by Whole Rating Categories

	Year 1	Year 2	Year 3	Year 4	Year 5	Year 6	Year 7	Year 8	Year 9	Year 10
AAA	0.00%	0.00%	0.00%	0.00%	0.00%	0.00%	0.00%	0.00%	0.00%	0.00%
AA	0.09%	0.28%	0.51%	0.69%	0.83%	0.93%	0.97%	1.02%	1.02%	1.02%
A	0.17%	0.35%	0.56%	0.80%	0.97%	1.10%	1.23%	1.36%	1.49%	1.65%
BBB	0.32%	0.74%	1.02%	1.22%	1.50%	1.73%	1.98%	2.18%	2.34%	2.43%
BB	0.68%	2.05%	3.42%	4.79%	6.02%	7.11%	7.80%	8.48%	8.89%	9.30%
B	3.81%	8.10%	12.86%	15.24%	16.19%	17.14%	17.62%	17.62%	17.62%	17.62%
CCC/CC/C	24.24%	30.30%	31.82%	31.82%	31.82%	31.82%	31.82%	31.82%	31.82%	31.82%

资料来源：DBRS Ltd.：DBRS FORM NRSRO ANNUAL CERTIFICATION EXHIBIT 1，2011.03. ①

① DBRS LTD. DBRS Ltd. Form NRSRO exhibit – 1［EB/OL］. http://dbrs. com/research/215034/exhibit – 1. pdf, 2010 – 01 – 24.

预测性工作的性质决定了其必然有出现差错的可能性。因此评级质量监控线的确定应考量信用评级行业的各种实际情况,以确定适当的监管标准。

其次,应区分经济周期影响的因素和评级质量降低的因素。当由于系统性经济周期的影响出现企业大量破产,则信用评级违约率将大幅攀升。因此监管机构应对经济周期影响和评级质量降低两方面进行分析,以决定评级质量监控线的适用。

再次,应考量信用评级产品的市场细分。信用评级产品细分为公司债券、市政债券、资产支持证券、优先股、商业票据和住房抵押证券等的评级。不同的信用评级机构对不同对象的评级能力不同,因此应对不同的信用评级产品规定不同的评级质量监控线。对于同样的评级产品,不同的信用评级机构适用同样的评级质量监控线,而不是对信用评级机构的所有评级产品进行全部统计以计算违约率。

第四,应合理确定信用评级违约率统计的合理期限。监管机构可以以六个月、一年、三年甚至更长的期间作为违约率统计的期间,但是统计期间的确定应根据市场的实际情况确定。

最后,评级质量监控线的确定应参照信用评级机构的历史评级情况。对信用评级机构评级准确性进行统计的基础上,分析市场上声誉较好的信用评级机构的评级违约率情况。因为声誉较好的信用评级机构的评级违约率说明了市场对于信用评级质量的认可程度,所以可以根据对信用评级机构历史评级的违约率情况进行分析从而确定评级质量监控线。

三、违反评级质量监管规定的法律后果

在评级质量监控线确定后,应明确信用评级机构因评级产品的质量不符合评级质量监管标准应承担的法律后果。可以从以下两个方面要求信用评级机构承担不利的法律后果。

一是暂停或者撤销 NRSRO 资格。监管机关可以将 NRSRO 资格与评级质量监控指标相挂钩。规定每一种类评级的每一评级层次的最高违约率(a maximum default rate),如果一定期限的累计违约率超过某个最高违约率,则暂停对信用评级机构所发布的该种类信用评级产品的认可。或者撤销这种认可,即累计违约率超过最高违约率的评级种类将不获得监管机关的认可,失去被监管规则援引的资格。当累计违约率下降到监管机关所确定的标准之下时,监管机关可以恢复对该种评级的认可或者重新接受信用评级机构 NRSRO 资格的申请。例如对于结构金融产品评级,SEC 可以规定,被评为 BBB 级别资产支持证券的五年累计违约率不得高于 5% ,如果 NRSRO 所发布的 BBB 级别资产支持证券

的五年累计违约率超过了 5%,SEC 将暂停对该 NRSRO 所作出的资产支持证券的 BBB 评级的认可。尽管失去 SEC 的认可,但是信用评级机构仍可以接受聘请发布这种评级,或者未经聘请主动发布评级。在这种评级的五年累计违约率下降到 5% 以下后,SEC 可以恢复对该种评级的认可。这种处罚方式主要对信用评级机构预期的未来利益产生影响。

　　二是直接的经济处罚。监管机关可以规定,当信用评级机构的某项评级产品的违约率不符合评级质量监控标准时,信用评级机构应将不符合质量监控标准的评级收费上交,或者上交一定的比例,即信用评级机构将不实评级的收费回吐,由此对信用评级机构产生约束作用。美国学者 Hunt 针对结构金融产品等新型信用评级产品提出了监管改革方案,认为对新型的评级产品应事先确定一个质量标准(a predetermined quality level)。当某种评级事后证明低于事先确定的标准,则信用评级机构应交出该项评级所获取的利润,除非信用评级机构事先声明该项评级是低质量的评级才可以免责。Hunt 的改革方案主要针对信用评级机构对于新产品的不准确评级所提出来的,但是这种经济处罚方式仍然可以作为信用评级机构违反质量控制监管标准的一般处罚方式。

　　与现行的行政监管制度所规定的处罚内容比较,上述两种处罚方式不仅操作简便,而且对信用评级利益冲突起重要的规制作用。

　　首先,明确的处罚措施说明了信用评级机构发布虚假评级所带来的违法成本,即将会失去未来的收益或者过去的利润。这种经济处罚的数额不会无限扩大,避免了侵权法所担忧的信用评级机构对不特定对象所承担的不特定责任的情况。

　　其次,这种处罚方式便利了行政执法过程。这种处罚方式相当于对信用评级机构施加准严格责任(quasi strict liability),以客观的标准确定信用评级机构是否应承担责任。监管部门不需要对所有的信用评级过程进行调查并确定各个评级过程是否受利益冲突的影响,从而节约监管成本。

　　再次,这种处罚方式减轻了信用评级使用者的成本。以信息披露为基础的监管规则主要依赖于信用评级使用者对信息的理解,强调评级使用者能够理解利益冲突的影响,从而监督信用评级机构。而这种处罚后果的规定使得责任转移到信用评级机构,要求信用评级机构必须达到一定的评级准确性,否则将承担法律后果。

第五章　我国信用评级利益冲突规制现状及完善的建议

美国信用评级利益冲突规制制度为我国建立、健全信用评级制度提供了有益借鉴。我国信用评级行业发展较晚,信用评级制度不健全,因此应加强信用评级制度建设,有效控制各种利益冲突对信用评级的不利影响。

第一节　我国信用评级利益冲突的市场自律现状及完善建议

一、我国信用评级市场发展状况

20 世纪 80 年代后期,中国人民银行在银行系统内成立了 20 家信誉评级公司。1988 年国务院作出了《关于清理整顿金融性公司的决定》后,中国人民银行于 1989 年撤销了各银行设立的评级公司,将业务划归信誉评级委员会办理。1990 年 8 月,中国人民银行下发了《关于设立信誉评级委员会有关问题的通知》,确立了银行内部信用评级的组织体系,信誉评级委员会成为开展信用评级业务的基本模式。信誉评级委员会的评级业务大多属于银行内部评级,目的是为银行自身资产质量管理提供衡量尺度,与独立作为第三方提供评级服务的信用评级机构有本质区别。[①]

在银行内部建立信誉评级委员会的同时,独立的信用评级机构也开始产生。1988 年我国第一家独立的信用评级机构——上海远东资信评估公司成立。其后,上海新世纪资信评估投资服务有限公司、中国诚信证券评估有限公司、大公国际资信评估有限责任公司、深圳市资信评估公司、厦门金融资信评级公司等独立的信用评级机构相继成立。

1995 年后我国信用评级行业进入转型时期。银行系统内的信誉评级委员

---

① 郑又源. 我国信用评级机构规制与监管问题研究[J]. 兰州大学学报(社会科学版),2010 (10):127 – 128.

会从 1995 年开始进行改制,成为市场化运营的信用评级机构,独立的信用评级机构数量也开始增加。1997 年 12 月,中国人民银行(银发[1997]547 号)认可了 9 家具有全国范围内债券评级资格的信用评级机构。2003 年中国保监会发布了《保险公司投资企业债券管理暂行办法》,并先后以[2003]74、92、133 号文的形式使中国诚信证券评估有限公司、大公国际资信评估有限责任公司、联合资信评估有限公司、上海远东资信评估公司和上海新世纪资信评估投资服务有限公司等五家信用评级机构成为中国保监会"认可的信用评级机构"。同年,中国证监会也认可了上述五家信用评级机构出具的债券评级报告。2006 年美国信用评级机构开始进入中国市场,他们以参股的形式与中国本土信用评级机构开展合作。

目前我国信用评级机构数量较多,具有信贷市场评级业务资质的评级机构就超过了 80 家。[①] 全国忙的信用评级机构主要有中国诚信证券评估有限公司、上海新世纪资信评估投资服务有限公司、鹏元资信评估有限公司、大公国际资信评估有限公司、上海远东资信评估有限公司、联合资信评估有限公司等少数几家,大多数的信用评级机构是地方性评级机构。[②] 地方性信用评级机构盈利状况较不理想,例如 2009 年亏损的信用评级机构数量占中国人民银行备案机构总数的 37.5%,可见中国信用评级行业的整体经营状况不理想。[③]

从评级市场总体分析,我国公司债券发行规模较小且评级机构数量相对较多。评级行业存在不正当竞争状况,在债券发行环节,发行人出于降低发行成本的利益驱动,采取"等级招标"和"评级采购"的方式,不切实际地要求信用评级机构提供较高的信用等级。在"预评级"环节信用评级机构违规承诺高级别以争夺市场的情况屡有发生,造成评级结果的失实,破坏信用评级机构的独立性和公信力。[④]

与国际信用评级机构相比,国内信用评级机构长期处于低收费、低盈利甚至亏损的状态。其收入来源较为单一,主要来自于债券评级费收入。其他诸如出售研究报告、提供咨询服务等方面的收入几乎为零。由于盈利无法保证,有的评级机构以牺牲评级服务质量为代价来降低业务成本。而坚持提供高质量评级服务的机构则不得不长期维持微利甚至是亏损状态。偏低的收入规模影

---

① 中国银行间市场交易商协会. 中国银行间债券市场信用评级行业年度报告(2010)[M]. 北京:中国金融出版社. 2011.35.

② 劳佳迪. 部分信用评级机构被揭买卖评级猫腻[EB/OL]. http://www.ccstock.cn/stock/gupiaoyaowen/2011-08-19/A544236.html,2011-09-19.

③ 同上.

④ 中国证券业协会编著. 中国证券业发展报告(2009)[M]. 中国财政经济出版社,2009.187.

响了评级机构的内部建设。①

二、我国信用评级利益冲突的市场自律规制分析

目前我国信用评级行业的市场自律较为薄弱。第一，从我国信用评级机构的自律行为分析，目前我国地方性信用评级机构的内部控制制度不完善，评级业务的综合管理和各个环节的工作流程及质量控制等都存在缺陷，评级业务规范运作水平不高，有些信用评级机构甚至缺乏建立内控制度的动力。② 而全国性信用评级机构尽管建立了规制信用评级利益冲突的内控制度，但是仍有不完善的地方。由于竞争秩序的不规范，也缺乏足够的动力去实施这些制度。中国证监会对取得证券市场信用评级业务许可的评级机构进行现场检查后发现，评级机构经营与评级过程中存在不规范的地方。例如内部控制制度不完备，对受评企业的尽职调查不够彻底、走形式，评级报告的数据来源不够独立，评级委员会评审程序不规范，等等。③ 中国银行间市场交易商协会经过调查发现，尽管信用评级机构建立了内控制度，如将市场营销人员与评级人员相隔离、建立合规部等，但是不规范的竞争秩序使信用评级机构缺乏足够的动力保证这些制度的实施。④

第二，从信用评级行业自律角度分析，为促进评级行业发展，2010 年 7 月中国证券业协会证券资信评级专业委员会成立。⑤三个月后中国银行间市场交易商协会信用评级专业委员会也成立了。⑥ 但是证券资信评级专业委员会是中国证券业协会的下属机构，而信用评级专业委员会是中国银行间市场交易商协会的下属机构。两个自律组织依靠在其他协会下开展工作，成立时间较短，尚没有发挥有效的自律作用。

信用评级市场自律的作用机制表现在：由于声誉约束力的存在，使信用评级机构采取各种自我约束措施，并推动行业自律的形成。市场自律机制的基础是声誉约束机制。上述我国信用评级市场自律薄弱的情况是声誉机制未能发

---

① 同上，第 186 页。

② 中国证券业协会编. 中国证券业发展报告（2008）［M］. 中国财政经济出版社，2008. 11. 202.

③ 同上，第 203 页。

④ 中国银行间市场交易商协会. 中国银行间债券市场信用评级行业年度报告（2010）［M］. 北京：中国金融出版社. 2011. 43.

⑤ 新华网. 证券资信评级专业委员会成立，11 人入选首届成员［EB/OL］. http://cd. qq. com/a/20100719/003629. htm，2011 - 01 - 02.

⑥ 京报网. 国内信用评级行业自律组织成立［EB/OL］. http://finance. qq. com/a/20101026/000652. htm，2011 - 01 - 02.

挥约束作用所导致的,因此应从我国信用评级市场声誉约束力进行分析,寻求纠正市场自律失灵的解决措施。

　　声誉约束机制是市场自发行为,在不同的市场中有不同的表现,因此应根据我国市场实际情况分析我国信用评级市场的声誉约束力量。我国信用评级声誉机制缺乏约束力的原因与美国不同。美国信用评级声誉机制失效的原因在于评级市场垄断、信用评级机构监管许可权力膨胀和结构产品评级收费的增长导致信用评级机构私租的膨胀等原因。但是我国的情况不同,影响我国信用评级声誉机制发挥作用的主要因素在于无序的市场竞争状况和评级质量衡量手段的缺失。

　　竞争的存在是声誉机制有效发挥作用的条件,但过度竞争则会阻碍声誉机制作用的发挥。经济学家 Becket 通过经济学模型证明了过度竞争将减少声誉资本的租金收入,降低评级机构对声誉资本的投入,阻碍声誉机制发挥积极作用。[1] 目前我国信用评级机构超过 80 家,尽管近年来我国债券评级市场有一定的发展,但是仍然处于"粥少僧多"的局面。为争夺市场份额,有的信用评级机构通过降低评级服务费用低价招揽业务,甚至以明示或者暗示承诺级别的方式来争夺客户,[2]由此导致我国信用评级市场的无序竞争状况:一是低价竞争,有的信用评级机构为了争取市场不惜以低价的方式争夺客户,这主要是一些小型信用评级机构的行为;二是信用级别竞争,有的信用评级机构为争取客户而在竞标时允诺给予较高的信用等级,违背信用评级行业的基本诚信原则和市场公正性。低价竞争和级别竞争导致信用评级市场出现"劣币驱逐良币"的现象,造成国内信用评级市场的无序竞争。[3]

　　影响声誉机制发挥作用的另一个原因是评级质量衡量手段的缺失。市场难以对信用评级的准确性作出评价,从而不能对信用评级机构的声誉作出评价。在债券信用评级方面,目前我国的债券信用评级缺乏事后跟踪,难以统计债券违约率。在贷款企业信用评级方面,由于商业贷款的非公开性,使评级机构很难对违约状况做出统计。因此无论是债券评级还是贷款企业评级,都没有系统而严格的违约率和评级转换率方面的统计数据。而违约率和评级转换率数据的缺乏,使得投资者和社会公众对不同信用评级机构的评级质量评价缺少有效的手段,未能形成有效的声誉约束机制。

---

①　张强,张宝. 金融危机背景下我国信用评级机构声誉机制研究[J]. 经济经纬,2010,(1):152.

②　中国证券业协会编. 中国证券业发展报告(2008)[M]. 北京:中国财政经济出版社,2003. 11. 203.

③　寇勇,李晓珊,陈斌. 信用评级理论与实务[M]. 北京:中国工商出版社,2007. 187.

三、完善我国信用评级市场自律机制的建议

重塑我国信用评级声誉约束机制,发挥市场自律机制对利益冲突的规制作用,应根据信用评级市场状况,针对市场自律机制薄弱的原因,采取相关措施。

一是完善市场准入制度。没有适用于整个行业的严格的市场准入规定是形成我国信用评级市场过度竞争、无序竞争状况的重要原因。因此应完善我国信用评级行业的市场准入制度。在市场准入监管方面有两种方式,一是严格的市场准入,只有经过审批的机构才能开展信用评级业务;二是实行登记认可制度,允许信用评级机构自由开展业务,但是只有经过监管部门登记的信用评级机构发布的评级才能为监管规则所使用。我国资本市场诚信基础比较薄弱,机构投资者规模还较小,不成熟的普通投资者仍然是市场的主体,实行严格的市场准入制度比较符合我国国情。证监会发布的《证券市场资信评级业务管理暂行办法》规定了信用评级机构的设立条件。包括具有中国法人资格,实收资本与净资产均不少于人民币 2000 万元;具有符合规定的高级管理人员不少于 3 人;具有证券从业资格的评级从业人员不少于 20 人,具有中国注册会计师资格的评级从业人员不少于 3 人;具有健全且运行良好的内部控制机制和管理制度;具有完善的业务制度,包括信用等级划分及定义、评级标准、评级程序、评级委员会制度、评级结果公布制度、跟踪评级制度、信息保密制度、证券评级业务档案管理制度等条件。该暂行办法的规定体现了严格的市场准入要求,但是该规定是针对从事证券评级业务的信用评级机构,适用范围有限。在今后的信用评级机构监管立法中,可以以该办法为蓝本规定具有普遍适用性的市场准入要求。

二是应建立科学合理的评价体系,促进声誉机制作用的发挥。市场主体只有获得充分的评价信息,才能对信用评级机构进行合理的评价,从而对信用评级机构产生声誉约束作用。我国目前存在的信用评级评价信息缺失的问题阻碍了声誉机制作用的发挥,因此应采取措施建立科学合理的评价体系,以促进声誉机制作用的发挥。违约率和评级转换率是衡量信用评级质量的最直观指标,监管部门应解决我国目前在违约率和评级转换率统计中的难题,使债券信用评级和贷款企业信用评级的违约率和评级转换率都能及时进行统计并向市场公开,使公众能对信用评级机构的行为进行合理的评价,从而影响其声誉。监管部门也可以建立一套科学公正的评级机构声誉评价体系和排名制度来实现评级机构声誉等级的差别化,并定期向社会公布,以充分发挥声誉的激励约束机制,促使评级机构加强控制利益冲突的自我约束行为,提高评级产品的质量。

　　三是应推进全国性信用评级行业自律组织的建立,发挥行业组织的自律作用。首先,应加快全国性信用评级协会的组建工作,为信用评级协会的行业管理提供组织保证;其次,信用评级协会应结合我国信用评级市场实际情况制定统一的行业规范和标准,规范信用评级行为,引导和促进信用评级行业健康有序发展;最后,信用评级协会应致力于促进信用评级机构控制利益冲突的自我约束行为,努力提高信用评级行业的公信力,促进行业的健康发展。

　　四是对信用评级的监管依赖应适度。信用评级是资本市场私人治理的一种重要方式。监管规则通过援引信用评级,规定债券发行应获得某一信用评级结果,实质上是由信用评级机构代替监管部门进行实质审查,由此减轻了行政监管负担。然而,这种方式的广泛使用使信用评级机构所拥有的权力不断扩大,一旦信用评级机构的监管许可权力过大将会弱化声誉约束作用。因此只能在一定限度内援引信用评级作为监管依据。由于我国信用评级行业发展较晚,援引信用评级作为监管依据的监管规则较少,没有出现如美国大规模援引信用评级作为监管依据的情况。但是我们仍然要吸取美国的经验,今后对于信用评级的监管援引应适度,以防止信用评级机构监管许可权力过大,从而制约声誉约束机制的作用。

　　尽管可以采取措施促进声誉约束机制发挥应有的规制作用,但是美国信用评级的发展警示我们,利益最大化仍然是信用评级机构经营的目标,因此声誉机制仍然具有局限性。声誉的积累是长期的行为,当信用评级机构面临亏损时,或者丧失未来声誉能寻来近期的较大收益时,信用评级机构仍然会追求眼前的利益而忽视未来的声誉损失。而在我国信用评级机构数量较多,许多地方性信用评级机构面临经营亏损情况下,声誉的约束力仍然显得薄弱。因此,加强信用评级行业的他律规制凸显重要性。

第二节　我国信用评级利益冲突的司法
规制现状及完善建议

　　因不实评级遭受损失的被评级方可以依据《民法通则》提出诽谤诉讼。《民法通则》关于侵害名誉权的规定对信用评级利益冲突产生有效的规制。因不实评级遭受损失的信用评级使用者可以依照证券法的规定提起虚假陈述诉讼,但是依照证券法追究信用评级机构虚假陈述民事责任的适用范围有限。因此,应完善有关信用评级机构民事责任的立法,以进一步发挥司法对信用评级利益冲突的规制作用。

一、诽谤行为的规制

我国《民法通则》第 101 条规定,公民、法人享有名誉权,禁止用侮辱、诽谤等方式损害公民、法人的名誉。侵害名誉权的行为包括侮辱和诽谤等方式,发布不实信用评级行为在符合一定条件下构成诽谤。诽谤行为指侵害人故意或过失不法捏造传播不利于特定人名誉的虚伪事实或不法发表不利于特定人名誉的评论而使受害人名誉受损的违法行为。只有侵害人实施了不法传播不利于特定人名誉的虚伪事实(即诽谤性虚伪事实)或者不法发表不利于特定人名誉的评论(即诽谤性评论)的行为,才可能构成对他人名誉的侵害。① 不实信用评级的产生有多种可能性:系统性风险造成大多数被评级对象的整体违约;信用评级机构本身的分析能力受到限制,即信用评级机构主观上希望做出准确的评级,但是由于认知能力的限制影响到评级的准确性;信用评级机构有意使用错误的评级资料、遗漏重要评级资料或者对评级资料未尽审慎调查,从而造成信用评级的错误。在上述错误信用评级产生的原因中,如果信用评级机构是以虚伪的事实为依据进行评级,则构成诽谤行为。

侵害名誉权属于过错侵权行为,根据过错侵权的构成要件和诽谤行为的特点,构成诽谤应符合下述要件:行为人的过错、不法传播不利于特定人名誉的虚伪事实或者不法发表不利于特定人名誉的评论、受害人的名誉受到损害、行为人的行为与受害人的损害之间存在因果关系。② 在不实评级引起的诽谤诉讼中,信用评级机构的行为应符合下述要件。

(1)信用评级机构具有过错。确定侵害名誉权责任的归责原则是过错责任原则,因而构成侵害名誉权责任的行为必须具备主观过错的要件。主观过错包括故意和过失两种形式,在对信用评级机构过错的认定方面,我国学界倾向于采取客观标准,即信用评级机构是否按照行业普遍通行的行为准则来进行评级。③

(2)不实评级行为构成不法发表不利于特定人名誉的评论。从评级的结果来看,评级报告是信用评级机构针对被评级对象信用状况的一种评论。由于信用评级机构的过错导致评级所依据的资料有误或评级过程本身存在不当之处

① 刘静. 姓名权名称权肖像权名誉权荣誉权损害赔偿[M]. 北京:中国民主法制出版社,2001. 107.

② 张新宝. 中国侵权行为法[M]. 北京:中国社会科学出版社,1995. 322.

③ 楼建波. 试论信用评级机构的民事责任[A]. 刘俊海. 中国资本市场法治评论(2)[C]. 北京:法律出版社,2009. 237.

情况下,信用评级机构对被评级方的信用状况作出不利评价,由于信用评级机构的社会影响力,其发布的信用评级报告将会给被评级方带来较大的影响,那么这种行为将构成不法发表不利于特定人名誉的评论。

(3)被评级方受到损害。侵害名誉权的损害事实包括名誉利益损害、精神痛苦的损害、财产利益的损失。因不实评级给被评级方造成的损害可以包括名誉利益损害和财产利益损害。名誉利益损害应以侵害名誉权的行为是否为第三人知悉为标准。侵害名誉权的行为为第三人所知悉,该行为即作用于公众的心理,因而必然产生降低受害人社会评价的后果。法人因名誉权受损害而造成的财产损失一般包括合同被解除而带来的损失、客户减少及客户退货的损失、顾客减少导致的营业额降低等方面。在信用评级机构公开发布不实评级情况下,信用评级不仅为第三人所知悉,而且为市场所知悉,将使被评级方的名誉利益受到损害。在被评级方与他人签订的合同中包含有评级触发条款的情况下,如果合同一方的信用评级降低到某一级别,将导致双方权利义务的变更,由此将给被评级方带来财产利益的损害。

(4)错误评级行为与受害人的损害之间存在因果关系。侵害名誉权的违法行为与损害事实之间的因果关系具有特殊性,有些违法行为不是直接作用于侵害客体而使其出现损害事实,而是经过社会的或者心理的作用,达到损害受害人名誉利益,没有社会的和心理的这一中间环节,一般难以出现这种后果。[①] 如果是对于贷款企业的不实评级,评级失实主要对被评级方的商誉造成影响。在证明信用评级机构不实评级与被评级方的损害之间的因果关系方面应重视由于社会的评价对被评级方的商誉影响这一要素。如果是对于债券的不实评级,由于信用评级直接关系到债券利率的安排和债券为市场的接受程度,错误的评级将直接导致发行人财务费用的提高或者债券发行的停止,因此可以认定错误评级与损害结果之间存在因果关系。

由于美国诽谤法律的宪法化,宪法第一修正案对信用评级机构未经聘请主动评级行为的保护,司法裁判方式未能有效规制信用评级机构的主动评级行为。但是我国的情况不同,只要信用评级机构的行为符合诽谤行为的构成要件,就应承担侵权责任。司法裁判方式追究信用评级机构诽谤侵权责任不会遇到如美国之类的宪法障碍。对于信用评级机构发布不实评级的过错认定方面,我国学界倾向于采取客观标准,即信用评级机构是否按照行业普遍通行的行为准则来进行评级。这种标准将对信用评级机构的行为产生规制作用,使信用评

[①]　杨立新. 类型侵权行为法研究[M].北京:人民法院出版社,2006.133.

级机构在发布主动评级过程中努力按照行业的一般标准行为,例如采取尽职调查、任职回避、合规审查等措施,从而在以后的诉讼中能处于有利地位,由此对信用评级利益冲突产生规制作用。

二、虚假陈述行为的规制

《中华人民共和国证券法》(下称《证券法》)第173条规定:"证券服务机构为证券的发行、上市、交易等证券业务活动制作、出具审计报告、资产评估报告、财务顾问报告、资信评级报告或者法律意见书等文件,应当勤勉尽责,对所依据的文件资料内容的真实性、准确性、完整性进行核查和验证。其制作、出具的文件有虚假记载、误导性陈述或者重大遗漏,给他人造成损失的,应当与发行人、上市公司承担连带赔偿责任,但是能够证明自己没有过错的除外。"根据上述规定和《最高人民法院关于审理证券市场因虚假陈述引发的民事赔偿案件的若干规定》(法释[2003]2号)的相关规定,可以将信用评级机构的证券虚假陈述民事责任归结为以下几个要件:信用评级报告构成虚假陈述、信用评级机构存在过错、给公众投资人造成损害、因果关系。

(1)信用评级报告构成虚假陈述。根据证券法规定,构成虚假陈述的行为包括虚假记载、误导性陈述和重大遗漏三种行为。虚假记载指信息披露义务人在披露信息时,将不存在的事实在信息披露文件中予以记载的行为;误导性陈述指虚假陈述行为人在信息披露文件中或者通过媒体,作出使投资人对其投资行为发生错误判断并产生重大影响的陈述;重大遗漏指信息披露义务人在信息披露文件中,未将应当记载的事项完全或者部分予以记载。[①] 信用评级是对被评级方信用的评价,是一种信用判断的陈述,信用评级已成为投资者进行投资决策的重要参考,错误的信用评级对投资者形成误导,是一种误导性陈述,构成证券法规定的虚假陈述。

(2)信用评级机构存在过错。对于公众投资者来说,证明信用评级机构存在过错是较为困难的。但是《证券法》第173条的规定对信用评级机构侵权责任的认定采取了过错推定的归责原则,由信用评级机构承担自身无过错的举证责任。因此,为了在诉讼中处于有利地位,信用评级机构在评级过程中应尽力保持客观中立地位,对评级所依赖的基础性数据和事实尽职调查,严格执行内部控制制度,以证明在评级过程中不存在过错。

(3)给公众投资人造成损害。《证券法》第173条规定的虚假陈述责任是针

---

① 最高人民法院2003年《关于审理证券市场因虚假陈述引发的民事赔偿案件的若干规定》(法释[2003]2号)。

对证券发行、上市、交易中的虚假陈述行为。证券市场中的信用评级主要是债券评级,信用评级直接决定了债券利率水平,信用级别较高的债券利率较低,信用级别较低的债券利率较高。因虚高评级导致债券利率偏低时,投资者将因此遭受损失。因虚高评级未能提示债券的信用风险,当债券出现违约时,同样使投资者遭受损失。

(4)因果关系。信用评级直接决定了债券定价,影响了投资者的债券利息收入。信用评级同时是投资者进行决策的主要依据,所以错误的债券信用评级与投资者损失之间存在因果关系。

依据美国证券法规定,只有信用评级机构同意将评级报告作为注册文件的一部分披露时,信用评级机构才承担证券过失虚假陈述责任。到目前为止,大多数的信用评级机构拒绝同意评级报告作为注册文件的一部分,因此美国司法体系对信用评级机构证券过失虚假陈述责任的规制作用是有限的。但是在我国不会出现这种情况,我国证券法规定信用评级机构出具信用评级报告时,"应当勤勉尽责,对所依据的文件资料内容的真实性、准确性、完整性进行核查和验证。其制作、出具的文件有虚假记载、误导性陈述或者重大遗漏,给他人造成损失的,应当与发行人、上市公司承担连带赔偿责任,但是能够证明自己没有过错的除外"。信用评级机构不能以不同意将评级报告作为注册文件的一部分而免责,而且,信用评级机构应承担自身无过错的举证责任。为了在诉讼中处于有利地位,信用评级机构在评级过程中应尽力保持客观中立地位,对评级所依赖的基础性数据和事实尽职调查,严格执行内部控制制度,以证明在评级过程中没有过错,由此对信用评级利益冲突产生规制作用。

三、完善我国信用评级利益冲突司法规制的建议

我国信用评级机构主要对公司债券、金融债券和贷款企业等开展评级。对于错误的贷款企业评级,被评级方可以提起诽谤诉讼。对于信用评级机构对贷款企业之外的第三人应承担的责任,现行法律没有相关规定。对于上市的公司债券,如果出现错误评级,债券投资者可以依据证券法提起诉讼,但是对于非上市的公司债券和金融债券的错误评级,现行法律并没有关于信用评级机构对第三人法律责任的规定,因此应完善我国法律规定,以发挥信用评级利益冲突的司法规制作用。

(一)完善信用评级机构等中介组织的第三人法律责任规定

2007年美国次贷危机后,信用评级机构等中介机构的民事责任问题引起了学界的关注。在传统的中介机构对第三人民事责任的框架下,追究信用评级机

构的民事责任面临着诸多的难题,但这些难题在我国 2009 年 12 月 26 日通过的《侵权责任法》中并没有得到解决。

美国信用评级机构民事责任问题警示我们,必须认真探究我国中介机构对第三人民事责任制度的问题,避免将来出现无法追究违规者责任、无法保障投资者合法权益的情况。更由于我国资本市场存在法律不完善、信用评级机构违规行为频发、社会公众处于弱势地位等情况,有必要通过保障社会公众投资人的权利来强化信用评级机构的责任意识,推进信用评级行业的良性健康发展。[①]因此,有必要完善侵权责任立法的内容,明确信用评级机构等社会中介组织对第三人的民事责任,以规制信用评级利益冲突,保护投资者利益。

(二)扩大《证券法》的适用范围

我国《证券法》第 2 条规定,证券法适用于股票、公司债券和国务院依法认定的其他证券的发行和交易。因此对于公司债券评级之外的其他评级行为,受不实评级影响的公众投资者不能依据《证券法》提起民事诉讼。但是《证券法》规定"国务院依法认定的其他证券的发行和交易"也适用该法,因此国务院可以通过对金融债券、金融衍生品等的认定,扩大《证券法》的适用范围,从而增强对信用评级机构行为的规制。

与通过侵权责任立法规定中介机构的第三人责任相比较,通过证券特别法规定信用评级机构法律责任的立法形式具有两方面优势:一是适应现代证券市场交易复杂的特点,在过错认定、举证责任、因果关系等方面提出简便且可操作的处理规则,充分保障投资者的合法权益。比如针对投资者对于信用评级机构的主观过错难以举证的问题,确定过错推定作为信用评级机构承担法律责任的归责原则,如果信用评级机构不能证明自己在评级过程中没有过错,则法律推定信用评级机构具有过错;二是不必依照侵权法的一般责任规则进行一次次的演绎和推导,避免诉讼成本的增加以及诉讼的积压,通过对信赖关系、因果关系、主观因素等事实状态的推定或假定,使更多的潜在原告可以获得法定责任的救济。[②]因此,扩大《证券法》的适用范围有利于发挥信用评级利益冲突的司法规制作用。

---

① 楼建波. 试论信用评级机构的民事责任[A]. 刘俊海. 中国资本市场法治评论(2)[C]. 北京:法律出版社,2009. 236.

② 聂飞舟. 美国信用评级机构法律责任反思及启示——以司法判例为视角[J]. 东方法学,2010(6):129.

第三节　我国信用评级利益冲突的行政
监管现状及完善建议

在市场自律和司法规制存在局限性情况下,加强信用评级利益冲突的行政监管凸显重要。美国信用评级制度为我国建立、健全信用评级利益冲突的行政监管制度提供了有益借鉴。

一、我国信用评级行业的行政监管现状

我国信用评级行业处于多头监管状态。根据国务院的三定方案,2003 年中国人民银行成立了"征信管理局",履行"管理信贷征信业,推动建立社会信用体系"的职责。《证券法》第 169 条规定,信用评级机构从事证券服务业务,必须经国务院证券监督管理机构和有关主管部门批准。由此明确了证监会对信用评级机构从事证券评级的监督管理。保监会通过对信用评级机构的认可监管信用评级机构,国家发改委是企业债券的主管机关,所以保监会和国家发改委在各自的管理领域内涉及到对信用评级机构的监管。目前我国信用评级行业监管机构包括中国人民银行、证监会、保监会和国家发改委等部门,处于多头监管状态。

我国尚未形成完善的信用评级立法体系,且立法层次较低。《证券法》、《企业债券管理条例》、《可转换公司债券管理暂行条例》等立法中对信用评级制度有所涉及,但规定比较原则化且过于简单,整体性差,针对性和操作性不强。尽管证监会制定了《资信评级机构从事证券资信评级业务管理办法》,中国人民银行制定了《信用评级管理指导意见》,但是这些规定只是部颁规章,立法层次较低。

证监会制定的《资信评级机构从事证券资信评级业务管理办法》是目前较为完善的信用评级立法。该管理办法吸收了美国信用评级监管的立法经验,提出加强信用评级机构监管的一些具体措施,包括评级机构所聘人员学历要求、评级报告的内容和格式及跟踪评级要求等内容,但是立法内容仍然不完善。该办法对利益冲突规制的内容有三个条款,其中第 13 条规定证券评级机构应当建立回避制度,信用评级人员本人和直系亲属与被评级对象存在利益关系时应当回避;第 14 条规定证券评级机构应当建立清晰合理的组织结构,合理划分内部机构职能,建立健全防火墙制度,从事证券评级业务的部门应当与其他业务部门保持独立。证券评级机构的人员考核和薪酬制度不得影响评级从业人员依据独立、客观、公正、一致性的原则开展业务。证券评级机构应当指定专人对

证券评级业务的合法合规性进行检查,并向注册地证监会派出机构报告;第25条规定证券评级机构的董事、监事和高级管理人员以及评级从业人员不得以任何方式在受评级机构或者受评级证券发行人兼职。

《资信评级机构从事证券资信评级业务管理办法》主要针对评级人员与被评级方存在利益关系产生的利益冲突、评级业务与营销业务的利益冲突、不合理薪酬制度的利益冲突和评级人员兼职产生的利益冲突等进行规定,这些规定的内容比较原则,缺乏可操作性,且没有涉及其他领域的利益冲突,因此规制效果有限。

综上所述,我国信用评级行政监管存在着监管主体多元化、立法层次低、监管制度不健全等缺陷,特别是规制信用评级利益冲突的行政监管制度不完善,所以应统一信用评级监管职能,制定专门的信用评级法律制度,建立、健全信用评级法律制度。

二、完善我国信用评级利益冲突行政监管制度的建议

我国应借鉴美国信用评级利益冲突行政监管的经验,加强对信用评级利益冲突的监管,制定专门的信用评级法律制度,规定信用评级行业主管机构、信用评级机构的法律地位、信用评级机构的成立要件、审批程序等内容,在信用评级利益冲突监管方面,应完善以下几个方面的内容。

(一)确定行政监管主体

从我国实际情况看,不同类别的债券由不同部门监管,使得不同类别的债券评级业务的监管也分属于不同部门:公司债券评级业务由证监会监管,企业债券评级业务由国家发改委监管,短期融资券、中期票据、金融债券和资产支持证券等银行间债券市场评级业务由中国人民银行监管,而保监会也通过对信用评级机构的认可履行监管职能,因此我国信用评级行业处于多头监管的状态。

那么,在多个部门都有权力分别对某些债券进行监管的这种现实情况下,集中由某一个监管机构行使监管权力也不利于监管措施的制定和监管工作的开展。因此,应在上述多个部门之间成立信用评级监管协调委员会,由信用评级监管协调委员会对现有的各种监管措施进行整合,制定适用于各种信用评级机构和各种评级行为的一般性监管规则,集中行使对信用评级机构的设立审批和日常监管的权力。

(二)加强信用评级机构内部控制监管

内部控制制度在信用评级利益冲突规制中发挥了重要的作用,应借鉴美国内部控制制度的监管内容,确定以下述内容为主的内部控制制度。

　　一是独立董事制度。应规定信用评级机构聘请专业人士担任独立董事,独立董事不得参与信用评级机构的经营,而且应在任期、薪酬等方面保证独立董事能够独立履行职责。二是合规审查制度。合规审查制度是我国金融市场监管制度的重要内容。目前,证券公司、银行等金融机构按照监管部门的要求都设立了合规部门,由专门的合规人员从事合规审查工作。对于信用评级机构内部合规部门和合规人员的设立,应明确合规人员独立性的具体要求,应规定合规审查人员不得参与信用评级,不得参与评级技术或模型的研究开发,不得参与市场或者销售,不得参与决定报酬水平。合规审查人员的薪酬不得与信用评级机构的盈利情况相挂钩,但是应有最低保障以确保其能够独立履行职务。同时,合规人员应实行固定任期制,不得随意被解雇,合规人员可以独立向监管部门报告,为合规人员独立履行监督职能提供保障。三是防火墙制度。信用评级机构的员工同时从事评级和营销业务将会产生利益冲突,应从机构隔离和人员隔离两个方面设定防火墙制度。不仅规定评级部门和营销部门相隔离,而且应规定评级人员与营销人员相隔离,评级人员不得参与评级费用谈判,营销部门人员不得参与评级过程。

(三)强化信用评级信息披露监管

　　通过充分的信息披露,使声誉机制对信用评级机构发挥规制作用是信用评级利益冲突的重要规制方式。健全我国信用评级信息披露制度应包括信用评级信息披露内容、信息披露载体及未履行信息披露规定的处罚措施。

　　一是信息披露的内容。信息披露内容应包括信用评级过程中所存在的各种利益冲突、信用评级主要收费来源的客户信息、信用评级准确性评价报告(如违约率数据)等内容。对于信用评级过程中所存在的各类利益冲突,不管信用评级机构是否披露,本身就是市场所知悉的事项,所以信息披露的主要内容在于产生利益冲突的各种来源(如主要收费来源的客户信息)和能对信用评级机构产生声誉约束的经营信息(如信用评级准确率)的披露,才能对信用评级机构产生规制作用。二是信息披露的载体。除了要求信用评级机构应在公司网站和经营场所披露各种信息外,监管部门还应建立专门的信息披露网站集中披露信用评级信息,以利于公众查阅和信息检索,充分发挥声誉的激励约束机制,进而形成对信用评级机构声誉提高的倒逼机制,促使信用评级机构控制利益冲突,提高评级产品的质量。三是建立处罚措施。明确披露信息不及时或者信息披露不真实不完整的法律后果,对于轻微的违规行为,可以采取通报的方式影响信用评级机构的声誉,对于严重的违规行为,可以采取罚款、停业整顿、吊销营业执照等处罚措施。

（四）制定信用评级质量监控措施

利益冲突对信用评级的影响最后都体现在对信用评级质量的影响，可以通过信用评级质量的监控来规制信用评级利益冲突，即通过监控信用评级利益冲突所产生的不利后果，对产生评级质量低下的信用评级机构采取处罚措施，从而使信用评级机构不得不避免利益冲突的影响，从而提高评级质量。可以根据我国市场实际情况确定评级结果应达到的准确程度，规定每一评级种类的每一评级层次的最高违约率。如果出现违约率的上升，则可以将其列入特别监管对象，并将该决定向社会公布，影响信用评级机构的声誉。如果违约率违反所规定的监控线，则可以取消信用评级机构营业资格，或者采取经济处罚的措施。

（五）制定各种利益冲突的具体规制措施

信用评级利益冲突来源于不同层面，有不同的具体冲突内容，因此，应针对我国信用评级行业的特点，研究信用评级利益冲突的来源，并制定有针对性的规制措施。

信用评级机构层面产生的利益冲突主要有发行人付费模式的利益冲突、订阅人付费模式的利益冲突、评级机构未经聘请主动评级的利益冲突、评级业务和营销业务的利益冲突、评级机构与被评级方非正常关系的利益冲突等，应根据我国信用评级机构的经营特点，借鉴美国的监管经验，制定有操作性的监管措施。其中有些利益冲突类型在我国尚不显著，例如我国信用评级行业的收入来源都来自于发行人付费模式，基本没有来自订阅人付费的收入，但是我们仍要未雨绸缪，有预见性地制定适合于我国信用评级行业的监管措施。

信用评级人员层面产生的利益冲突主要有评级人员与被评级方非正常关系产生的利益冲突、评级人员薪酬制度产生的利益冲突、评级人员在被评级方任职产生的利益冲突、评级人员持有被评级方证券产生的利益冲突、评级人员代理偏见产生的利益冲突，对于这些利益冲突仍应根据我国行业特点制定可操作性的监管措施，评级人员层面的利益冲突在不同的国家具有一定的共性，因此美国的规定可以作为我国立法的参考，但是在有些方面我们应制定比美国更严格的监管措施。例如评级人员离职后到被评级方任职的问题，美国要求信用评级机构应向 SEC 报告，并没有采取严格的禁止性规定，鉴于我国金融市场信用基础比较薄弱的情况，对于这种利益冲突，应采取更严格、更明确的监管措施，规定评级人员在离职后一定期限内不得到被评级方任职。

总结与展望

　　现代金融业所存在的利益冲突问题已成为影响金融体系正常运行的一个制约因素,信用评级领域同样存在利益冲突。信用评级所具有的信息中介、监管许可、私人交易参照标准等作用,使信用评级机构有责任处在中立的地位为市场提供客观公正的信用评级,普通投资者、市场交易主体和监管部门等也要求信用评级机构提供客观公正的评级。而有些主体基于自身的利益考量,所关注的是对自身有利的评级,并非客观公正的评级,例如债券发行人总是希望获得较高的评级。在评级过程中,信用评级机构及其内部人员同样存在着自身的利益,经济利益、代理偏见、内部人员谋求私利等情况都是信用评级机构及其内部人员自身利益的表现。不同的主体对信用评级行为有不同的利益要求,综合起来主要有客观公正评级的利益、有利评级的利益和信用评级机构及其内部人员的利益,这些利益之间存在冲突。评级过程中,客观公正的评级总是受到其他利益的干扰。信用评级机构是评级行为的实施者,各种利益之间的博弈最后都体现为信用评级机构的利益选择,所以信用评级利益冲突的规制主要表现在对信用评级机构的规制。

　　利益冲突是一种情势,只有在信用评级机构具体的经营模式和业务过程中才可能现实地发生。来源于信用评级机构本身业务经营模式的利益冲突称为结构性的利益冲突,包括发行人付费模式和订阅人付费模式所产生的利益冲突。来源于信用评级机构在日常经营过程中的利益冲突称为业务性的利益冲突。信用评级过程中的各种利益冲突也可以归纳为信用评级机构层面产生的利益冲突和信用评级人员层面产生的利益冲突。利益冲突一旦由潜在的情势成为现实,将产生诸多不利影响,破坏了信用评级机构本应具有的中立地位,产生了不实评级。同时,信用评级机构是私人治理的一个重要力量,利益冲突使信用评级机构产生治理过程中的腐败问题,因此,规制信用评级利益冲突具有重要的现实意义。

　　按照国家强制力介入程度的轻重,信用评级利益冲突的规制方式有市场自律、司法规制和行政监管这三种方式对信用评级利益冲突产生共同的规制作用,其中行政监管处于核心地位。

（一）市场自律

在市场自律规制方面，由于信用评级具有经验品的特征，声誉机制发挥了重要的约束作用。为发布客观公正的评级以积累声誉，信用评级机构主动采取各种自律措施控制利益冲突对信用评级的影响，主要有中国墙制度、评级操作规程、内部行为规范等自律措施。在信用评级业发展的早期，市场自律机制有效控制了利益冲突的影响，促进了信用评级业的发展。

20世纪晚期市场自律机制逐渐显露出局限性。信用评级行业垄断状态的出现和信用评级机构监管许可权力的膨胀这两个因素弱化了声誉约束的力量。而市场自律作为一种利益约束机制，信用评级机构的各种自律措施因公司利益的需要而被调整或者不能被执行。2002年以后结构金融产品评级在信用评级机构收入中所占的比重逐渐加大，并成为信用评级机构收入的主要来源。某些信用评级机构不惜牺牲声誉损失而追求短期利益，市场自律机制对于结构产品评级中的利益冲突未能发挥有效的规制作用。市场自律机制既在一定程度上发挥积极的规制作用，同时又存在局限性。因此，应针对市场自律局限性的原因采取相关规制措施，以促进市场自律作用的发挥，同时应引入司法规制和行政监管等具有更大约束力的规制方式，加强对信用评级利益冲突的规制。

（二）司法规制

在司法规制方面，法院通过对信用评级机构责任的认定，可以对信用评级机构的行为产生导向作用，从而规制信用评级利益冲突。在美国，因利益冲突引发的诉讼主要有诽谤之诉、欺诈之诉和过失虚假陈述之诉，法院在这三种诉讼中的裁判对利益冲突产生不同的规制效果。

信用评级机构未经聘请主动发布评级的目的是为了提高影响力以扩大市场，或者胁迫被评级方接受其服务。当信用评级机构未经聘请主动发布的评级未能真实反映被评级对象的信用状况时，不仅损害被评级方的利益，而且破坏信用评级的信息价值。这种情况下受害方往往以诽谤之诉起诉信用评级机构。但是信用评级机构未经聘请主动发布评级的行为类似于媒体的行为，受到美国宪法的保护，诽谤之诉未能对信用评级利益冲突产生规制作用。对于这种利益冲突应采用行政监管的规制方式。

在评级过程中，利益冲突使信用评级机构产生发布不实评级的故意，并进而引发欺诈之诉。法院认为，发行人付费模式下高额的收费标准使信用评级机构产生发布不实评级的动机，参与被评级方的交易设计使信用评级机构获得发布不实评级的机会及事先知悉评级的错误。《多德—弗兰克法》对证明信用评级机构证券欺诈行为的心理因素进行了规定，当原告所主张的事实能够有力的推断出信用评级机构知悉或者存在重大过失以致对信用评级所依赖的事实因素不能进行合理的调查,则原告的举证将满足证明信用评级机构欺诈故意的心理要求。为降低败诉的风险,信用评级机构在评级过程中应努力保持中立地位,对评级所依赖的事实应尽职调查,由此司法规制对信用评级利益冲突产生了规制作用。

在评级过程中,即使信用评级机构不存在发布不实评级的故意,但是由于与发行人的密切关系等原因,仍存在因疏忽大意而发布不实评级的情况,进而引发过失虚假陈述之诉。在一般过失虚假陈述诉讼中,法院为避免信用评级机构对不特定对象承担不特定法律责任和防止诉讼爆炸,认定信用评级机构只在有限的第三人范围内承担过失虚假陈述责任。在证券过失虚假陈述诉讼方面,依据《1933年证券法》的规定,当信用评级机构同意评级在证券发行注册文件上披露时,信用评级机构作为专业人士承担证券过失虚假陈述责任。但是目前大多数的信用评级机构都不同意评级作为注册文件的一部分进行披露。因此,司法规制方式对信用评级机构过失虚假陈述行为的规制作用是有限的。

(三)行政监管

在行政监管方面,由于市场自律和司法规制作用的局限性,客观上要求引入行政监管方式。由于行政监管与司法规制相比较的优势及信用评级利益冲突产生较强的预期损害后果等原因,行政监管在信用评级利益冲突规制结构中处于核心地位。行政监管主要通过内部控制监管、信息披露监管和禁止性规定等方式对信用评级利益冲突进行规制。对于不同的信用评级利益冲突来源,行政监管制度有不同的规制内容。美国针对各种冲突来源制定了具体的行政监管措施,但是在一些方面仍有不完善的地方。

1. 信用评级机构层面利益冲突的规制。①发行人付费模式和订阅人付费模式利益冲突的规制。这两种利益冲突是信用评级业务模式所固有的利益冲突,美国采取了信息披露和禁止性的规制方式,要求信用评级机构披露客户情况、评级业绩和评级过程,当客户所提供评级服务收入达到较大数额时,信用评级机构在后续年度内不得继续开展评级;②评级业务与营销业务利益冲突的规制。美国对这种利益冲突采用防火墙隔离的规制方式,要求信用评级机构应单独设立营销部门,将营销部门与评级部门相隔离,严格限制评级人员与营销人员之间的交流,以控制评级业务和营销业务之间的利益冲突;③评级业务和附属业务利益冲突的规制。在提供咨询、预评级、风险管理等附属业务时,如果信用评级机构向被评级方提出获取预期评级的建议后,又开展了信用评级,这种情况下信用评级机构实质上是对自身的业务进行评级,破坏了评级的中立性,美国在开启信用评级制度改革之前,评级业务和附属业务的利益冲突依赖信用评级机构自身的中国墙自律制度来规制,评级业务和附属业务由不同的部门或者不同的项目小组负责。但是这种情况仍然是信用评级机构对自身业务的评级,不能有效控制利益冲突,因此美国采用了禁止性规定,要求信用评级机构不得为同一评级对象既提供获取预期评级的建议,又提供评级服务;④信用评级机构未经聘请主动发布评级利益冲突的规制。尽管一些受不实评级影响的公司对信用评级机构提起诽谤诉讼,但是由于宪法第一修正案的保护,司法规制方式不能有效地规制这种利益冲突,因此美国采取了禁止性的规定,要求信用评级机构不得以发布不实评级为条件胁迫被评级方接受服务;⑤信用评级机构与被评级方非正常关系利益冲突的规制。当信用评级机构与被评级对象存在关联关系或者重大业务关系等非正常关系时,采取禁止性规定是有效的规制方式,因此美国规定当被评级方是信用评级机构的股东、管理人员或其他内部职员,或者被评级方与信用评级机构存在直接或者间接的控制、被控制和共同被控制关系,或者信用评级机构拥有被评级证券的权益等情况时,信用评级机构不得从事信用评级。

2. 信用评级人员层面利益冲突的规制。①评级人员与被评级方非正常商业关系利益冲突的规制。正常商业关系是一种较为抽象的概念,难以事先进行具体的界定,一种情况下的正常商业关系在另一种情况下并非属于正常的商业关系,因此,美国并没有采取禁止性规定,而是要求信用评级机构制定政策和程序控制这种利益冲突并进行披露;②分析人员薪酬制度利益冲突的规制。为控制评级人员不合理薪酬制度对信用评级的影响,信用评级机构在支付评级人员薪酬时,不应以评级人员所评级的业务收入为依据,评级人员的薪资待遇只应与评级准确度相关,这样一方面既能排除评级人员个人经济利益追求对评级结果的干扰,另一方面也能激励评级人员提供准确可靠的评级。SEC 已经意识到薪酬结构对信用评级的影响,但尚未作出具体的监管规定;③评级人员在被评级方任职利益冲突的规制,包括评级人员兼职产生利益冲突的规制、评级人员在评级机构和被评级方之间交流任职产生利益冲突的规制。对于前者,美国规定评级人员在被评级方兼任管理职务时,信用评级机构不得开展评级。对于后者,美国规定信用评级机构应采取评级复核程序和向 SEC 报告,以控制利益冲突的影响。但笔者认为可以采取更严格的规制措施,要求评级人员在离职后一定期限内不得到被评级方任职,或者离开被评级方后一定期限内到信用评级机构任职的,不得参与原任职公司的评级;④评级人员持有被评级方证券利益冲突的规制。这种情况可以采用禁止性的规定,要求参与决定信用评级的人员和负责批准信用评级的人员直接拥有接受评级方的证券或者拥有任何其他直接的所有者权益的情况下,信用评级机构不得发布或维持评级,美国监管规则反映了上述禁止性规定的内容;⑤信用评级人员收受礼物利益冲突的规制。这种情况可以采取禁止性规定的方式。美国监管规则规定,当参与评级的分析人员,或负责批准信用评级的人员,从被评级的债务人或被评级证券的发行人、承销商或发起人处收取礼物(包括娱乐)时,信用评级机构不得发布或维持信用评级,但是正常商业活动例如会议所提供的总价值不超过 25 美元的物品除外;⑥评级人员代理偏见利益冲突的规制。评级人员轮换制度是防止代理偏见的有效规制方式。目前美国尚未建立评级人员轮换制度,但是欧盟 2008 年年底发布的信用评级机构监管建议中提出了评级人员轮换制度,要求信用评级人员和批准信用评级的人员对同一被评级对象的评级服务不得超过四年,该建议对规制评级人员代理偏见的利益冲突有重要意义。

上述行政监管制度都是从信用评级利益冲突本身出发所采取的监管措施,可以归结为内部控制制度监管、信息披露监管和禁止性规定等方面的内容,这些制度存在着一些不足:第一,对信用评级机构守法行为的评价缺乏硬性指标,主要通过审查信用评级机构提交的报告和开展现场检查来评价信用评级机构利益冲突防控情况,评价内容存在较大的弹性;第二,信用评级机构违反监管规则的法律后果缺乏经济处罚内容,惩罚力度不够。因此作者提出建立评级质量监管制度的设想,对产生评级质量低下的信用评级机构采取处罚措施。由于信用评级利益冲突造成的不利影响最终体现为评级质量的低下,可以通过评级质量的监管使信用评级机构不得不采取措施避免利益冲突的影响,由此加强对信用评级利益冲突的规制。

美国信用评级利益冲突规制制度为我国建立、健全信用评级制度提供了有益的借鉴。我国应建立以行政监管为核心的规制结构,发挥市场自律、司法规制和行政监管的共同规制作用。

在市场自律方面,应针对我国信用评级行业市场自律局限性的原因,采取措施创造有利于市场自律发挥作用的环境。美国信用评级利益冲突的市场自律规制使我们认识到,既要重视市场自律的作用,也不能过于迷信市场的力量,在发挥市场自律的同时应加强他律规制。

在司法规制方面,我国司法体制对信用评级机构的规制作用有待进一步发挥。不实评级受害方可以依据证券法提起虚假陈述诉讼和依据《民法通则》提起诽谤诉讼。但是依照《证券法》追究信用评级机构虚假陈述民事责任的适用范围有限,该法适用于公司债券的评级。对于金融债券等其他的不实评级行为,信用评级报告使用者不能依据该法提起民事诉讼,因此,应完善规制信用评级利益冲突的相关法律规则,加强司法规制的作用。

　　我国信用评级行业发展较晚,信用评级监管制度不健全,因此,应加强行政监管制度建设,有效控制各种利益冲突对信用评级的影响。目前我国信用评级监管制度存在多头监管、立法层次低、监管内容不完善等缺陷。应借鉴美国的制度,建立、健全信用评级利益冲突监管的各项基本制度。第一,应确定信用评级机构监管的主体,应在中国人民银行、证监会、保监会、国家发改委等部门之间成立信用评级机构监管协调委员会,由信用评级机构监管协调委员会对现有的各种监管措施进行整合,制定适用于各种信用评级机构和各种评级行为的一般性监管规则。第二,应建立内部控制监管制度,规定独立董事制度、合规审查制度、防火墙制度等内部控制制度的内容。第三,应加强信用评级信息披露的监管,在信用评级信息披露内容、信息披露载体及未履行信息披露规定的处罚措施等方面完善信用评级信息披露规定。第四,应建立信用评级质量监控制度,通过信用评级质量的监控来规制信用评级利益冲突,对产生评级质量低下的信用评级机构采取处罚措施,从而使信用评级机构不得不避免利益冲突的影响,从而提高评级质量。可以根据我国市场实际情况确定评级结果应达到的准确程度,规定不同评级种类的每一评级层次的最高违约率,如果出现违约率的上升,则可以将其列入特别监管对象,并向社会公布,影响信用评级机构的声誉,如果违约率违反所规定的监控要求,则可以吊销信用评级机构营业资格,或者采取经济处罚的措施。第五,应制定各种利益冲突的具体规制措施,信用评级利益冲突来源于不同层面,有不同的具体冲突内容,因此,应针对我国信用评级行业的特点,研究信用评级利益冲突的来源,借鉴美国的立法经验制定有针对性的规制措施。

参 考 文 献

一、著作

（一）中文著作（包括译著）

[1]陈秉正．公司整体化风险管理[M].北京:清华大学出版社,2003

[2]程啸．证券市场虚假陈述侵权损害赔偿责任[M].北京:人民法院出版社,2004

[3]董红霞．美国欧盟横向并购指南研究[M].北京:中国经济出版社,2007

[4]蒋先玲,主编．货币银行学[M].北京:对外经济贸易大学出版社,2007

[5]金吾伦,主编．当代西方创新理论新词典[M].长春:吉林人民出版,2001

[6]姜磊．声誉、法治与银行道德风险治理[M].北京:经济科学出版社,2008

[7]黄毅,主编．合规管理原理与实务[M].北京:法律出版社,2009

[8]黄振中,主编．美国证券法上的民事责任与民事诉讼[M].北京:法律出版社,2003

[9]刘红林．商业银行合规风险管理实践[M].北京:经济科学出版社,2008

[10]刘静．姓名权名称权肖像权名誉权荣誉权损害赔偿[M].北京:中国民主法制出版社,2001

[11]刘晓青．独立董事制度研究[M].南昌:江西人民出版社,2007

[12]李志君．证券市场政府监管论[M].长春:吉林人民出版社,2005

[13]田韶华,杨清．专家民事责任制度研究[M].北京:中国检察出版社,2005

[14]毛振华,阎衍．信用评级前沿理论与实践[M].北京:中国金融出版社,2007

［15］盛世平．美国证券评级机构的法律责任［M］．南京：南京大学出版社，2005

［16］许传华．21世纪区域金融安全问题研究［M］．北京：中国财政经济出版社，2004

［17］席涛．美国管制：从命令——控制到成本——收益分析［M］．北京：中国社会科学出版社，2006

［18］徐孟洲．金融监管法研究［M］．北京：中国法制出版社，2008

［19］杨立新．类型侵权行为法研究［M］．北京：人民法院出版社，2006

［20］俞可平，主编．治理与善治［M］．北京：社会科学文献出版社．2000

［21］詹昊．保险市场规制的经济法分析［M］．北京：中国法制出版社，2007

［22］张新宝．中国侵权行为法［M］．北京：中国社会科学出版社，1995

［23］张忠军．金融监管法论：以银行法为中心的研究［M］．北京：法律出版社，1998

［24］［美］理查德·A.波斯纳．法律的经济分析［M］．蒋兆康，林毅夫译校,北京：中国大百科全书出版社，1997

［25］［美］Wincent R. Johnson（文森特·R.约翰逊）．美国侵权法［M］．赵秀文等译,北京：人民大学出版社，2004

（二）英文著作

［1］CROCKETT, ANDREW, ed. Conflicts of Interest in the Financial Services Industry: What Should We Do about Them? ［M］. Geneva: International Centre for Monetary and Banking Studies; London: Centre for Economic Policy Research, 2004.

［2］DAVIS, MICHAEL & STARK, ANDREW. Conflict of Interest in the Professions［M］. New York: Oxford University Press, 2001.

［3］FERRAN, EILIS & GOODHART, CHARLES A. E. Regulating Financial Services and Markets in the Twenty First Century ［M］. Oxford: Hart Publishing, 2001.

［4］JACKSON, RUPERT M. & POWELL, JOHN L. Jackson & Powell on Professional Negligence［M］. London: Sweet & Maxwell, 1997.

［5］LANGHOR, HERWIG. The Rating Agencies and Their Credit Ratings: What They Are, How They Work and Why They Are Relevant［M］. Chichester, West Sussex, England; Hoboken, NJ: John Wiley, c2008.

［6］LEVICH, RICHARD M. & MAJNONI, GIOVANNI, ed. Ratings, Rating Agencies and the Global Financial System［M］. Boston: Kluwer Academic Publishers，c2002.

[7] PETER，HAJEK. Credit Rating Modelling by Neural Networks[M]. New York：Nova Science Publishers，c2010.

[8] POSNER，RICHARD A. Economic Analysis of Law[M]. Beijing：Citic Publishing House，2003.

[9] SINCLAIR，TIMOTHY J. The New Masters of Capital：American Bond Rating Agencies and the Politics of Creditworthiness[M]. N. Y.：Cornell University Press，2005.

二、论文

（一）中文论文（包括译文）

[1]楚建会. 美国信用评级机构反垄断规制研究[J]. 经济研究导刊，2011，(11)

[2]董惠凝. 证券市场监管的"公共强制理论"——兼及对我国证券市场监管制度选择的启示[A]. 中国社会科学院经济学部,中国博士后科学基金会. 全球化下的中国经济学 2007[C].北京:经济管理出版社，2009

[3]郭雳. 证券集团诉讼的制度反思[A].应勇,郭锋. 金融危机背景下的金融发展与法制[C].北京:北京大学出版社，2010

[4]郭华春. 跨国金融监管关系规范路径构想——基于法律化理论的观察[A].陈安. 国际经济法学刊(第17卷)(2)[C].北京：法律出版社，2010

[5]马文洛. 评级三巨头:次贷危机的罪魁还是替罪羊？[N].第一财经日报,2008-03-26(A9)

[6]倪受彬,施丹婷. 金融危机背景下信用评级机构的法律责任问题初探[J].社会科学，2009，(8)

[7]聂飞舟. 美国信用评级机构法律责任反思及启示——以司法判例为视角[J].东方法学，2010，(5)

[8]聂飞舟. 信用评级行业竞争和规制:美国的经验和启示[J].证券市场导报,2001，(3)

[9]聂伟柱.80家备案30家亏损信用评级机构现状堪忧[EB/OL]. http://www.p5w.net/money/yhlc/yhzx/200911/t2681911.htm,2011-06-21

[10]彭真明,陆剑. 论注册会计师不实财务报告的民事责任——法释[2007]12号评析[J].海南大学学报人文社会科学版，2008,(6)

[11]王勇华. 登记文件出现不实陈述或重大遗漏的民事责任——美国《1933年证券法》第11条评析[J].证券市场导报，2002,(5)

[12]王文捷,孙影．论司法介入证券市场监管的必要性及完善[J].经济论坛, 2005,（22）

[13]吴风云,赵静．论美国证券信用评级霸权[J].世界经济, 2005,（12）

[14]袁敏．美国评级业监管历史、发展动向及述评[J].证券市场导报, 2008,（1）

[15]占硕．信用评级监管:后危机时代的变革与借鉴[J].征信, 2010,（3）

[16]张民安．专业人士对其委托人承担的法律责任[A].张民安主编．民商法学家(第1卷)[C].广州:中山大学出版社, 2005

[17]杨会永,李晓娟．美国宪法第一修正案的理论阐释与媒体管制[J].河南科技大学学报(社会科学版), 2008,（3）

[18]张强, 张宝．金融危机背景下我国信用评级机构声誉机制研究[J].经济经纬,2010,（1）

[19]郑又源．我国信用评级机构规制与监管问题研究[J].兰州大学学报(社会科学版), 2010,（10）

[20]楼建波．试论信用评级机构的民事责任[A].刘俊海．中国资本市场法治评论（2）[C].北京:法律出版社, 2009

[21]罗绍德,唐群力．企业内部控制的新制度经济学解释[J].审计与经济研究,2003,（11）

[22][美]安德烈·施莱弗．理解监管[J].余江译．吴敬琏,主编．比较(第十六辑).北京:中信出版社, 2005

[23][美]卡塔琳娜·皮斯托,许成钢．不完备法律(上)——一种概念性分析框架及其在金融市场监管发展中的应用[J].汪辉敏译．吴敬琏,主编．比较(第三辑).北京:中信出版社, 2002

[24][美]卡塔琳娜·皮斯托,许成钢．不完备法律(下)——一种概念性分析框架及其在金融市场监管发展中的应用[J].汪辉敏译．吴敬琏,主编．比较(第四辑).北京:中信出版社, 2002

[25][美] S. 詹科夫,E. 格莱泽,R. 拉·波塔,F. 洛佩兹·德—西拉内斯,A. 施莱弗．新比较经济学[J].郑江淮,江静,刘建,刘镭译．吴敬琏,主编．比较(第十辑).北京:中信出版社, 2004

[26][美]爱德华 L. 格莱泽,安德烈·施莱弗．监管型政府的崛起[A].吴敬琏．比较(2)(C).北京:中信出版社, 2002

（二）英文论文

[1] ARGANDONA, A. Private-to-Private Corruption[J]. Journal of Business Ethics, 2003, 47（3）.

［2］BAI, LYNN. The Performance Disclosures of Credit Rating Agencies: Are They Effective Reputational Sanctions? ［EB/ OL］. http:// ssrn. com/ abstract = 1758946 ,2011 − 07 − 13.

［3］BAI, LYNN. On Regulating Conflict of Interests in the Credit Rating Industry［J］. New York University Journal of Legislation and Public Policy, 2010, 13 （1）.

［4］BARLAS, STEPHEN. Corporate Disclosure of Credit Rating Agency Relationships［J］. Strategic Finance, 2009, 91 （6）.

［5］BARREIRO, RODIEGO AVILA. Assessing the Role of Regulation and Corruption in Capital Market Failure: the Case of Credit Rating Agencies and Structured Finance［EB/ OL］. http:// www. etd. ceu. hu/ 2010/ avila-barreiro_ rodrigo. pdf, 2011 − 06 − 14.

［6］BLAUROCK, UWE. Control and Responsibility of Credit Rating Agencies ［J］. Electronic Journal of Comparative Law, 2007, 11 （3）.

［7］BONEWITZ, PAUL LASELL. Implications of Reputation Economics on Regulatory Reform of the Credit Rating Industry［J］. William & Mary Business Law Review, 2010, 1 （2）.

［8］BROWNLOW, BENJAMIN H. The Dodd-Frank Wall Street Reform and Consumer Protection Act: Rating Agency Reform: Preserving the Registered Market for Asset-Backed Securities［J］. North Carolina Banking Institute, 2011, 15.

［9］CHARLES, KRISTINA ST. Regulatory Imperialism: The Worldwide Export of European Regulatory Principles on Credit Rating Agencies［J］. Minnesota Journal of Int' l Law, 2010, 19 （2）.

［10］CHOI, STEPHEN. Market Lessons for Gatekeepers［J］. Northwestern University Law Review, 1998, 92 （3）.

［11］CURRAN, WILLIAM J. Professional Negligence-Some General Comments ［J］. Vandebilt Law Review, 1959, 12.

［12］DEATS, CALEB. Talk That Isn't Cheap: Does the First Amendment Protect Credit Rating Agencies' Faulty Methodologies from Regulation? ［J］. Columbia Law Review, 2010, 110.

［13］DENNIS, KIA. The Rating Game Explaining Rating Agency Failures in the Buildup to the Financial Crisis［J］. University of Miami Law Review, 2009 , 63.

［14］DERYN, DARCY. Credit Rating Agencies and the Credit Crisis: How the " Issuer Pays" Conflict Contributed and What Regulators Might Do about It［J］. Columbia Business Law Review, 2009 (2).

[15] DEVINE, ELIZABETH. The Collapse of an Empire? Rating Agency Reform in the Wake of the 2007 Financial Crisis[J]. Fordham Journal of Corporate & Financial Law, 2011, 16.

[16] ELLSWORTH, LARRY P., PORAPAIBOON, KEITH V. Credit Rating Agencies In the Spotlight[J]. Business Law Today, 2009, 18.

[17] GAMBETTA, DIEGO. Corruption: an Analytical Map[A]. Stephen Kotkin & András Sajó. Political corruption in transition: a skeptic's handbook[C]. New York: Central European University Press, 2002.

[18] GARTEN, HELEN A. Whatever Happened to Market Discipline of Banks? [J]. Annual Survey of American Law, 1991.

[19] GUDZOWSKI, MILOSZ. Mortgage Credit Ratings and the Financial Crisis: The Need for a State-Run Mortgage Security Credit Rating Agency[J]. Columbia Business Law Review, 2010,1.

[20] HAGHSHENAS, PARISA. Obstacles to Credit Rating Agencies' First Amendment Defense in Light of Abu Dhabi[J]. First Amendment Law Review, 2010, 8 (2).

[21] HIL, CLAIRE A. Why Did Rating Agencies Do Such a Bad Job Rating Subprime Securities? [J]. University of Pittsburgh Law Review, 2010, 71.

[22] HUNT, JOHN PATRICK. Credit Rating Agencies and the " Worldwide Credit Crisis": The Limits of Reputation the Insufficiency of Reform, and a Proposal for Improvement[J]. Columbia Business Law Review, 2009,1.

[23] HUSISIAN, GREGORY. What Standard of Care Should Govern the World's Shortest Editorials?: An Analysis of Bond Rating Agency Liability[J]. Cornell Law Review, 1990.

[24] JARROW, ROBERT & XU LIHENG. Credit rating accuracy and incentives[J]. The Journal of Credit Risk, 2010, 6 (3).

[25] JONES, RACHEL. The Need for a Negligence Standard of Care for Credit Rating Agencies[J]. William & Mary Business Law Review, 2010,1.

[26] KORMOS, BENJAMIN J. Quis Custodiet Ipsos Custodes? Revisiting Rating Agency Regulation [EB/ OL]. http:// papers. ssrn. com/ sol3/ papers. cfm? abstract_ id = 1085132, 2010 - 04 - 10.

[27] KUMPAN, CHRISTOPH & LEYENS, PATRICK C. Conflicts of Interest of Financial Intermediaries— Towards a Global Common Core in Conflicts of Interest

Regulation[J]. European Company and Financial Law Review, 2008, 4 (1).

[28] LISTOKINT, YAIR & TAIBLESONT, BENJAMIN. If You Misrate Then You Lose Improving Credit Rating Accuracy through Incentive Compensation[J]. Yale Journal on Regulation, 2010, 27 (1).

[29] LUPICA, LOIS R. Credit Rating Agencies, Structured Securities, and the Way Out of the Abyss[J]. Review of Banking & Financial Law, 2009, 28.

[30] LYNCH, TIMOTHY E. Deeply Persistently Conflicted: Credit Rating Agencies in the Current Regulatory Environment[J]. Case Western Reserve Law Review, 2009, 59 (2).

[31] MARIA COSTANZA BARDUCCI & DR. TIMO FEST. Evaluation of the Regulations of Credit Rating Agencies in the United States and the European Community[EB/ OL]. http:// papers. ssrn. com/ sol3/ papers. cfm? abstract_ id = 1803132, 2011 – 07 – 01.

[32] MATTLI, WALTER & BüTHE, TIM. Global Private Governance: Lessons From a National Model of Setting Standards in Accounting[J]. Law and Contemporary Problems, 2005, 68.

[33] MCGUINNESS, WILLIAM G. & BREWER, JOHN W. Credit Ratings Agencies Under the Microscope[EB/ OL]. http:// www. ffhsj. com/ siteFiles/ Publications/ 48894EB90BCCDF32B01D0EF6ED8BDC71. pdf, 2009 – 10 – 12.

[34] MURPHY, A. BROOKE. Credit Rating Immunity? How the Hands-Off Approach toward Credit Rating Agencies Led to the Subprime Credit Crisis and the Need for Greater Accountability[J]. Oklahoma Law Review, 2010, 62.

[35] NAGY, THERESA. Credit Rating Agencies and the First Amendment: Applying Constitutional Journalistic Protections to Subprime Mortgage Litigation[J]. Minnesota Law Review, 2009, 94.

[36] NELSON, PHILIP. Information and Consumer Behavior[J]. Journal of Political Economy, 1970, 78 (2).

[37] NEUMAN, NICOLE B. A Sarbanes-Oxley for Credit Rating Agencies? A Comparison of the Roles Auditors' and Credit Rating Agencies' Conflicts of Interests Played in Recent Financial Crises[J]. University of Pennsylvania Journal of Business Law, 2010, 12 (3).

[38] PACINI, CARL & MARTIN, MARY JILL & HAMILTON, LYNDA. At the Interface of Law and Accounting: An Examination of a Trend Toward a Reduction in the Scope of Auditor Liability to Third Parties in the Common Law Countries

[J]. American Business Law Journal, 2000, 37 (2).

[39] PARTNOY, FRANK. The Siskel and Ebert of Financial Markets?: Two Thumbs Down for the Credit rating Agencies[J]. Washington University Law Quarterly, 1999, 77.

[40] PINTO, ARTHUR R. Control and Responsibility of Credit Rating Agencies in the United States[EB/ OL]. http:// ssrn. com/ abstract = 1280322, 2011 - 07 - 13.

[41] PURDA, LYNNETTE D. Assessing Credit or Determining Quantity? The Evolution of the Role of Rating Agencies[EB/ OL]. http:// ssrn. com/ abstract = 1774995, 2011 - 07 - 13.

[42] ROUSSEAU, STEPHANE. Enhancing the Accountability of Credit Rating Agencies: The Case for a Disclosure-Based Approach [J]. Mcgill Law Journal, 2006, 51.

[43] SCHWARE, STEVEN L. Private Ordering of Public Markets: the Rating Agency Paradox[J]. University of Illinois Law Review, 2002.

[44] SHIN, HYEON TAK. Legal Liabilities of Credit Rating Agencies in Structured Finance: Based upon the Business Ethics for Investor Protection[EB/ OL]. http:// papers. ssrn. com/ sol3/ papers. cfm? abstract_ id = 1549225, 2011 - 06 - 22.

[45] STRIER, FRANKLIN. Rating the Raters: Conflicts of Interest in the Credit Rating Firms[J]. Business and Society Review, 2008, 113 (4).

[46] THOMAS M. J. M? LLERS. Regulating Credit Rating Agencies: the New US and EU Law— Important Steps or Much Ado about Nothing? [J]. Capital Markets Law Journal, 2009, 4 (4).

[47] WARE, STEPHEN J. Paying the Price of Process: Judicial Regulation of Consumer Arbitration Agreements[J]. Journal of Dispute Resolution, 2001 (1).

[48] WEMPLE, PETER H. Rule 10b - 5 Securities Fraud: Regulating the Application of the Fraud-on-the-Market Theory of Liability[J]. John Marshall Law Review, 1985, 18 (3).

[49] WOLFSON, JOSH & CRAWFORD, CORINNE. Lessons From The Current Financial Crisis: Should Credit Rating Agencies Be Re-Structured? [J]. Journal of Business & Economics Research, 2010, 8 (7).

(三)学位论文

[1]龙超. 证券监管的原因与结构分析(博士学位论文)[D]. 上海:复旦大

学, 2003

[2]缪心毫. 跨境资产证券化中的私人治理法律问题研究(博士学位论文)[D]. 厦门:厦门大学, 2007

三、资料

[1] Credit Rating Agency Reform Act of 2006, Pub. L. No. 109 – 291.

[2] Dodd-Frank Wall Street Reform and Consumer Protection Act, Pub. L. No. 111 – 203.

[3] Securities Act of 1933 § 11, 15 U. S. C. § 77k (2006).

[4] SEC. Amendments to Rules for Nationally Recognized Statistical Rating Organizations (February 9, 2009), 74 Fed. Reg. 6459 2009.

[5] SEC. Annual Report to Congress under Section 6 of the Credit Rating Agency Reform Act of 2006 (January 2011 Report)[EB/ OL]. http:// sec. gov/ divisions/ marketreg/ ratingagency/ nrsroannrep0111. pdf, 2011 – 01 – 12.

[6] SEC. Annual Report to Congress under Section 6 of the Credit Rating Agency Reform Act of 2006 (September 2009 Report) [EB/ OL]. http:// sec. gov/ divisions/ marketreg/ ratingagency/ nrsroannrep 0909. pdf, 2010 – 04 – 11.

[7] SEC. Final Rule Oversight of Credit Rating Agencies Registered as Nationally Recognized Statistical Rating Organizations (June 5, 2007) 72 Fed. Reg. 33575.

[8] SEC. Oversight of Credit Rating Agencies Registered as Nationally Recognized Statistical Rating Organizations. Exchange Act Release No. 34 – 55857, 72 Fed. Reg. 33, 598 (June 18, 2007).

后 记

　　本书是在我博士论文的基础上修订而成的,是近年来我在信用评级法律制度研究领域的一点学习心得,在本书正式出版之际,我想对曾经帮助、鼓励、支持我的师长、亲友们表示最衷心的谢忱!

　　感谢我的恩师李国安教授,从论文的选题、撰写、修改到定稿,李老师倾注了大量的心血,甚至于在外出考察期间,仍随身携带我的论文书稿,在旅途中不辞辛劳地批阅,每每想起这些,我的内心总是甚为感动;感谢师母肖彬老师对我精神上的鼓励、生活上的指点,肖老师的连珠妙语总使我们有豁然开朗的感觉。

　　感谢徐崇利教授、蔡从燕教授给予我大力的支持和无私的帮助;感谢陈斌彬、吴永辉、周振春、岳振宇、罗传钰、徐丽碧、石桐灵、德吉卓嘎、杨春娇等师兄弟姐妹们,尤其是石桐灵为本书的策划、出版等付出了辛勤的劳动,同学的情谊永远是我前进的动力;感谢中银律师事务所叶兰昌律师给予本书出版的资助和支持。

　　感谢我的妻子廖慧群女士,她默默无闻的支持使我得以顺利完成学业;感谢我的宝贝女儿,可爱的宝贝是我前进的动力,给我的生活增添了无穷乐趣。

　　感谢所有关心与帮助过我的朋友和亲人,我的每一步成长都离不开你们的付出!

方添智

2012. 5